超圖解

金融保險與節稅規劃首部曲 第二版

保單到底能不能節稅？從實質課稅原則談起

黃世芳、高震宇 著

保單擁有比節稅更重要的功能

五南圖書出版公司 印行

再版序

親愛的讀者：

在此我懷著無比激動的心情，向大家介紹這本書的增修版，即第二版。在第一版出版後，我們收到了許多讀者的反饋和建議，這不僅讓我們感到欣慰，也深深地意識到還有很多可以改進和完善的地方。因此，經過一段時間的努力和不斷的修改，我們最終完成了這本增修版的出版。

在這一版中，我們對原有的內容進行了全面的審視和更新。修訂部分內容，更新近年來稅法的最新規範，以確保本書能夠與時俱進，保持其學術價值和實用性。

我們希望透過這些改進，能夠為讀者提供更流暢的閱讀體驗，讓每一個章節、每一個段落都能夠清晰地傳達我們的核心思想和知識點。

在此，我要特別感謝所有在第一版出版後給予我們寶貴意見和建議的讀者朋友們。正是有了您們的支持和反饋，我們才能不斷進步和提升。同時，我也要感謝所有參與本書增修版編寫和出版工作的同事們，您們的努力和奉獻是這本書得以順利出版的重要保證。

最後，希望這本增修版的出版能夠為大家帶來更多的啓示和幫助。無論您是初次閱讀這本書的新讀者，還是再次翻閱的老朋友，我們都希望本書能夠成為您學習和研究道路上的良師益友。

感謝大家的支持和厚愛，祝願每一位讀者在這本書中找到自己需要的知識和啓發。

此致

敬禮

高震宇 2024.06.15 中國廣東／韶關學院

初版序

臺灣保險業自從民國50年代起，政府基於社會經濟發展；民眾保險需求與日俱增的環境下，開放民營保險公司設置。伴隨著臺灣數十年來的經濟蓬勃發展，演變迄今、臺灣保險業無論在總保費收入、人均保費、保險滲透度等重要行業發展指標、均已位居全世界前列。

保險業並非只有表象數據的貢獻，更影響整個國家龐大的就業機會、民眾的風險保障、社會安全穩定的補強、績優產業的投資、挹注公共建設等經濟重要項目。保險業在臺灣不僅是舉足輕重的產業，在全世界亦可稱得上是另一個臺灣的冠軍產業。

雖然保險以滿足風險保障為主要功能，但不可諱言，隨著民眾財富與日俱增，保險商品已然成為臺灣民眾理財規劃重要的一環。另外也由於保險稅賦優惠的相關法令，讓民眾對於保險商品青睞有加。但政府之所以在立法上給予保險相關免稅優惠，主要是認為保險可以保障民眾的生活維持風險，進而降低國家的潛在財政負擔，因此，若民眾所規劃的保險行為不具社會安全之作用，甚至有規避稅負之動機，則顯然違反上述意涵，不在稅法優惠之範圍內。

另一方面，早期保險市場尚未如此龐大，民眾保險金給付不常超過遺產或贈與的免稅額時，關於保險金是否適用稅負優惠並沒有太多爭議。因此稅務機關對於查察保險金是否實質課稅的動機較低。

但隨著經濟成長與貨幣寬鬆政策的推波助瀾之下，近十多年來臺灣新契約保費收入大幅增長，其中高資產民眾購買高額保單現象也大幅增加。以致於錯誤的保單節稅規劃與「保單實質課稅」爭議案例節節攀升。

有鑑於此，本書從「實質課稅原則」談起，分成觀念篇、實戰篇、應用篇三大部分，深入淺出討論保單到底能否節稅。從財政部公告的眾多保單實質課稅判例中分析研討，釐清保險相關稅法優惠的合理運用，並避免民眾與保險行業人員對保險相關稅法的錯誤認知。最後則詳實分析保單的多元功能、以及作為資產配置的價值。非常感謝五南圖書出版股份有限公司的企劃；出版此書嘉惠臺灣廣大保戶與保險行業人員，也感謝共同作者高震宇博士悉心解析保單實質課稅的常見八大樣態與十六個判例，尚祈先進前賢不吝賜教。

黃世芳 2022.02.09

目　錄

第一篇

保險稅法之觀念篇

Chapter 1

「人生報酬率」如何計算的理財課

人的一生若只是追求財富與報酬，卻因為意外偶發事件而導致晚景淒涼或身後家人因遺產失和，都難稱是成功人生吧！雖然人生充滿了隨機而不可預測的事件，但身為現代社會的理性人類，還是可以透過風險管理的工具（例如：分散投資、保險規劃）來避開厄運來時的重大經濟損失，而非把一切成敗歸咎於命運的安排。

如何計算人生的報酬率，的確是大哉問。我們可以從對社會的貢獻、個人財富或是形而上的成就……等來做評斷。本章我們將試著從「個人財富」的角度來談「人生報酬率如何計算」的一堂基本理財課；進而導引出保險作為一種資產形式的合理安排。

1-1 金融、保險與稅

「金融」，顧名思義就是「資金的融通」。

用具象一點的說法，例如：「房屋」主要功能是用來居住，但當房地產作為「資產」的一種形式，自然也擁有增值期待（投資）與流動性（貸款融資）的需求與功能。因此當一棟房地產透過買賣移轉或貸款融資轉換成現金的過程，感覺就像是硬體的房地產，轉換「融化」成流動現金（線上帳戶的數字）。這樣的資產形式轉換過程，嚴謹來說，可稱為金錢的跨時間（跨期）交換。

像是常見的流行語：「錢沒有不見；只是變成你喜歡的東西。」花錢可以買到快樂；這是一種交換。投資股票，逢高出脫也是一種跨時間的交換，當然認賠殺出也是一種跨期交換。而購買保險付出保費，以換取風險發生時，得到現金的補償，更是一種人類集體的金錢跨期交換。

從我國的金融監督管理委員會（以下稱金管會）的職掌談起，更能清楚理解整個金融業的架構。金管會主要是執行對銀行、證券、期貨以及保險業的管理監督與檢查。其轄下有銀行局、證券期貨局與保險局，分管銀行業、證期業與保險業。延續上述對於金融的定義，銀行收受民眾存款；提供個人與法人貸款，是很典型的資金跨期交換的平臺。證券公司提供企業新上市籌資（IPO）與股票交易，讓民眾得以投資有遠景的公司並參與獲利；而獲得大眾資金的公司得以擴大經營規模、增加研發成本，進而提升競爭力。保險公司收受民眾保費，提供民眾保障也幫助社會的安全穩定。另外，保險公司的龐大資金，在法令規範內也對於政府公共投資多有助益。

金錢在各種金融平臺上流動與交換，促進了個人理財需求、社會產業發展以及國家經濟成長的三贏局面。

十七世紀的歐洲，殖民帝國主義興盛的時代，咖啡館扮演著商業與政治的實用功能，而非浪漫寫意的藝文場所。其中最為人稱道的咖啡館與商業結合的案例，是在泰晤士河畔的「勞埃德咖啡館」，當時的海上霸權英國，有許多的船老闆，坐在港邊Lloyd's 咖啡館內，等待貨船的返航，然而海象多變，風險頻生，在咖啡館老闆Edward Lloyd的見證下，船老闆們運用互助的概念，在咖啡館開辦保險業務，成為現在的倫敦的勞埃德Lloyd's保險組織（又稱勞合社）的前身（註1）。保險業起源於咖啡館，聽起來像是個浪漫的故事。

稍晚的十八世紀末，坐落在紐約華爾街（Wall Street）和水街（Water Street）交叉路口的通天咖啡館（Tontine Coffee House），當時是紐約最有名的股票買賣場所。通天咖啡館裡擠滿了證券交易商、許多金融產業，包括保險契約的買賣與洽談均在此進行，原址後來成為十九世紀初紐約證券交易所成立的前身。從歷史來看，金融業的興起與咖啡館的確關係密切。

臺灣的保險業在所有業者與從業人員近六十年的努力下；保險滲透率（保費收入占國家GDP比率）已達全世界第一，國人對於保險理財的愛好，遠超過我們表面上的理解，保單的功能與價值；本書將有詳細的說明。

關於稅的起源，則跟人類文明一樣的久遠，憲法也明訂納稅是人民應盡的義務，無論從狩獵部落到先進國家，貢獻一己的勞力或生產以尋求統治者的保護，自古皆然，美國政治家富蘭克林（Benjamin Franklin）曾說：「人的一生有兩件事永遠逃不掉，就是死亡跟繳稅。」根據研究，以一位英國的中產階級來說，他一生繳的稅金平均達36萬英鎊（約1,350萬臺幣），等於一位上班族十數年甚至更多的薪資，等於人的一生有相當大比例的時間，其實是在為國家提供勞務（註2）。也因此，合理的稅務規劃與適當的節稅，自古至今幾乎是每一位須納稅民眾必然關注的議題，十七世紀歐洲曾經有所謂的「窗戶稅」，政府認為享受陽光也是一種權利並據此課稅，當時房子窗戶的多寡，可以判斷房屋主人的財力，但也因此造成許多民眾把窗戶封起來，甚至蓋出了許多幾乎沒有窗戶的房子，以求節稅。徵稅是國家必然的需求；而合法節稅顯然也是人民必然的需求。

圖1-1　資金融通，也就是金錢的跨時間交換

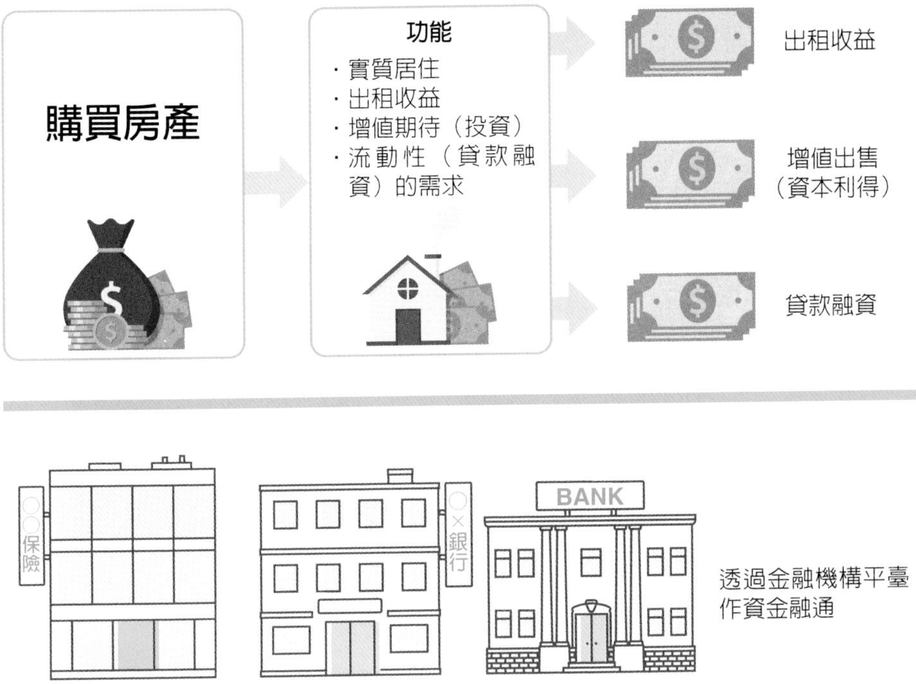

圖1-2　金融監督管理委員會職掌——三大金融平臺

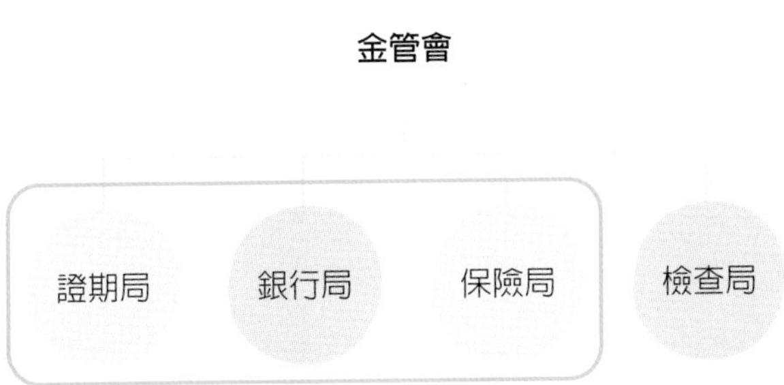

圖1-3　金融業的興起與咖啡館的關係

泰晤士河畔的「勞埃德咖啡館」，成為現在倫敦的勞埃德（Lloyd's）保險組織（又稱勞合社）的前身。

坐落在紐約華爾街（Wall Street）和水街（Water Street）交叉路口的通天咖啡館（Tontine Coffee House），原址後來成為19世紀初紐約證券交易所成立的前身。

1-2 生前的資產，成為對繼承者的試煉

我們都希望事業成功、收入優渥、財務富足，完成人生每一階段的財務目標之後，安享老年。且基於保護自身血統的基因本能，我們也希望最終剩下的財富能夠安然地傳承給下一代與所愛的家人。然而現代社會因為家庭觀念逐漸淡薄，再加上普遍民眾對於自己與家人死亡的議題經常諱而不言。以至於上一代在財富傳承給下一代時，有時無法成為對子女的祝福，甚至還可能成為家人反目、兄弟鬩牆的起因。另外，在實務上，若是遺產是由你不希望的人繼承，那就更不值得了。例如：你的配偶的下任配偶（可能是你生前討厭的人）；你女兒的不成材老公；或是你兒子後來離婚的老婆，帶著贍養費再嫁的另一半及其子女……間接地繼承你的遺產。顯然人生若只是追求財富累積與斤斤計較的報酬率是不夠的，合理的遺囑與信託安排才是完整的資產規劃。而目前許多新型態保險商品已經相當程度可以滿足遺囑與信託的功能。

人的一生成功創富，本來看似圓滿，但最終卻讓家人禁不起財富分配的人性考驗。如此生前的資產累積與報酬，也只能稱為對繼承者的試煉罷了。

圖1-4　提早規劃資產，享受人生

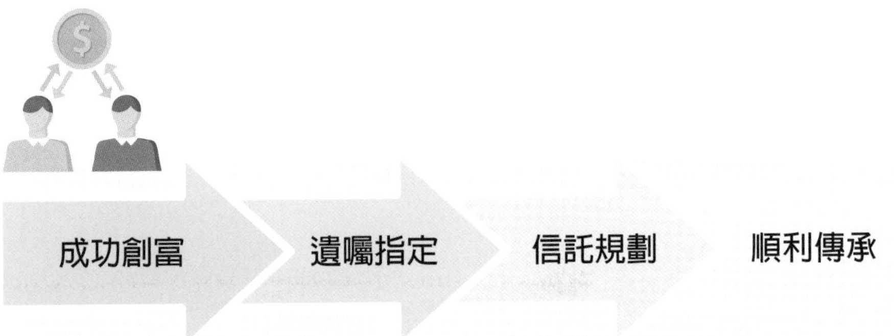

1-3 稅制影響人的行為

人類從原始的部落社會開始，「稅」就以提供實物或勞務的型態存在。人們貢獻勞力或者物質來尋求首領跟群體的保護，進而發展成為酋邦甚至於國家的龐大人類群體，以強化種族的競爭力，避免被消滅。人類社會中，上繳金錢或勞力經常成為一種強制性制度，而中華民國憲法第19條與第20條則規範，納稅與服兵役是人民需依法律應盡的義務。在現今，美國人一生平均38%的所得都是用來繳稅，英國是45%，而法國則高達57%（註3）。「稅」很可能是先進國家中的人民，一生中需要貢獻最多的支出之一。也因此，從古至今各種合法與非法的稅負規避行為，幾乎會改變當代人的行為或生活模式。

舉例來說，香菸有菸捐（稅捐的一種），可以視為政府希望民眾可以減少抽菸，避免健康受損、增加社會福利支出與健保支出的擴大，此為藉由稅捐來影響人民行為的案例之一。另外，我們每年的車輛燃料稅也是希望民眾可以更為節能減碳，以避免環境汙染與資源耗竭。

以上案例都是國家藉由徵稅，希望改善廣大民眾的行為模式，導引更健康、更節能的生活模式。但反過來說，無論是所得稅、遺產稅、營利事業所得稅等，大部分的民眾總是盡可能在合法的範圍之內，進行節稅的規避動作。

圖1-5　各國人民所得繳稅比例

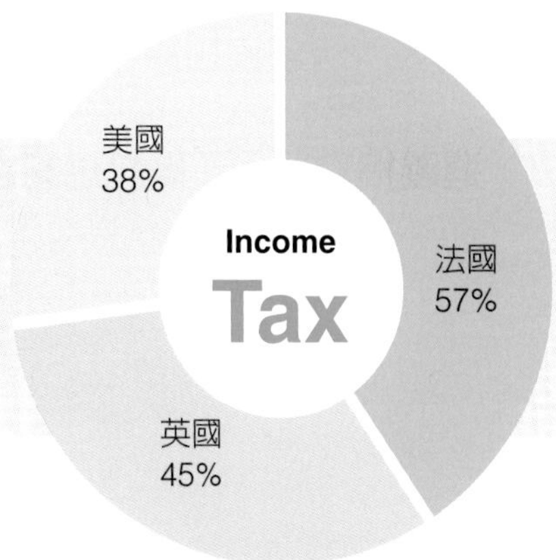

1-4 實質課稅

基本上，所得稅是一年一度依據「量能課稅」的一種思維邏輯，遺產稅則是一生一次的稅負。而在社會主義傾向的經濟學家思維中，遺產稅也有避免貧富差距愈來愈擴大的功能。不可諱言，所有稅負制度，當初立法原意與主要目的都是為了支持國家的財政支出而存在（依據人類歷史，國家支出經常有日益龐大的趨勢）。另一方面，盡可能合法的降低稅負，也是人民捍衛自己權利必然的傾向。

本書討論「保單能不能節稅？從實質課稅談起」，將會討論保險產業存在於社會上的價值，解釋為何當初政府會對於保險金的給付有許多免稅的優惠。另外，時至今日，當愈來愈多的高資產族群藉由保單的稅負優惠法令來進行節稅時，稅務機關如何以「實質課稅原則」來防堵稅基的流失與稅金的減少。但是行政機關對於是否「實質課稅」的判斷也經常引起爭議，實質課稅如果無限上綱，則可能侵犯民眾的權利，亦有違法律的「信賴保護原則」（註4）的疑慮。因此財政部國稅局對於保單實質課稅發文函示公開各種樣態與案例，本書將對這些案例作詳細說明。

1-5 政府將擁有您十年的房地產租金收益

放眼全球，房地產都是高資產族群最重要的資產配置之一。如果在臺北市的精華區擁有市價新臺幣1億的店面，每年200萬的租金收入，則年化報酬率大約是2%。很多讀者或許會覺得2%的年報酬率極低。但以臺北市的精華地段商圈為例，由於房價相對高，因此租金收益率隨著房價上漲，普遍介於1.5～2%之間，而此收益還需要扣除房客更迭過程中的斷租。以金融監督管理委員會（金管會）對於保險公司投資不動產的收益率要求，也只不過要求其年化報酬率大於2.095%以上。

而大部分人擁有不動產的動機與期待，除了租金收益之外，大多數的房地產持有者，其實更期待的是房價上漲的資本利得，儘管房價漲跌畢竟是不確定的。以上述為例，2%的房地產租金報酬率，十年可以得到20%的租金收益，而臺灣遺產稅的最高稅率是20%。亦即此店面持有者，將近有十年的租金是要用來交遺產稅。也就是說，對於淨資產（遺產淨額）超過1億元新臺幣以上的民眾，很可能在他人生最後的十年租金收益，是要給貢獻給國庫，再加上過程中，每年的租金收益所得，還要扣除0～40%所得稅。

以上案例，國人如此普遍的資產安排，經過所得稅與遺產稅的課徵之後，是否仍為恰當的資產配置，的確值得深思。

圖1-6　生命的報酬率如何計算（理財）

擁有市價1億店面；年報酬率2%；每年收租200萬。

風　險

遺產稅率20%＝2,000萬＝10年的租金繳遺產稅。

臺北市捷運商圈店面投資報酬率

投報率	鄰近捷運站	商圈	年租金報酬率
2%以上	信義安和站	通化商圈	2.15%
	古亭站	師大商圈	2.12%
	中山站	南西商圈	2.10%
1.5～2%	西門站	西門町商圈	1.90%
	民權西路站	中山民權西路站	1.66%
	中山國小站	林森觀光商圈	1.64%
	忠孝敦化站	東區商圈	1.60%
	劍潭站	士林夜市	1.58%

1-6 積極性的獲利與防禦性的風險管理

人生的風險無處不在，除了之前提到國家的稅負可能是人們一生最龐大的支出之外，個人醫療費用的支出也是人生中難以控制與估算的成本。舉例來說，許多中產階級上班族在辛勤工作三十到四十年之後；好不容易累積了千萬退休金（這算是樂觀的預估），準備未來人生二、三十年的退休生活。但往往因為一次重大疾病消耗掉了數以百萬計的醫療支出，如果不幸地又導致失能，而需要看護的費用支出，很可能辛苦累積的千萬退休金會在短短幾年之內消耗殆盡。

筆者在保險業長時間看過許多的案例，也發現民眾普遍對於理財總是以「積極性的獲利」為中心；缺乏「防禦性的風險管理」思維。

因此在本章，我們以「生命的報酬率如何計算」為題，舉例1億市價的店面資產，最後十年的總獲利，其實往往是要貢獻給政府。也提到了中產階級的一生，辛苦累積的千萬退休金，極可能在生命的最後階段遇到的重大傷病或者長期照護時，短短的五到十年很可能把你累積一生的退休金消耗殆盡。而這些，我們不想遇到的重大財務問題，都必須有風險管理與稅務規劃的意識，並可以透過合理的保單規劃而得到解決。

圖1-7　生命的報酬率如何計算（醫療）

60歲上班族辛苦攢下1,000萬，準備退休，餘生30年。

風　險

因罹患癌症治療耗費300萬，後來導致失能；看護加生活費每月7萬×12個月＝每年近100萬。

7年花完1,000萬

1-7 避免貧窮循環與家族跨世代創富的工具

遺產繼承是造成貧富差距的主要原因之一，富二代購買一只頂級名錶或超跑可能動輒千萬，超過大部分人一生所能累積的存款，根據行政院主計總處的統計，2020年全體受僱員工經常性薪資加上獎金及加班費等非經常性薪資後，每月總薪資平均為54,320元（年薪約65.2萬）。全國平均每人每月消費支出22,881元（年消費支出約27.5萬）。以此類推，一生假設工作35年，總收入約2,281萬，而35年間總消費支出需要961萬。如果再考量「非消費支出」，例如：房貸利息、稅負、社會保險費等，一般工作者終其一生要存下1,000萬是不容易的。因此，為了整個長遠家族利益考量，無論是高資產族群或是廣大的中產階級，合理的遺產安排都是必要。

對於普羅大眾而言，要改善家族的世襲貧窮或財務困境，其實透過保險的規劃，除了能夠避免這一代人的人身風險導致家庭財務困境，進而影響子女受教的權利之外。合理的保單安排也足以讓我們的下一代在出發點上更優於同儕，避免輸在財務的起跑點上。

所以，保險規劃對於高資產者，具備有遺囑與信託功能，能讓財富順利傳承。而對於大部分民眾，也是一種能避免貧窮循環、減少貧富差距擴大，甚至具有家族跨世代創富功能的資產形式。

拼搏一生，若是晚景不佳或是身後家人因遺產失和，都難稱是成功的人生。當我們汲汲營營追求財富與報酬率的同時；必須同時兼顧偶發事件對於家庭財務的重創。如此才能稱得上具有人生創造財富、享受財富與傳承財富的完整思維。

圖1-8　了解你的財富，再規劃

每月總薪資	54,320元	每月消費支出	22,881元
每年年薪	651,840元	每年消費支出	274,572元
一生工作35年總所得	22,814,400元	工作35年間消費支出	9,610,021元

Mclaren 570 S
1,088.0萬

Mclaren 570 GT
1,188.0萬

Mclaren 600 LS
1,380.0～1,480.0萬

Chapter 2

臺灣的「世界隱形冠軍」產業：保險業

2-1 保險滲透度居全球之冠

臺灣的「壽險總保費」排名全世界第七名，若是含產物保險保費，則臺灣的「保險業總保費」排名全世界第十大國。因此，截至2019年，臺灣保險業總資產占所有金融機構的比重也已達35%以上。

而臺灣「保險密度」為4,994美元，所謂「保險密度」即平均每人每年的保費支出，約為新臺幣14～15萬元（依匯率變動），臺灣保險密度在全球排名第九名。

特別值得一提的是，臺灣「壽險滲透度」達16.51%，「產險滲透度」達3.46%，兩項加總19.97%即為「保險滲透度」（總保險費／GDP）。所謂「保險滲透度」即是計算各國保險費占其國內生產毛額（GDP）的比重，亦代表該國保險業對其經濟的重要性及貢獻度。臺灣已經數年「保險滲透度」達20%上下，保險業營收（等於國民的保費支出）貢獻國家的百分比已連續十數年居全世界第一。（註1）

「總保費排名」、「保險密度」、「保險滲透度」三項指標，代表該國保險業發展的程度及國人對保險意識的強度。臺灣保險業對臺灣GDP的貢獻度居全球之冠，榮登世界壽險大國，可稱得上是臺灣在全世界的另一個冠軍產業（註2）。

表2-1 各國總保費排名（前20名）

我國與世界其他各國比較（百萬美元）

洲別	國家	總計			財產保險業			人身保險業 %		
		排名	保費收入	占有率 %	排名	保費收入	占有率 %	排名	保費收入	占有率 %
北美洲	美國	1	2,460,123	39.10	1	1,831,601	54.25	1	628,522	21.55
亞洲	中國大陸	2	617,399	9.81	2	287,967	8.53	2	329,432	11.30
亞洲	日本	3	459,347	7.30	3	118,019	3.50	3	341,328	11.70
歐洲	英國	4	366,243	5.82	4	102,022	3.02	4	264,221	9.06
歐洲	法國	5	262,282	4.17	5	94,694	2.80	5	167,588	5.75
歐洲	德國	6	243,851	3.88	6	142,301	4.21	6	101,550	3.48
亞洲	南韓	7	174,520	2.77	7	80,037	2.37	7	94,483	3.24
歐洲	義大利	8	167,838	2.67	8	43,705	1.29	8	124,133	4.26
北美洲	加拿大	9	133,157	2.12	9	79,840	2.36	9	53,317	1.83
亞洲	**臺灣**	**10**	**117,824**	**1.87**	**10**	**20,401**	**0.60**	**10**	**97,423**	**3.34**
亞洲	印度	11	106,308	1.69	11	26,637	0.79	11	79,671	2.73
歐洲	荷蘭	12	83,657	1.33	12	69,220	2.05	12	14,437	0.50
南美洲	巴西	13	74,106	1.18	13	32,803	0.97	13	41,303	1.42
歐洲	愛爾蘭	14	73,347	1.17	14	7,050	0.21	14	66,297	2.27
亞洲	香港	15	72,253	1.15	15	5,413	0.16	15	66,840	2.29
歐洲	西班牙	16	71,755	1.14	16	40,193	1.19	16	31,562	1.08
大洋洲	澳洲	17	69,842	1.11	17	47,667	1.41	17	22,175	0.76
歐洲	瑞士	18	59,551	0.95	18	28,743	0.85	18	30,808	1.06
非洲	南非	19	47,093	0.75	19	9,368	0.28	19	32,725	1.29
歐洲	盧森堡	20	44,115	0.70	20	13,905	0.41	20	30,210	1.04
世界總計			6,292,600	100.00		3,376,333	100.00		2,916,267	100.00

資料來源：摘譯自「Swiss Re, Sigma No. 4/2020」。

註：本表之財產保險，包括健康險及傷害險。

表2-2　各國保險密度排名（前20名）

保險密度 Insurance Density（USD美元）				
排名	國家	總計	壽險業	產險業
1	開曼群島	12,764.0	469.0	12,295.0
2	香港	9,706.0	8,979.0	727.0
3	美國	7,495.0	1,915.0	5,580.0
4	瑞士	6,834.0	3,502.0	3,332.0
5	丹麥	6,384.0	4,757.0	1,627.0
6	愛爾蘭	5,920.0	4,490.0	1,430.0
7	澳門	5,550.0	4,999.0	551.0
8	盧森堡	5,165.0	3,235.0	1,930.0
9	**臺灣**	**4,994.0**	**4,129.0**	**865.0**
10	芬蘭	4,948.0	4,037.0	911.0
11	新加坡	4,872.0	3,844.0	1,028.0
12	荷蘭	4,822.0	832.0	3,990.0
13	英國	4,361.0	3,383.0	978.0
14	瑞典	3,729.0	2,783.0	946.0
15	法國	3,719.0	2,413.0	1,306.0
16	日本	3,621.0	2,691.0	930.0
17	挪威	3,586.0	2,253.0	1,333.0
18	加拿大	3,549.0	1,421.0	2,128.0
19	南韓	3,336.0	1,822.0	1,544.0
20	德國	2,934.0	1,222.0	1,712.0
	世界	818.0	379.0	439.0

資料來源：摘譯自「Swiss Re, Sigma No. 4/2020」。
註：「保險密度」爲每人平均保費支出。

表2-3　各國保險滲透度排名（前20名）

排名	國家	總計	壽險業	產險業
		保險滲透度% Insurance Penetration		
1	**臺灣**	**19.97**	**16.51**	**3.46**
2	香港	19.74	18.26	1.48
3	開曼群島	19.19	0.71	18.48
4	南非	13.40	10.73	2.67
5	美國	11.43	2.92	8.51
6	南韓	10.79	5.84	4.95
7	丹麥	10.68	7.96	2.72
8	那米比亞	10.45	8.31	2.14
9	英國	10.30	7.99	2.31
10	芬蘭	10.17	8.30	1.87
11	荷蘭	9.22	1.59	7.63
12	法國	9.22	5.98	3.24
13	日本	9.00	6.69	2.31
14	瑞士	8.39	4.30	4.09
15	義大利	8.33	6.15	2.18
16	加拿大	7.67	3.07	4.60
17	新加坡	7.55	5.96	1.59
18	愛爾蘭	7.51	5.70	1.81
19	瑞典	7.22	5.39	1.83
20	德國	6.33	2.64	3.69
	世界	7.23	3.35	3.88

資料來源：摘譯自「Swiss Re, Sigma No. 4/2020」。

註：「保險滲透度」爲保費收入對GDP之比率。

2-2 保險業對社會的貢獻

依財團法人保險事業發展中心資料，到2020年底，保險業（含產、壽險公司）內外勤員工數共42萬6,698人，其中壽險業務員人數為22萬7,358人；內勤員工2萬9,799人，合計25萬7,157人。產險業務員人數為15萬8,383人；內勤員工1萬1,158人，合計16萬9,541人。

亦即以全臺灣近九百萬家戶數，粗略估算有將近5%的家戶收入跟保險業相關。保險業提供了我國龐大的就業機會，而這些就業人口創造了全球前十大的保費收入，同時也創造了不可忽略的從業人員薪資收入，而薪資收入進而創造消費，整體保險業滾動全社會的經濟發展，不可忽視。以「民以食為天」的餐飲業為例，2020年餐飲業全年度的總營業額約為7,776億臺幣（包含餐館業、飲料店業、外燴及團膳承包業），而壽險業（不含產險）近年來的新契約實收保費已超越1兆元臺幣。

簡言之，保險業的總保費收入與保險業龐大員工數所創造的消費，再加上保險業資金運用於其他投資（含公共投資）。保險業對我國的GDP的占比如此龐大，已經不是表象數據的貢獻，更是關乎整個社會的就業機會、民眾的風險保障、社會安全穩定的補強、績優產業的投資、挹注公共建設與商業設施、增進國家稅收……等國家經濟重要項目，保險業在臺灣實為舉足輕重的產業。

表2-4　保險業（含產、壽險公司）內外勤員工數

保險業從業人員統計表　　單位：人

年	總計			財產保險業		人身保險業	
	合計人數	業務員人數	內勤人數	業務員人數	內勤人數	業務員人數	內勤人數
2020	426,698	385,741	40,957	158,383	11,158	227,358	29,799

資料來源：中華民國產物保險商業同業公會；中華民國人壽保險商業同業公會；各保險公司。

2-3 華人儲蓄率高，造就保險業蓬勃發展

以現代保險業的科學化發展，大致起源於英國等十七世紀的海權國家，基於海上航運風險的需求而創立。十八世紀英國開始運用大數法則統計的生命表（各年齡的死亡率表）來計費，開始了較精確而科學的保險制度。

荷蘭與英國等老牌資本主義國家的保險業發展與排名，也長期位居全球前列。而近十多年來全球，保險業的發展趨勢，華人世界國家顯然已超英趕美。以「保險滲透度」而言，近年臺灣與香港位列前二名。若以年度「總保險費收入」，中國已進展至全球第二大國（僅次美國），而臺灣的國民人數（約2,300萬人口），相較於美國（約3億3,000萬人口）與中國（約14億人口）雖然相差懸殊，但總保費收入也位居全球前十名。香港人口數更少（約750萬人口），保費收入也可以排名全球近200個國家與經濟體的第十五名。

一般所稱「二岸三地」的華人政治與經濟主體，的確在近十多年來保險業發展，領先全球。

究其原因，或許跟華人世界近百年來政治動盪與戰爭不斷，人民生活不穩定而導致迫切需要安全感，以致於未雨綢繆的儲蓄需求大增有關。再加上前有亞洲四小龍的經濟崛起（包含臺灣、香港、新加坡），後有三十年來中國改革開放的經濟大幅度成長。經濟富起來的華人世界國家，伴隨著儲蓄率大幅度提升，造就了儲蓄險的大幅度成長。

臺灣民眾的儲蓄率近幾年大約都在30%以上，而中國與新加坡儲蓄率更高達40%以上，華人為主的國家，民眾積穀防饑觀念濃厚，在全世界各國當中，儲蓄率皆名列前茅。而以消費主義為主的美國社會，一般民眾的儲蓄率一向不高，但是在2020年新冠肺炎肆虐的同時，美國儲蓄率亦創下歷史新高，可見一斑。

以近十年來華人世界無論是「總保費收入」與「保險滲透度」大幅度提升，有很大的一部分源於儲蓄險的熱賣。以財團法人保險事業發展中心的資料顯示，儲蓄險占臺灣壽險市場總保費收入達50%以上。購買儲蓄險的動機，除了民眾認同儲蓄附帶壽險保障雙重功能之外。自2008年以來，全球主要央行的貨幣寬鬆政策造成長期的低利率環境下（目前銀行定存的1年期利率約0.8%上下），長期報酬略高於銀行定存利率的優勢，都讓儲蓄險成為臺灣民眾保守理財不可或缺的一環。

其次，雖然股票與房地產在全球貨幣寬鬆政策下走長期大多頭，但畢竟係屬風險性資產，盈虧在未定之天，也讓儲蓄險成為必要的資產配置之一。尤其一般民眾投資股票，難免具投機心態，追高殺低的人性弱點在所難免，以致於真正在股票市場能夠長期獲利且保留盈餘的民眾畢竟不多。

表2-5 二岸三地華人社會的總保費收入與人口占有率

洲別	國家	世界排名	保費收入（百萬美元）	占有率 %	人口數	占有率 %
亞洲	中國	2	617,399	9.81%	1,411,780,000	17.98%
亞洲	臺灣	10	117,824	1.87%	23,487,509	0.30%
亞洲	香港	15	72,253	1.15%	7,500,700	0.10%
	世界總計		6,292,600	100.00	7,849,950,300	100.00

2-4 寬鬆貨幣政策下的保險業

寬鬆貨幣政策對於保險業可說是雙面刃，一方面有助於與保險業持有的股票、房地產等風險資產膨脹升值，大幅提升保險業獲利。另一方面，低利率市場環境，大量的貨幣供給，也有助於儲蓄險市場規模不斷擴大。臺灣在2005年的壽險新契約保費約5,000億臺幣，2010～2019年近十年壽險新契約保費收入均在1兆元臺幣上下，2018年時更突破1兆3,000億元，在龐大的基期下仍倍數成長，可謂另一個臺灣奇蹟。

反過來說，大部分保險公司都有龐大的全球債券投資部位。隨著全世界的利率下降，債券固定收益跟著下降，也讓原本保險公司必須支付客戶相對較高預定利率的舊險種而產生的「利差損」擴大。也因此金管會與保險業近年來開始降溫儲蓄險，回歸保險價值的經營，著重保障型險種的推動。也讓已躋身為保險大國的臺灣，民眾身故保障卻相較其他先進國家為低的現象，得到改善。

圖2-1　2010～2019年近十年壽險新契約保費收入均超越1兆元臺幣

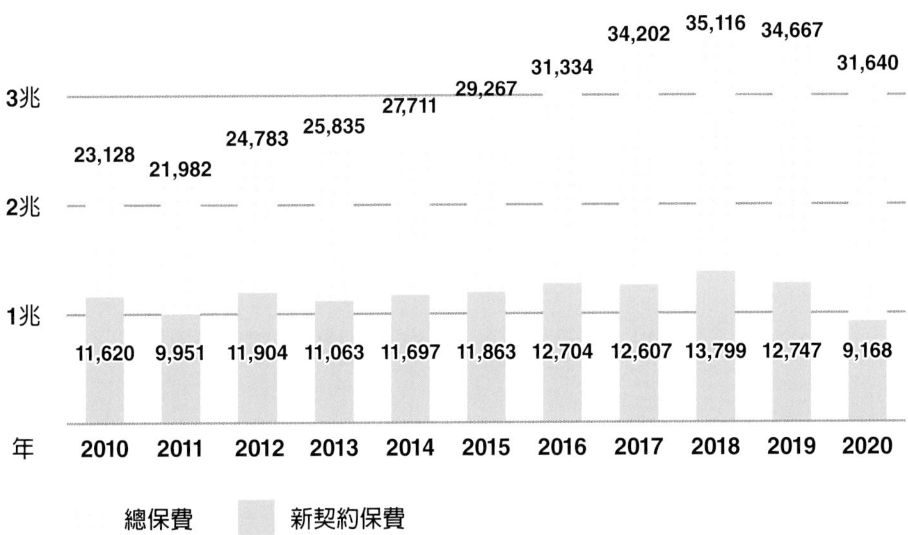

資料整理：《現代保險》雜誌。

2-5 與保險相關的稅法優惠

保險業對於民眾的人身風險保障、社會安全穩定的功能無庸置疑。也因此早年政府為了扶植保險業的發展，讓保險的給付有一些稅法上的優惠。

舉例來說：

遺產與贈與稅法第16條第9款規範：約定於被繼承人死亡時，給付其所指定受益人之人壽保險金額、軍、公教人員、勞工或農民保險之保險金額及互助金，免計入遺產。

保險法第112條也規範：保險金額約定於被保險人死亡時給付於其所指定之受益人者，其金額不得作為被保險人之遺產。

所得稅法第4條第1項第7款：人身保險、勞工保險及軍、公、教保險之保險給付，免納所得稅。

以上三條法令是主要的保險相關稅法優惠，而稅法優惠使得高資產民眾對於大額保單青睞有加，同時也對於保險業保費收入成長有推波助瀾之效。

然而隨著經濟成長與保險業蓬勃發展，政府針對以上稅法優惠也做出了因應，例如：民國95年1月1日上路的「所得基本稅額條例」與稅法的「實質課稅原則」等查察規避稅負的行為，都讓原本保單免稅的優惠被限縮。

而金管會也提醒民眾，雖保險法第112條及遺贈稅法第16條第9款均有規定給付予指定受益人之死亡保險金（註3）不計入被保險人遺產總額，但是稅捐機關仍可依據稅捐稽徵法第12條之1（民國110年12月17日刪除稅捐稽徵法第12條之1）規定，就有避稅動機個案進行查核，進而依實質課稅原則來課徵遺產稅。同時也希望民眾勿以避稅動機而投保，並要求保險業及其業務員不得以節稅作為招攬保險之訴求。

保險到底能不能節稅？我們將在下一章對此議題作概略性的探討。

Chapter 3

保單到底能不能節稅？

3-1 解構「保險金能不能節稅？」

保險金給付能節稅嗎？可以從三個面向說明：

1. **從「所得稅」的角度來看**：「所有保險金給付」符合「所得稅法第4條」與「所得基本稅額條例（即最低稅負制）第12條」之規範，明定有免稅或部分免稅的優惠。
2. **從「遺產稅」的角度來看**：「身故保險金給付」符合「遺贈稅法第16條」與「保險法第112條」之規範，免課遺產稅。但若是符合財政部公告的「實質課稅八大樣態」的身故保險金，被認定為「規避稅負」之行為，則應全數列入遺產課稅。
3. **從「贈與稅」的角度來看**：「要、被保人不同一人」的保單，被保險人身故時，身故受益人所領取的「身故保險金」，縱使符合「保險法第112條：保險金額約定於被保險人死亡時給付於其所指定之受益人者，其金額不得作為被保險人之遺產」之免稅規範而免課「遺產稅」。但因為要、被保人不同人，依照目前稅務機關實務上的解讀，身故受益人（且身故受益人非要保人）領取的保險金給付，實質上等同是「要保人透過保險，贈與身故受益人」，則應全數列入「贈與」課稅。

綜觀上述，乍看會有點複雜。但只需從「所得稅」、「遺產稅」、「贈與稅」三方面逐步推論，理自明也。

因此，從「法律」的角度，只要符合某些要件，保險金是可以免稅的。而從政府稅務機關的角度，保險的目的是人身風險保障，如果作為資產功能而有規避稅負之嫌，則應課稅（由實質課稅原則認定）。

此外，金管會亦要求「保險業不得以節稅為目的」銷售保單，也因此「保險給付能不能節稅？」對於購買高額度保單的民眾而言，實應就本書內容，再重新嚴謹地檢視，以免誤解。

圖3-1　條列式解構「保險金能不能節稅」

所得稅

- 「所得稅第4條」，明訂有免稅的規範。
- 「所得基本稅額條例（即最低稅負制）第12條」有部分免稅規範。

遺產稅

- 「遺贈稅法第16條」與「保險法第112條」之規範，免課遺產稅。
- 但若是符合財政部公告的「實質課稅八大樣態」的身故保險金，被認定為「規避稅負」之行為，則應全數列入遺產課稅。

贈與稅

縱使符合上述遺產稅與所得稅。但如果要、被保人不同人，身故受益人（且身故受益人非要保人）領取的保險金，實質上等同是「要保人透過保險，贈與身故受益人」，則應全數列入「贈與」課稅。

圖3-2　流程圖演繹「保險金能不能節稅」（以要、被保為同一人的保單為例）

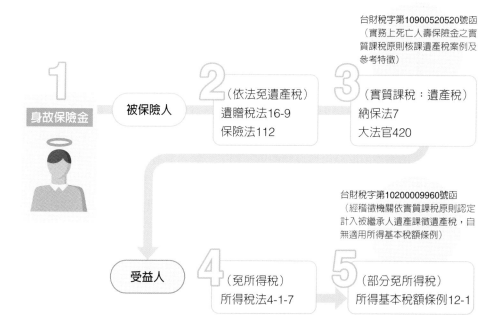

以常見的父父子（母母子）保單為例

1 身故保險金

被保險人

2（依法免遺產稅）
遺贈稅法16-9
保險法112

台財稅字第10900520520號函（實務上死亡人壽保險金之實質課稅原則核課遺產稅案例及參考特徵）

3（實質課稅：遺產稅）
納保法7
大法官420

受益人

4（免所得稅）
所得稅法4-1-7

台財稅字第10200009960號函（經稽徵機關依實質課稅原則認定計入被繼承人遺產課徵遺產稅，自無適用所得基本稅額條例）

5（部分免所得稅）
所得基本稅額條例12-1

3-2 保單節稅的幾個誤區

早期保險市場尚未如此龐大時；民眾保險金給付不常超過遺產或贈與的免稅額時，關於保險金是否適用稅負優惠並沒有太多爭議。因為稅務機關對於查察保險金是否實質課稅的動機較低，就算查了也常在免稅範圍内而課不到稅。但隨著經濟成長與貨幣寬鬆政策的推波助瀾之下，如前一章所述，臺灣新契約保費收入大幅增長，其中高資產民眾購買高額保單現象也大幅增加。以致於錯誤的保單節稅規劃與「保單實質課稅」案例節節攀升。以下舉幾個實際案例，描述保單節稅的一些常見誤區。

1. 重病期間舉債投保，課徵遺產稅

早些年，部分民眾與保險業者，對於稅務機關的實質課稅原則不盡瞭解，僅依遺贈稅法第16條與保險法第112條，即認為身故保險金可以依法免稅，因此在保險規劃上有走偏鋒的現象。

曾有實際案例，在遺產稅率最高還是50%的時代，一位房產豐厚、身價過億的長輩。因為重病狀態，家人擔心日後需繳將近一半財產的遺產稅。病急亂投醫，利用長輩既有房產舉債數千萬，投保躉繳型儲蓄險保單，希望達到下列幾個目的：舉債降低財產淨額減少稅負，日後身故保險金免稅，並可以用保險金來繳交日後長輩的遺產稅。後來此一案例遭稅務機關認定「規避稅負」的行為明確，身故保險金全數列為遺產課稅。

2. 要、被保人不同人投保，課徵贈與稅

另一件發生在近幾年的實際案例，一位創業成功的企業家，以自己為要保人，太太為被保險人投保，身故受益人為兒子。太太不幸身故後，5,000多萬的身故保險金因為已投保二十多年，所以沒有最低稅負制（民國95年1月1日起）課徵受益人所得稅的問題；也沒有被認定為「被保人遺產」實質課稅的狀況。但就是因為要、被保人不同一人，稅務機關依照「要保人透過保險，贈與身故受益人」的見解，將該筆「身故保險金」全數列入「贈與」，核課要保人（贈與者）500多萬的「贈與稅」。

3. 民國95年（含）以後投保，未分散受益人，課徵最低稅負制所得稅

民國95年1月1日上路的「所得基本稅額條例」（最低稅負制）第12條第1項第2款明訂保險給付需課徵基本所得稅：「本條例施行後所訂立受益人與要保人非屬同一人之人壽保險及年金保險，受益人受領之保險給付。但死亡給付每一申報戶全年合計數在新臺幣三千萬元以下部分（自113年度以後調高為三千七百四十萬），免予計入。」

某位繼承房地產致富民眾，對於保險觀念極佳，於民國97年起陸續購買保額高達1億4,000萬元的終身壽險。因重男輕女觀念，三名成年子女中，僅指定獨生子作為單一受益人，此案例未列為實質課稅樣態，因此符合遺贈稅法第16條與保險法第112條規範，免列入遺產課稅。惟其保單係民國95年以後投保，身故保險金需列入「最低稅負制」之基本所得額課稅，其獨生子（身故受益人）仍須繳納將近2,000萬的所得稅。當初如果保單規劃身故受益人並列三位成年子女，可能將大幅減少整個家族應繳的所得稅。

關於保單的相關稅法，我們將在下一章做詳細的敘述分析。以上僅就幾個常見的保險金節稅的誤區提供參考。

總而言之，由於保險免稅的法令含有社會政策傾向，認為保險可以保障民眾或其家庭之生活維持風險，進而降低國家社會救助的潛在財政負擔。因此在立法上給予免稅優惠。然而若民眾所規劃的保險行為不具社會安全之作用，甚至有規避稅負之動機，則顯然違反上述意涵，不在稅法優惠之範圍內。

圖3-3　身故保險金之節稅額

「所得基本稅額條例」（最低稅負制）第12條第1項第2款明訂保險給付需課徵基本所得稅：「本條例施行後所訂立受益人與要保人非屬同一人之人壽保險及年金保險，受益人受領之保險給付。但死亡給付每一申報戶全年合計數在新臺幣三千萬元以下部分（自113年度以後調高為三千七百四十萬），免予計入。」

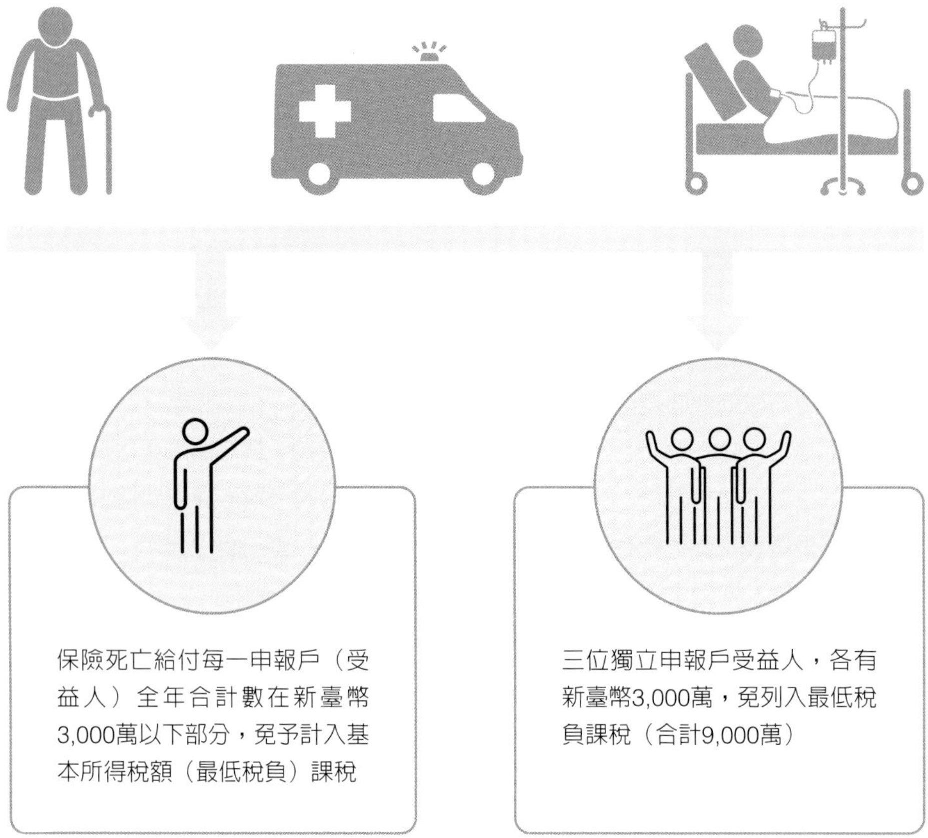

保險死亡給付每一申報戶（受益人）全年合計數在新臺幣3,000萬以下部分，免予計入基本所得稅額（最低稅負）課稅
三位獨立申報戶受益人，各有新臺幣3,000萬，免列入最低稅負課稅（合計9,000萬）

3-3 保單擁有比節稅更重要的功能

上一個世紀可說是人類歷史上，人口與經濟最具爆炸性成長的世紀。二次世界大戰後，隨著戰後嬰兒潮（1946～1965年）出生，伴隨著醫療與藥物技術大幅度進步，造就了大量的人口成長，並創造了全球主要國家在二十世紀下半葉蓬勃的經濟成長。人口紅利與二戰後迄今長達七十餘年的和平紅利，雙雙造就了整個二十世紀以來的經濟榮景。

時至今日，伴隨著經濟長期成長與脫離金本位的寬鬆貨幣政策，全球主要的風險性資產（股票、房地產……等）也迅速翻漲。「嬰兒潮世代」創造了史上最龐大的高資產族群，年齡介於50～80歲之間的「嬰兒潮世代」逐漸步入中老年。

在全球老年化社會來臨之際，資產傳承顯然是高資產民眾必須面對的重大議題。財富傳承給子女，到底是美好的祝福，還是痛苦的試煉，取決於財富移轉的智慧決策。

就家族資產傳承的角度來看，除了「節稅」的考量之外，尚有許多更為重要的財務議題。例如：晚年財富投資的安全性，如何避免生前有提早分配的壓力以有效維護老年尊嚴，合理與公平的遺囑安排以避免身後子女爭產的困擾，身後財產信託以避免子女揮霍，以及妥善規劃必須繳納的遺產稅現金。

以上的各項資產傳承規劃，其實運用保單的功能可以解決大半，茲條列如下：

1. **遺囑功能**：保單有指定身故受益人功能，可以依照比例、順序來指定，而過程中如果要變更受益人，也只是簡單的書面變更。相較於遺囑，更為簡單，而且不受限於民法的繼承特留分（註1）之限制。
2. **信託功能**：近年來，保險業開辦的新型態保單 ，有身故保險金分期給付的功能，意即整筆的保險金可以依要保人的決定，從五年到三十年分期（一般為五年、十年、十五年、二十年、二十五年、三十年等選項）給付給指定的身故受益人，而且還加計利息。相當於信託的功能。
3. **預留稅源功能**：許多民眾資產有相當大的比例是不動產，當被繼承人身故時，子女或繼承人必須繳完遺產稅才能順利繼承過戶，有足夠的現金來繳稅對於順利繼承的確非常重要，而保險給付即是現金給付，可以避免因為缺少現金無法繳納稅款，而造成繼承財產的困難。

4.固定收益功能：保險有固定的預定利率與浮動的宣告利率（額外的增值），屬於保守而長期的理財工具，對於已累積大半輩子資產的民眾而言，是安全而不需費心的資產。

5.容易分割功能：保單作為資產配置的項目，提供了靈活運用的功能。如上所述，身故保險金的給付比例可以任意指定，例如：有五位繼承人；可以五位各給20%，也可以分別給10%、10%、20%、20%、40%（合計100%），排列組合多樣。如果是房地產，在財產或遺產的分割上，就相對複雜，而不容易公平。

因此保單作為一種資產形式，無論從稅賦優惠、預留稅源、具備遺囑、信託功能、容易分割與固定增值無風險的角度，都是一個好的解決分配方案。

圖3-4　保單擁有比節稅更重要的功能

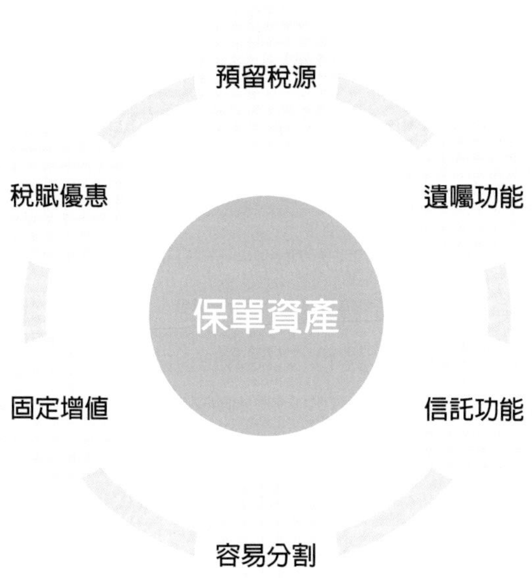

Chapter 4

與保險有關的準則及法制觀念

4-1 國際精算演變的潮流

鑑於IFRS 17（註1）（國際財務準則第17號公報）對我國保險業影響重大，金管會於2015年2月16日函示我國接軌時程將以國際生效日後至少三年再實施為原則，以利觀察國外實施狀況，配合我國國情適度調整因應，並予業者較充裕之準備時間。目前國際生效日為2023年1月1日，我國則於2026年1月1日開始實施。

根據金管會的解釋，現行保險業財務報告收入係於收取簽單保費時認列，並扣除準備金（註2）及相關費用後，認列利潤。因保費中包含未來應返還保戶之儲蓄組成部分，於收取時立即作為公司之收入，無法合理反應公司提供服務所賺取利潤。而獲利之衡量方式影響商品朝向儲蓄型商品發展，影響保障型商品發展。未來接軌IFRS 17後，財務報告保險收入須排除儲蓄組成部分，保險收入由預期保險成本及利潤組成，利潤於保險服務提供期間逐期認列，改變現行財務報導與分析基礎。一方面計算合約服務邊際CSM（註3），依提供服務期間認列保障利潤。另外，業者須釐清區分保險收入與投資收入，做好利源分析管理。

圖4-1　履行契約責任的意義

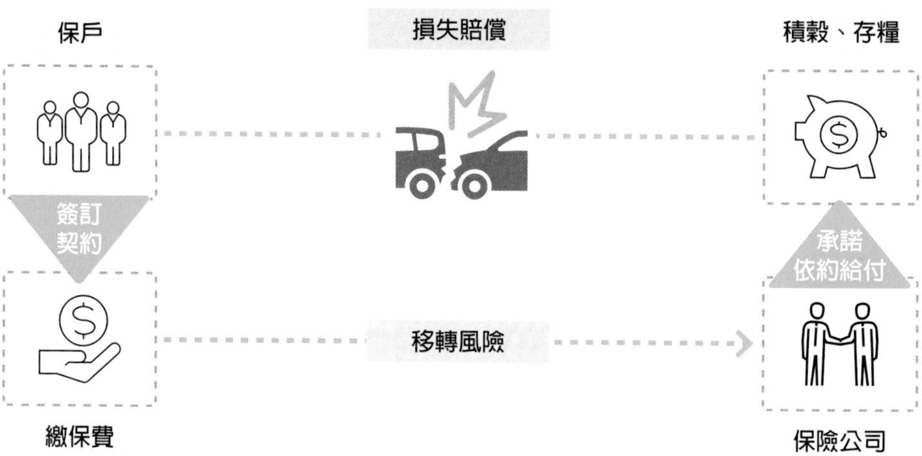

資料來源：金管會保險局，新一代清償能力制度懶人包（第6頁）。

圖4-2　清償能力小豬的功能

資料來源：金管會保險局，新一代清償能力制度懶人包（第7頁）。

因為臺灣在2026年要正式接軌國際IFRS 17，預期將可為我國保險業者帶來多重助益（註4），並且在鼓勵壽險業強化國人保障之下，金管會在2020年7月1日祭出最低死亡保障門檻（註5）等多項新制度，加上國際處於低利率的投資環境，不利於儲蓄險的銷售等，2020年臺灣壽險總保費為3.16兆元，全年度衰退達8.73%，而新契約保費僅9,168億元，年度衰退逾28%，兩者都創下史上保費收入最大單年衰退幅度。

尤有甚者，金管會最近一次調整保單責準利率（註6）即是2020年的上半年，由當年7月1日起適用，針對繳費6年以上、保單存續期間20年以上的新臺幣保單責準利率可達1.5%，但若是為保費躉繳、保單期間只有6年，則保單責準利率降到零，這也是臺灣近60年以來，壽險史上首次出現保單責準利率為零。但若是美元保單，責準利率則為0.25～1.75%區間，即比新臺幣保單高出1碼，而澳幣保單與美元保單利率區間大致相同；人民幣保單則是沒有開放繳費期間低於3年期的保單，因此利率區間為0.75～1.75%；反觀歐元保單的責準利率則是最低的，最高利率也僅到1%，因此臺灣也沒有推出歐元保單。

從上述金管會在2020年實行的相關新制度規範，實不難想像亦可能預期產生的結果，就是根據瑞士再保（註7）最新2021年Sigma報告指出，臺灣因為壽險保費衰退，2020年的保險滲透度（penetration，即保費占GDP比率）在全球排名落到第二位，臺灣錯失挑戰14連霸，拱手由香港以20.8%的保險滲透度拿下全球第一。而至於保險密度（density，人均保險費支出），臺灣2020年平均每人每年4,800美元的保險費支出，同樣排名滑落，僅在全球排名第十一名，反觀香港則以9,746美元排名全球第二名，且香港平均每人每年壽險保費支出為8,983美元，也是排名世界第一，而臺灣則是以3,861美元，排名在全球第七名，亞洲如澳門、新加坡的壽險密度排名都超前臺灣，分別排全球第二及第四名。

壽險業現行適用之臺灣壽險業第五回經驗生命表，自2012年7月1日發布施行至今已逾10年，有鑑於近年來政府致力於公共衛生改善，以及醫療技術進步下，我國國民之死亡率不斷下降，平均壽命也持續延長，確有重新檢討編製之必要，經參酌財團法人保險事業發展中心依壽險業者業務經營經驗檢討之研究結果，以及專家、學者及相關單位之回饋意見，業已完成臺灣壽險業第六回經驗生命表（註8）編製內容之檢討。

2021年7月1日第六回經驗生命表正式上路，在長年期壽險保費相對上半年便宜，且在金管會政策引導之下，壽險公司對外公開推薦的保單主要是多年期繳費的保障型商品。由於低利率環境持續，保單預定利率低，及新臺幣投資工具不多等因素，使得新臺幣利變壽險市場競爭力不足；加上壽險業者海外投資已無太多額度、匯兌成本波動又大，各壽險公司今年多以美元利變壽險為傳統壽險保單的主力。根據2021年7月分新聞報導，國內八大壽險公司（國泰人壽、富邦人壽、南山人壽、新光人壽、中國人壽、台灣人壽、三商美邦人壽及全球人壽）推薦2021年下半年必買的一張傳統壽險保單，毫無懸念地均為繳費期在6～10年以上、保障型的美元利變壽險，而宣告利率都在3.1～3.3%之間，保單預定利率則在1.6～2%之間。這類型保單特色主要是訴求被保險人活著的時候可增加自身保障，而繳費期滿若有急用，屆時解約則大多數可以保本，在被保險人身故時則是作為資產傳承給受益人（大部分為繼承人）之用，因此在投保金額上，最高可投保100萬到1,000萬美元不等。

與此同時，由於我國壽險業受限新臺幣固定收益市場規模與收益，轉持美元資產可提高收益率。檢視法規歷程，自1992年規定保險業國外投資上限為該保險業可運用資金20%，2003年放寬至35%，2007年提高至45%。同時2011年起，外幣保單並符合一定條件得申請不計入國外投資總額度。直至2018年修正保險法第146條之4第3項規定，保險業投資國際板債券（註9）總額加計應計國外投資額度合計，不超過各該保險業國外投資額度之145%。因此，對於持有美元資產部位的投資法人而言，相信如履薄冰、戒慎恐懼，卻也是獲利的最佳時機

綜上仔細探究可以瞭解，壽險商品的精算設計以及市場銷售，在整體經濟環境變化和政策引導之下，實則為一門大學問，涉及層面廣泛，然而健全行業發展無疑是最重要的共識。近年來，監管立場十分鮮明的金管會每每提醒國內壽險業者多銷售保障型保險商品，以供國人規劃完整及提高保險保障，也逐漸卓有成效。臺灣壽險業財務揭露準則既已接軌歐盟IFRS，即意味著將與美國GAAP（註10）分道揚鑣，然而財報資訊與清償監理制度是息息相關的，歐盟與美國監理制度各有其遵循原則脈絡與相關配套方案，基於準備金與資本審慎監理原則，在訂定明確且符合境內實務的責任準備金監理規範，預期可有效引導業者之保險商品設計符合消費者需求與整體產業穩健發展。

表4-1　八大壽險推薦必買的傳統型保單

公司	國泰人壽	富邦人壽	南山人壽	新光人壽	中國人壽	台灣人壽	三商美邦人壽	全球人壽
保單名	吉利美滿	富溢美立	美滿多福3	美欣富貴	鑫美傳富	富利美	增美滿	1314美好旺盛
繳費期別	7	7	6	6 / 10 / 20	6 / 10 / 20	6	2 / 6	10 / 12 / 20
7月宣告利率	3.2%	3.1%	3.2%	3.3%	3.2%	3.25%	3.1%	3.2%
保單預定利率	1.8%	1.6%	1.75%	1.75%	2%	1.75%	1% / 1.75%	1.75%

資料來源：工商時報，第六回合生命表上路H2必買保單揭曉，https://ctee.com.tw/news/insurance/486414.html。

4-2 基於量能課稅原則之最低稅負制

按「憲法第19條規定人民有依法律納稅之義務，固係指人民有依據法律所定之納稅主體、稅目、稅率、納稅方法及納稅期間等項而負納稅義務之意，然課人民以繳納租稅之法律，於適用時，該法律所定之事項若權利義務相關連者，本於法律適用之整體性及權利義務之平衡，當不得任意割裂適用。」憲法第19條規定「人民有依法律納稅之義務」，係指人民有依法律所定要件負繳納稅捐之義務或享減免繳納之優惠而言。回顧在上一章內容當中，保險金給付能節稅嗎？可以從三個面向得知，保險在稅法上遵循的原則。本章節將延伸到法制的觀念，深究探討。

首先，我們想探討保險給付與所得稅法之間的關係。基於量能課稅原則實施之最低稅負制，是我們非常需要瞭解的。最低稅負制係為使適用租稅減免規定而繳納較低之稅負甚至不用繳稅的公司或高所得個人，都能繳納最基本稅額的一種稅制。目的在於使有能力納稅者，對國家財政均有基本的貢獻，以維護租稅公平，確保國家稅收，這也是量能課稅原則的基本精神。最低稅負制最早是在1969年由美國所提出，當時美國的財政部發現155位所得超過20萬美元（約當現今110萬美元）之高所得個人不用繳納所得稅，主要因為原先制定之租稅減免、租稅扣抵等被過度使用。為了確保高所得者繳納一定稅負，在1969年的租稅改革法案中，初次引進最低稅負制，針對一些常被用到的租稅減免項目，另外加徵一定比率的稅負。

長期以來，我國為達成特定經濟、社會目的，採行了各項租稅減免措施。實施結果，使減免範圍逐漸地擴增，而減免利益卻有集中在少數納稅義務人之情形，這使租稅的公平性受到強烈質疑。全面檢討修正不合時宜的租稅減免規定，係解決問題的根本之道。但因我國所得稅減免規定分散於30餘種法律當中，欲在短期內全面地檢討修正，著實有其困難。因此，在參考國際經驗，如美國、韓國、加拿大等國的作法後，制定最低稅負制度（alternative minimum tax）（註11），使適用租稅減免規定而繳納較低所得稅負或甚至免稅之法人或個人，至少要負擔一定比例之所得稅，如此可兼顧既有產業或社會政策，並適度減緩過度適用租稅減免規定造成的不公平現象，彌補現行稅制的不足。

圖4-3 替代式最低稅負制

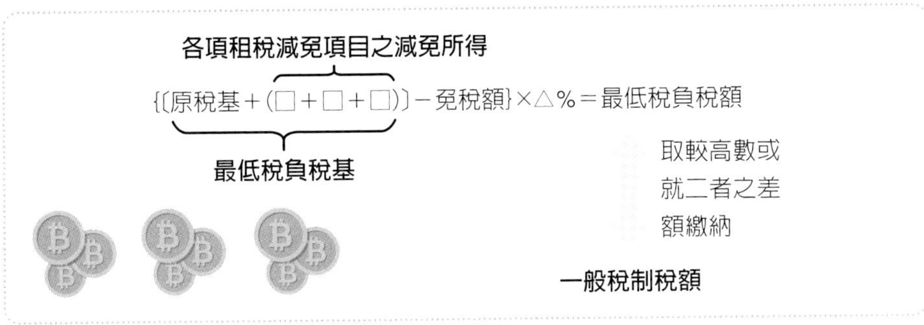

資料來源：財政部國稅局，所得基本稅額條例疑義，替代式最低稅負制（第7頁）。

最低稅負制之目的係針對所得甚高，但因為享受各項租稅減免致繳納相對較低之稅負或完全免稅之營利事業或個人，課以最基本之稅負。在個人的部分，最低稅負制之適用對象將個人之適用門檻訂為600萬元，使所得在600萬元以下之申報戶（註12）不受最低稅負制之影響，且該門檻金額將按消費者物價指數調整，自113年度起已調整為750萬元。基本所得額即為最低稅負之稅基，係據以計算基本稅額之金額，於個人部分，係指依所得稅法規定計算之綜合所得淨額，加計應計入最低稅負稅基之免徵、免納所得額或扣除金額後之合計數。

保險給付在我國所得稅法的規定，依照所得稅法第4條條文，下列各種所得，免納所得稅：……七、人身保險、勞工保險及軍、公、教保險之保險給付。在最低稅負制實施（註13）之前，保險給付依照所得稅法規定，享減免繳納之優惠，而保險期間始日在民國95年1月1日以後之保險契約，才適用最低稅負制。應計入個人基本所得額的項目當中，與保險給付相關的就是特定保險給付，特定保險給付的定義為受益人與要保人非屬同一人之人壽保險及年金保險給付，但死亡給付每一申報戶全年合計數在3,000萬元以下部分免予計入。超過3,000萬元者，扣除3,000萬元後之餘額應全數計入（前開3,000萬元免稅額度，自113年度起調整為3,740萬元）。也就是說，受益人與要保人非屬同一人之人壽保險及年金保險給付中，屬於死亡給付部分，一申報戶全年合計數在3,740萬元以下者，免予計入基本所得額；超過3,740萬元者，其死亡給付以扣除3,740萬元後之餘額計入基本所得額。而受益人與要保人非屬同一人之人壽保險及年金保險給付中，非屬死亡給付部分，應全數計入基本所得額，不得扣除3,740萬元之免稅額度。至於健康保險給付、傷害保險給付、受益人與要保人為同一人之人壽保險及年金保險給付，均不納入個人基本所得額，自無扣除3,740萬元免稅額度問題。

表4-2 應計入個人基本所得額的保險給付範圍

1. 必須計入個人基本所得額的保險給付，只有受益人與要保人非屬同一人之人壽保險及年金保險給付。

2. 受益人與要保人為同一人之人壽保險及年金保險給付，無須計入基本所得額。

3. 健康保險給付及傷害保險給付，亦無須計入基本所得額，其情形如下：

保險種類	說明
健康保險	因疾病、分娩及其所致殘廢或死亡時，給付保險金額。例如：門診、住院或外科手術醫療時，以定額、日額或依實際醫療費用實支實付之保險金。
傷害保險	因意外傷害及其所殘廢或死亡時，給付保險金額。例如：旅行平安保險、失能保險、意外傷害住院醫療保險等。

資料來源：財政部國稅局，所得基本稅額條例疑義，應計入個人基本所得額的保險給付範圍（第22頁）。

最低稅負採行替代式（請參考圖4-3說明），其原則如下：(1)一般所得稅額高於或等於基本稅額者，依一般所得稅額繳納所得稅。(2)一般所得稅額低於基本稅額者，除應按一般所得稅額繳納所得稅外，另應就基本稅額與一般所得稅額之差額繳納所得稅。亦即，當一般所得稅額低於基本稅額時，應按基本稅額繳納所得稅。基本稅額係指基本所得額減除扣除額再乘以稅率後計得之稅額，為納稅義務人應有之所得基本貢獻度，其在個人的部分，稅率為20%，即基本稅額＝（基本所得額－750萬元）×20%。

最低稅負制度之目的，在於適度調整營利事業或個人因適用租稅減免規定所造成繳納稅負偏低之情形，以明納稅人最基本之納稅義務，惟各項租稅獎勵或減免規定依然繼續存在，並未取消納稅人適用租稅減免法律規定之權利，而係使其在享受租稅優惠之餘，亦對國家財政負擔基本之義務。由於租稅減免大抵以投資計畫或特定功能為獎勵對象，其用意並非在於完全免除納稅人之全部稅負，因此，最低稅負制與租稅減免仍可並行不悖，並沒有完全取消租稅減免。

最低稅負制的目的是要讓所得很高，但因享受各項租稅減免，而完全免稅或稅負非常低的人，對國家財政有基本的貢獻。所以大多數已納稅且沒有享受租稅減免的納稅義務人，不會適用最低稅負。保險給付過去在所得稅法第4條規定，即是屬於租稅減免的一種，在最低稅負制實施之後，特定保險給付也就無法全額免稅，而進入了定額免稅的階段，這在保險契約規劃上實則邁入全新不同於以往規劃的進程，而國人根深蒂固的保險給付全額免稅的觀念自始也發生變化，國稅局也責成各保險業者教育轄下業務同仁加強跟保戶說明和服務。最低稅負制是全面性稅制改革之起步，檢討修正不合時宜之減免稅措施（註14），亦屬整體稅制改革之一環，政府將持續進行整體性調整，以符合社會之公平正義，同時亦會兼顧整體經濟產業之發展，俾使我國財政得隨同經濟成長更趨健全。

4-3 保險給付及遺產、贈與稅法及保險法之關係

接下來，我們想探討保險給付與遺產及贈與稅法及保險法之間的關係。依照我國保險法第112條規定，保險金額約定於被保險人死亡時給付於其所指定之受益人者，其金額不得作為被保險人之遺產。再者，依照遺產及贈與稅法第16條條文，左列各款不計入遺產總額：……九、約定於被繼承人死亡時，給付其所指定受益人之人壽保險金額、軍、公教人員、勞工或農民保險之保險金額及互助金。由上述遺產及贈與稅法第16條第9款之規定可知，保險金額不計入遺產總額者，以人身保險中之（死亡）「人壽保險」，且約定該「人壽保險金額」於被繼承人死亡時，給付與被繼承人指定之受益人者為前提。保險係就不可預料或不可抗力之事故，本於風險分散之原理，即付出較少之代價（保費）卻能獲得較大之保障。故上述遺產及贈與稅法及保險法關於被保險人死亡時給付於其所指定受益人之人壽保險金額，不計入遺產總額之規定，即是本於上述保險之原理，從人道精神所為之立法裁量，並非鼓勵或容認一般人利用此方式任意規避原應負擔之遺產稅。

按租稅法所重視者，應為足以表徵納稅能力之經濟事實，而非其外觀之法律行為，故在解釋適用稅法時，所應根據者為經濟事實，不僅止於形式上之公平，應就實質上經濟利益之享受者予以課稅，始符實質課稅及公平課稅原則〔司法院釋字第420號（註15）、第496號（註16）、第500號解釋（註17）參照〕。又量能課稅原則為一法治國家稅法之基本原則，租稅負擔應依其經濟之給付能力來衡量，而定其適當之納稅義務，凡負有相同之負擔能力即應負擔相同之租稅（司法院釋字第565號解釋理由書參照），如利用避稅行為以取得租稅利益，其私法上效果依契約自由原則仍予尊重，但在稅法上則應依實質負擔能力予以調整。

於民國98年5月13日增訂之稅捐稽徵法第12條之1（民國110年12月17日刪除稅捐稽徵法第12條之1）第1項規定，其立法意旨為：租稅法所重視者，係應為足以表徵納稅能力之經濟事實，非僅以形式外觀之法律行為或關係為依據。故在解釋適用稅法時，所應根據者為經濟事實，不僅止於形式上之公平，應就實質經濟利益之享受者予以課稅，始符實質課稅及公平課稅之原則。從而有關課徵租稅

構成要件事實之判斷及認定，應以其實質上經濟事實關係及所產生實質經濟利益為準，而非以形式外觀為準，否則勢將造成鼓勵投機或規避稅法之適用，無以實現租稅公平之基本理念及要求。故依上述保險法第112條與遺產及贈與稅法第16條第9款規定，約定於被繼承人死亡時，給付其所指定受益人之人壽保險金額不計入遺產總額之立法意旨，應指一般正常社會情況下，被保險人所以與保險人約定於其死亡時將保險金額給付予其所指定之受益人者，乃係為保障並避免其家人因其死亡致失去經濟來源，使生活陷於困境，是受益人領取之保險給付如再課以遺產稅，有違保險終極目的，乃明定該金額不作為被保險人之遺產課稅，並非鼓勵或容讓一般人利用此一方式任意規避原應負擔之遺產稅，倘納稅義務人在經濟上已具備課稅構成要件，竟利用避稅行為以取得租稅利益，基於量能平等負擔之實質課稅原則，自無保險法第112條與遺產及贈與稅法第16條第9款前段規定之適用。

關於我國實質課稅原則以及稅務機關對於保單實質課稅的演進，我們將於下一章內容詳細說明。

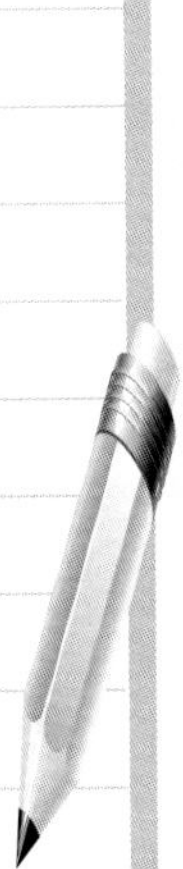

Chapter 5

我國實質課稅原則的演進與保險金實質課稅的函釋

5-1 落實賦稅人權之納稅者權利保護法

納稅者權利保護法（下稱納保法）在我國朝野共同努力之下，歷經超過十年立法歷程（請參考表5-1所示，納稅者權利保護法立法歷程），期間針對制定專章或是專法，或是修正稅捐稽徵法，各有立場也多方討論。有鑑於制定納稅者權利保護「專法」已成為當代法治先進國家立法潮流，為了接軌國際，並保障賦稅人權，維護人民基本生存權利，實現公平課稅以及嚴守程序正義，終於在民國105年12月9日立法院第九屆第二會期第十四次會議三讀通過制定「納稅者權利保護法（註1）」專法，並於同年12月28日總統公布，並自民國106年12月28日施行。

納稅者權利保護法制定重點如下：一、基本生活所需費用不得加以課稅。二、落實正當法律程序。三、公平合理課稅。四、設置納稅者權利保護組織。五、強化納稅者救濟保障。（請參考圖5-1所示，納稅者權利保護法五大方向）

對於法治國家而言，「正當程序」係為確保國家權力公平合理行使、保障人民基本權之手段。納稅者權利保護法共23條條文，其中與資訊公開、調查程序等正當法律程序保障相關者即多達8條（第4條第3項、第8條～第13條及第15條），比例甚高；納稅者權利保護法第10條更明確揭示：「主管機關應主動提供納稅者妥適必要之協助，並確保其在稅捐稽徵程序上受到正當程序保障。」終於正視我國課稅制度長期以來程序保障不足之問題。

表5-1　納稅者權利保護法立法歷程

- 95年王榮璋委員（專法）
- 98年林淑芬委員（專法）
- 98年行政院賦改會決議版本（專章）
- 98年黃義交委員（專章）
- 98年陳淑惠委員（專章）
- 100年朱鳳芝委員（修正稅捐稽徵法）
- 105年時代力量黨團（專法）、王榮璋委員（專法）
- 105年12月28日公布專法

資料來源：臺北國稅局教材，納稅者權利保護法（第5頁）。

圖5-1　納稅者權利保護法五大方向

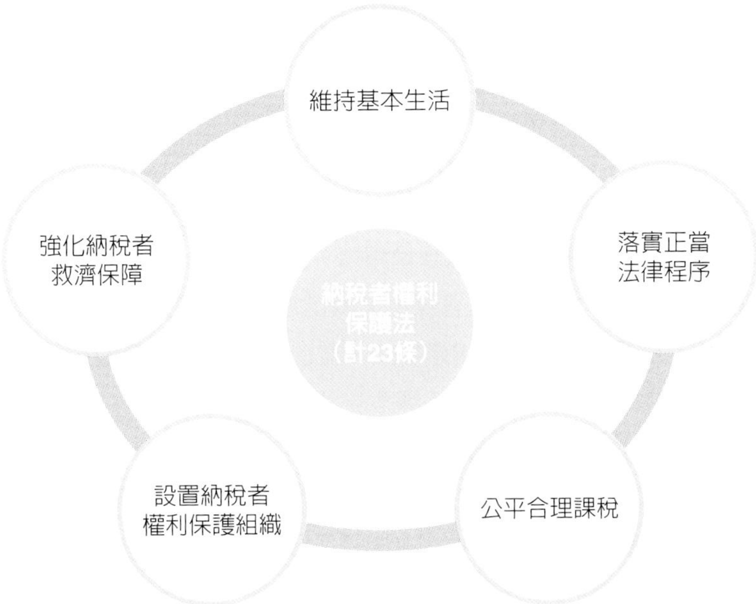

資料來源：臺北國稅局教材，納稅者權利保護法（第7頁）。

除前述正當程序保障之落實外，納稅者權利保護法第19條、第20條另規範應設立「納稅者權利保護諮詢會」作為研擬納稅者保護基本政策之諮詢機關、以及設置「納稅者權利保護官」來主動提供納稅者妥適必要之協助。例如：現行財政部中區國稅局轄下即設置有24位納稅者權利保護官（註2）（下簡稱納保官），並由主任納保官執行分派暨各司其職以任務編組負責納稅者權利保護事項，負責如協助納稅者進行稅捐爭議之溝通與協調，以及受理納稅者之申訴或陳情，並提出改善建議，於納稅者依法尋求救濟時，提供必要之諮詢與協助，以及每年提出納稅者權利保護之工作成果報告。本次納稅者權利保護法之立法，對於納稅義務人基本權之保障，確實有頗大助益，已非如當初民國98年稅捐稽徵法（註3）所新增之部分條文，其實質意義有限；可足見本次立法確屬我國落實賦稅人權的一大步。

5-2 租稅規避之脫法避稅行為：最高行政法院判決說明

納稅者權利保護法體系之架構中，一般法律原則包含有：租稅法律原則、量能課稅原則、實質課稅原則、正當法律程序以及比例原則，其中前三項法律原則為稅法領域獨有，而後兩項法律原則為所有行政法領域共通。本文試圖探討在納稅者權利保護法體系架構中之實質課稅原則，詳細勾勒出我國實質課稅原則的演進，回溯自民國86年司法院大法官釋字第420號解釋〔可依照司法院大法官網頁（註4）查詢〕以及稅捐稽徵法增修條文，並進一步深究我國稅務機關在實務上對於保險金實質課稅原則的函釋、核課案例及其參考特徵。

實質課稅原則，是一種解釋稅法構成要件之原則。因為稅法上許多構成要件，皆以私法上之行為為其對象。以贈與稅為例，遺產及贈與稅法第3條第1項即規定：「凡經常居住中華民國境內之中華民國國民，就其在中華民國境內或境外之財產為贈與者，應依本法規定，課徵贈與稅。」以私法上贈與行為之存在，為贈與稅成立之構成要件。再以土地稅法為例，土地稅法第5條規定：「土地增值稅之納稅義務人如左：一、土地為有償移轉者，為原所有權人。二、土地為無償移轉者，為取得所有權之人。三、土地設定典權者，為出典人。前項所稱有償

圖5-2　司法院大法官釋字第420號解釋

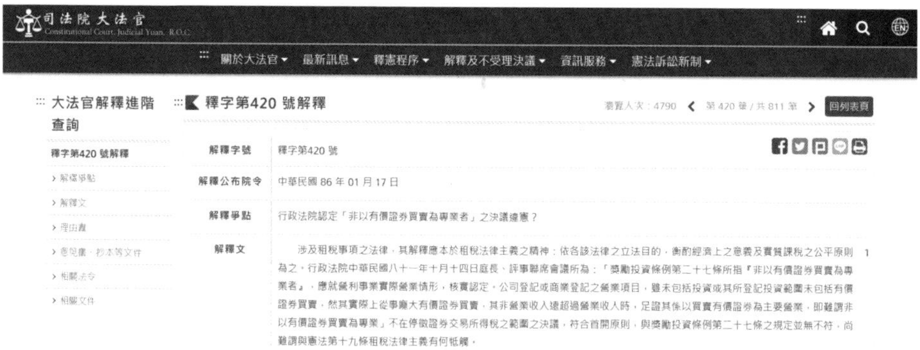

資料來源：司法院大法官官方網站。

移轉，指買賣、交換、政府照價收買或徵收等方式之移轉；所稱無償移轉，指遺贈及贈與等方式之移轉。」凡此種種，皆可見稅法與其他法律有密切之關係。由是，稅法與其他法律間之承接調整關係，即為重要而不可忽視之課題。

實質課稅原則主要的應用場域，即在於納稅義務人欲透過私法上法律關係的安排，企圖規避稅法上構成要件滿足之行為時，應實質認定雙方法律關係之經濟實質，如認為在經濟實質上與該稅法上納稅義務發生並無差別，即可不論其形式上所為之安排，而逕認納稅義務人此時已依稅法之規定負有納稅義務。回顧當初民國98年稅捐稽徵法所新增之部分條文，稅捐稽徵法第12條之1（民國110年12月17日刪除稅捐稽徵法第12條之1）（註5）第1項規定：「涉及租稅事項之法律，其解釋應本於租稅法律主義之精神，依各該法律之立法目的，衡酌經濟上之意義及實質課稅之公平原則為之。」第2項規定：「稅捐稽徵機關認定課徵租稅之構成要件事實時，應以實質經濟事實關係及其所生實質經濟利益之歸屬與享有為依據。」其中第1項規定，為參考司法院釋字第420號解釋之解釋文，將稅法上實質課稅原則予以明文化之結果。民國86年司法院釋字第420號解釋之解釋文一般認知為我國實質課稅原則之濫觴，而民國98年稅捐稽徵法新增條文自始明文化實質課稅原則。

上述中在大法官解釋及稅捐稽徵法所提及之實質課稅原則內容，筆者將專注在納稅者權利保護法第7條條文（註6）說明。首先說明實質課稅原則之兩大功能，即法律解釋與事實認定。實質課稅原則之功能一：法律解釋，即為納稅者權利保護法第7條第1項規定，涉及租稅事項之法律，其解釋應本於租稅法律主義之精神，依各該法律之立法目的，衡酌經濟上之意義及實質課稅之公平原則為之。而實質課稅原則之功能二：事實認定，即為納稅者權利保護法第7條第2項規定，稅捐稽徵機關認定課徵租稅之構成要件事實時，應以實質經濟事實關係及其所生實質經濟利益之歸屬與享有為依據。關於租稅規避，在納稅者權利保護法第7條規定中，則詳細說明了租稅規避之定義，納稅者基於獲得租稅利益，違背稅法之立法目的，濫用法律形式，以非常規交易規避租稅構成要件之該當，以達成與交易常規相當之經濟效果，為租稅規避。此租稅規避之定義與在稅捐稽徵法第12條之1規定相符。

論實質課稅原則之類型，依學說見解（陳敏教授）分析，大致上有五種適用實質課稅原則之類型：⑴違反強行規定或公序良俗；⑵其他無效行為；⑶虛偽之

圖5-3　最高行政法院101年判字第87號判決

司法院法學資料檢索系統

匯出時間：110/07/02 06:13

裁判字號：最高行政法院 101 年判字第 87 號判決

裁判日期：民國 101 年 01 月 31 日

裁判案由：遺產稅

最 高 行 政 法 院 判 決

101年度判字第87號

上 訴 人　賴燕雪
　　　　　陳俊弘
　　　　　陳芸儀
　　　　　陳俊樑
　　　　　陳芸皓
　　　　　陳芸齡
共　　同
訴訟代理人　鄭崇文　律師
被 上訴 人　財政部臺北市國稅局
代 表 人　陳金鑑

上列當事人間遺產稅事件，上訴人對於中華民國100年9月27日臺北高等行政法院100年度訴更一字第58號判決，提起上訴，本院判決如下：

主 文

上訴駁回。

上訴審訴訟費用由上訴人負擔。

理 由

一、本件上訴人之被繼承人陳順旺於民國88年8月2日死亡，上訴人於89年4月29日辦理遺產稅申報，經被上訴人初查核定遺產總額為新臺幣（下同）96,729,087元、遺產淨額為54,101,887元。上訴人就被繼承人死亡前未償債務扣除額部分不服，循序提起行政訴訟，經原審法院94年度訴字第59號判決將訴願決定及原處分(即復查決定)均撤銷。兩造提起上訴，分別經本院97年度裁字第3196號及97年度裁字第3197號裁定駁回上訴確定。嗣被上訴人依原審上開撤銷判決意旨重核後，以98年1月9日財北國稅法二字第0970250081號重核復查決定(下稱原處分)，准予追認被繼承人應付林李梅子股款部分之死亡前未償債務扣除額500萬元。上訴人就被上訴人否准認列被繼承人向荷商亞太全球人壽保險股份有限公司台灣分公司(下稱全球人壽公司)借貸之死亡前未償債務扣除額2,075萬元部分不服，循序提起行政訴訟，經原審法院98年度訴字第1629號判決駁回，上訴人對之提起上訴，由本院100年度判字第667號判決將該判決廢棄，發回原審法院更為審理，經原審法院100年度訴更一字第58號判決(下稱原判決)駁回，上訴人遂提起本件上訴。

第1頁

資料來源：司法院法學資料檢索系統。

法律行為與事實；⑷經濟歸屬；⑸租稅規避。而「租稅規避」僅為適用「實質課稅原則」之眾多類型之一種。且租稅規避係真實（有效）之脫法避稅行為；虛偽之法律行為與事實係不實（無效）之違法漏稅行為。

筆者參酌最高行政法院101年判字第87號判決（101判87），爰引判決文中相關內容來闡明租稅規避〔可依照判決書查詢路徑（註7）下載〕。按「涉及租稅事項之法律，其解釋應本於租稅法律主義之精神，依各該法律之立法目的，衡酌經濟上之意義及實質課稅之公平原則為之。」業經司法院釋字第420號解釋闡釋在案。另所謂「稅捐規避」是指利用私法自治、契約自由原則對私法上法形式選擇之可能性，選擇從私經濟活動交易之正常觀點來看，欠缺合理之理由，為通常所不使用之異常法形式，並於結果上實現所意圖之經濟目的或經濟成果，且因不具備對應於通常使用之法形式之課稅要件，因此得以達到減輕或排除稅捐負擔之行為。

因此稅捐規避與合法之節稅不同，節稅乃是依據稅捐法規所預定之方式，意圖減少稅捐負擔之行為；反之，「稅捐規避」則是利用稅捐法規所未預定之異常或不相當之法形式，意圖減少稅捐負擔之行為。故而，納稅義務人不選擇稅法上所考量認為通常之法形式（交易形式），卻選擇與此不同之迂迴行為或多階段行為或其他異常的法形式，以達成與選擇通常法形式之情形基本上相同之經濟效果，而同時卻能減輕或排除與通常法形式相連結之稅捐負擔者，即應認屬「租稅規避」，而非合法之節稅。又租稅規避行為因有違課稅公平原則，故於效果上，參諸上述司法院釋字第420號解釋意旨，應本於實質課稅原則，就其事實上予以規避，然卻與其經濟實質相當之法形式作為課稅之基礎；且租稅規避之效果既是以與其經濟實質相當之法形式作為課稅之基礎，故就此法形式，依稅法規範之納稅主體、稅目、稅率等為租稅之核課，即難謂有違租稅法定原則。

101判87之裁判案由為遺產稅，被上述人為財政部臺北國稅局，最高行政法院綜觀本件被繼承人以躉繳高額保險費方式投保及以該保單質押借款之過程，顯係透過形式上合法卻反於保險原理及投保常態之形式，使被繼承人經由資金躉繳高額之保險費，移動其所有財產，藉以規避死亡時將之併入遺產總額所核算之遺產稅，並使其繼承人經由保險受益人之指定，仍獲得遺產繼承之經濟實質；而其以保單向保險公司質押之借款，復可以死亡前未償債務自遺產總額中扣除，而減少遺產稅額，依上開說明，被繼承人所為核屬租稅規避，而非合法之節稅。此101判87將於後面章節作更詳細探討。

然而，實務上，稅捐稽徵機關在利用實質課稅原則否定稅法上脫法避稅之法律效果時，雖然在稅法上並不承認此一法律效果，然而並不因此否認納稅義務人所為私法上法律關係之安排，意即如利用避稅行為以取得租稅利益，其私法上效果依契約自由原則仍予尊重。換言之，納稅義務人所為私法上法律關係仍然有效，並無依民法第71條（註8）規定，法律行為，違反強制或禁止規定者無效，而只是在稅法上仍課予納稅義務。

5-3 我國保險金實質課稅之函釋

自民國86年以降，司法院大法官釋字第420號解釋作成後，實質課稅原則在實際運作上，仍有幾個重要的問題存在，首先就是在稅捐稽徵法第12條之1（民國110年12月17日刪除稅捐稽徵法第12條之1）的條文，只是將釋字第420號予以條文化，但對於「實質課稅原則」的深化或明確化實毫無幫助，因此烙下了徒有模糊輪廓之實質課稅原則，且由於欠缺明確且一致性之適用基準，恐使得稅法約制行政機關流於濫權課稅之功能未能充分發揮作用。再者，現行臺灣稅捐稽徵機關，對於納稅義務人減少租稅負擔之規劃安排，動輒以實質課稅原則否定，此舉不僅可能架空稅法明文規定，亦降低稅捐負擔的可預測性。最後則為實質課稅原則於臺灣實務上的另一問題，是該原則相當程度對納稅義務人不甚友善，尤有甚者，若納稅義務人最終走上訴訟等行政救濟程序，不但敗訴機率高，程序過程之曠日費時也是國家行政與司法資源的一種耗損，直、間接造成納稅義務人與稅捐稽徵機關對立與不信任關係。

納保法施行近一年後，在民國107年12月20日立法院第九屆第六會期財政委員會第十六次全體委員會議上，時任立法委員江永昌、施義芳及劉建國進行質詢時之提案（十）中，內容指出納稅人為同一事件反覆提起行政爭訟，卻仍無法澈底解決問題，耗費大量時間、精力及費用，亦將耗費司法資源，加重法院審理負擔。經查，稅務案件反覆訴訟、久懸未決，惟恐影響政府形象及人民對司法之信任及耗費司法資源。再者，當時質詢的提案中也以自納保法施行後辦結納稅者權利保護案件數尚屬偏低（統計106年12月28日至107年8月底，共計163件，相對低於每年稅務複查案件數高達4,000件），顯示納稅人對納稅者權利保護官制度不熟悉，以致尋求協助者少，仍習慣以行政救濟解決稅務爭議，爰建請財政部賦稅署就納稅者權利保護官制度規劃和宣導計畫於三個月內向立法院財政委員會提出書面檢討報告。

圖5-4 財政部109年7月1日台財稅字第10900520520號函

電子公文

檔　號：
保存年限：

財政部　函

機關地址：116252臺北市羅斯福路6段142巷1號
聯絡人：何怡潔
電　話：02-23228149
Email：dot_ycho@mail.mof.gov.tw

受文者：財政部高雄國稅局

發文日期：中華民國109年7月1日
發文字號：台財稅字第10900520520號
速別：普通件
密等及解密條件或保密期限：
附件：如主旨

主旨：檢送重新檢討之「實務上死亡人壽保險金依實質課稅原則核課遺產稅案例及參考特徵」乙份，有關被繼承人生前投保人壽保險案件，其死亡給付所涉遺產稅事宜，請參酌上開案例參考特徵辦理，請查照。

說明：

一、依據107年12月20日立法院第9屆第6會期財政委員會第16次全體委員會議江委員永昌質詢事項辦理。

二、本案經洽據金融監督管理委員會109年2月4日金管保壽字第1090410128號函意見，重新檢討本部102年1月18日台財稅字第10200501712號函附例示案例及其可能依實質課稅原則核課遺產稅之參考特徵如主旨，請於貴局網站登載並加強宣導。

三、貴局依實質課稅原則認定死亡人壽保險金所涉遺產稅徵免事宜時，應依稅捐稽徵法第12條之1(同納稅者權利保護法第7條)規定審慎辦理。

正本：財政部臺北國稅局、財政部高雄國稅局、財政部北區國稅局、財政部中區國稅局、財政部南區國稅局

第1頁　共2頁

109/07/02 10:50:18
1092106664
109/07/10(到期日期)

副本：金融監督管理委員會、中華民國人壽保險商業同業公會、財政部法制處(均附「實務上死亡人壽保險金依實質課稅原則核課遺產稅案例及參考特徵」乙份)

第2頁　共2頁

資料來源：財政部。

圖5-5　財政部102年1月18日台財稅字第10200501712號函

檔　號：
保存年限：

收　文	1020510
日　期	102. 1. 21
檔　號	

財政部　函

機關地址：臺北市中正區(10066)愛國西路2號
聯 絡 人：羅珮儒
電　　話：02-23228000　#8759

受文者：中華民國人壽保險商業同業公會

發文日期：中華民國102年1月18日
發文字號：台財稅字第10200501712號
速別：普通件
密等及解密條件或保密期限：
附件：如文

主旨：檢送「實務上死亡人壽保險金依實質課稅原則核課遺產稅案例及其參考特徵」乙份，有關被繼承人生前投保人壽保險案件，其死亡給付所涉遺產稅事宜，請參酌上開案例參考特徵辦理，請　查照。

說明：

一、依據本部賦稅署案陳101年12月6日研商「死亡人壽保險金依實質課稅原則核課遺產稅案件，能否就常見類型分類並明定判斷標準」會議結論辦理。

二、旨揭例示案例及其可能依實質課稅原則核課遺產稅之參考特徵，請於貴局網站登載並加強宣導。

三、按稅捐稽徵法第12條之1第1項及第3項規定：「涉及租稅事項之法律，其解釋應本於租稅法律主義之精神，依各該法律之立法目的，衡酌經濟上之意義及實質課稅之公平原則為之。」「前項課徵租稅構成要件事實之認定，稅捐稽徵機關就其事實有舉證之責任。」次按行政程序法第36條規定：「行政機關應依職權調查證據，不受當事人主張之拘束，對當事人有利及不利事項一律注意。」準此，於依實質課稅原則認定死亡人壽保險金所涉遺產稅徵免事宜時，應依前開規定嚴謹審慎辦理。

檔　號：
保存年限：

正本：財政部臺北國稅局、財政部高雄國稅局、財政部北區國稅局、財政部中區國稅局、財政部南區國稅局
副本：金融監督管理委員會、中華民國人壽保險商業同業公會、財政部法制處

資料來源：財政部。

財政部109年7月1日台財稅字第10900520520號函（請參考圖5-4之函釋），主旨為：檢送重新檢討之「實務上死亡人壽保險金之實質課稅原則核課遺產稅案例及參考特徵」乙份，有關被繼承人生前投保人壽保險案件，其死亡給付所涉遺產稅事宜，請參酌上開案例參考特徵辦理，請查照。函釋中包含三項說明，其中說明第一項即是依據上述之民國107年12月20日立法院第九屆第六會期財政委員會第十六次全體委員會議江委員永昌質詢事項辦理。而說明之第二項為：本案經洽據金融監度管理委員會109年2月4日金管保壽字第1090410128號函意見，重新檢討本部102年1月18日台財稅字第10200501712號函附例示案例及其可能依實質課稅原則核課遺產稅之參考特徵如主旨（請參考圖5-5之函釋），請於貴局網站登載並加強宣導。最後說明第三項為：貴局依實質課稅原則認定死亡人壽保險金所涉遺產稅徵免事宜時，應依稅捐稽徵法第12條之1（同納稅者權利保護法第7條）規定審慎辦理。

而財政部102年1月18日台財稅字第10200501712號函，主旨為：檢送「實務上死亡人壽保險金依實質課稅原則核課遺產稅案例及其參考特徵」乙份，有關被繼承人生前投保人壽保險案件，其死亡給付所涉遺產稅事宜，請參酌上開案例參考特徵辦理，請查照。在函釋中說明的第一項即明確指出，是依據本部賦稅署案陳101年12月6日研商「死亡人壽保險金依實質課稅原則核課遺產稅案件，能否就常見類型分類並明定判斷標準」會議結論辦理。說明第二項旨揭例示案例及其可能依實質課稅原則核課遺產稅之參考特徵，請於貴局網站登載並加強宣導。最後第三項為按稅捐稽徵法第12條之1第1項及第3項規定：「涉及租稅事項之法律，其解釋應本於租稅法律主義之精神，依各該法律之立法目的，衡酌經濟上之意義及實質課稅之公平原則為之。」「前項課徵租稅構成要件事實之認定，稅捐稽徵機關就其事實有舉證之責任。」次按行政程序法第36條（註9）規定：「行政機關應依職權調查證據，不受當事人主張之約束，對當事人有利及不利事項一律注意。」準此，於依實質課稅原則認定死亡人壽保險金所涉遺產稅徵免事宜時，應依前開規定嚴謹審慎辦理。

上述財政部102年1月18日台財稅字第10200501712號函，以及財政部109年7月1日台財稅字第10900520520號函，此兩份函釋為「保險金實質課稅」之函釋。函釋的主旨及說明即明白表彰了實務上死亡人壽保險金之實質課稅原則核課

圖5-6 實務上死亡人壽保險金依實質課稅原則核課遺產稅案例及其參考特徵（財政部109年7月1日台財稅字第10900520520號函）

實務上死亡人壽保險金依實質課稅原則核課遺產稅案例及其參考特徵

序號	案例說明	案例特徵或參考指標
1	被繼承人於民國88年8月2日死亡，生前於87年12月24日以躉繳方式投保還本終身壽險型保單2張共26,586,000元(投保時約71歲)，其中包含貸款2,075萬元，並指定其配偶為受益人，而被繼承人於投保時已患有冠心症、心肌梗塞、中風及糖尿病等病症。(最高行政法院101年判字第87號行政判決)	1. 躉繳投保 2. 高齡投保 3. 帶病投保 4. 短期投保 5. 鉅額投保 6. 舉債投保
2	被繼承人於民國94年6月29日死亡，生前於90年9月22日以躉繳方式投保終身壽險保單38,934,665元，並於91年8月8日以其本人為要保人及被保險人，並指定受益人，以躉繳方式投保終身壽險保單184,148,760元(投保時約81歲)；被繼承人在91年間腦部已有退化跡象，對個人人生係採消極態度（面對醫生皆「不肯起身動」，為醫生認「下次可能住院」)；被繼承人生前在91年8月8日繳納系爭保費前，已積欠國泰世華銀行債務80,000,000元，復於91年10月14日再舉借鉅額債務64,000,000元投保，合計144,000,000元，且貸款利率遠高於保單投資報酬率。(最高行政法院100年判字第726號行政判決)	1. 高齡投保 2. 躉繳投保 3. 鉅額投保 4. 帶病投保 5. 舉債投保
3	被繼承人於94年9月3日死亡，生前於89年3月15日經醫院診斷罹患帕金森氏症，且93年8月至死亡日止係處於重病狀態而無自行處理事務之能力，其於90年3月9日投保終身壽險，保險金額10,000,000元，躉繳保險費11,147,000元。(臺北高等行政法院99年度訴字第616號判決)	1. 帶病投保 2. 躉繳投保 3. 已繳保險費高於保險金額
4	被繼承人於95年3月6日死亡，生前於93年12月14日以其本人為要保人及被保險人，並指定受益人投保人壽保險(投保時約84歲)，保險金額20,000,000元，以躉繳方式繳納保險費20,000,000元(保險部分及投資部分之保險費分別為600,000元及19,400,000元)，被繼承人死亡日之投資部分保單價值為22,789,772元。(最高行政法院100年度判字第1003號判決)	1. 躉繳投保 2. 高齡投保 3. 短期投保 4. 鉅額投保 5. 保險費等於保險金額
5	被繼承人於民國95年12月3日死亡，生前於95年2至6月間以躉繳方式投保投資型保單3筆共6,885,000元。(投保時約75歲)，於94年5月23日智能檢查呈現疑有極早期失智症狀，後續追蹤並確認有記憶障礙，惟併有憂鬱症及曾罹患腦中風；至95年11月10日，被繼承人有脊髓肌肉萎縮症併頸椎病變及神經根病變，四肢肌肉萎縮，導致行動困難，足證被繼承人於投保前確有上述失智、中風及脊髓肌肉萎縮症併頸椎病變及神經根病變，四肢肌肉萎縮等無法治癒症狀。(最高行政法院100年判字第574號行政判決)	1. 高齡投保 2. 躉繳投保 3. 鉅額投保 4. 短期投保 5. 帶病投保
6	被繼承人96年6月8日死亡，生前於93年1月至94年3月間(投保時約81歲)，陸續以其本人為要保人及被保險人，指定其子為身故保險金之受益人，共投保4筆人壽保險，躉繳保險費148,209,331元，其繳納保費大部分資金來自售地餘款及向繼承人借貸而來；被繼承人生前投保時有高血壓、糖尿病及前列腺癌服藥控制等病況。(高雄高等行政法院100年度訴字第584號判決)	1. 帶病投保 2. 躉繳投保 3. 舉債投保 4. 鉅額投保 5. 高齡投保
7	被繼承人於民國96年11月19日死亡，生前於92年至95年間以躉繳方式投保投資型保單4張共33,953,000元(投保時約72歲)，其後曾於95年2月23日至27日因腸阻塞、低血鉀症及膽結石住院治療。(最高行政法院100年判字第1589號行政判決)	1. 躉繳投保 2. 高齡投保 3. 鉅額投保
8	被繼承人於民國97年10月6日死亡，生前於96年1月26日以躉繳方式投保投資型保單25,000,000元(投保時約77歲)，旋於同年月29日向陽信商業銀行青年分行貸款25,000,000元，且其曾於95年4月14日及21日因慢性阻塞性肺病前往高雄榮民總醫院就醫最終死因為肺炎併敗血性休克併多重器官衰竭。(高雄高等行政法院99年訴字第246號行政判決)	1. 躉繳投保 2. 高齡投保 3. 鉅額投保 4. 帶病投保 5. 舉債投保
9	被繼承人於97年12月19日因肝癌死亡，其死亡前2個月至1年2個月間密集投保(投保時約71歲)，以本人為要保人及被保險人，並指定繼承人為身故受益人，躉繳保險費42,477,614元，受益人所獲保險給付44,358,797元。(最高行政法院101年度判字第201號判決、高雄高等行政法院100年度訴字第142號判決)	1. 帶病投保 2. 躉繳投保 3. 鉅額投保 4. 短期投保 5. 高齡投保 6. 密集投保 7. 保險給付相當於已繳保險費加計利息金額
10	被繼承人於民國98年3月5日死亡，生前於93年4月13日及93年7月27日至93年9月1日間以躉繳方式投保投資型保單2張及養老保險單48張共1,800萬元(投保時約71歲)，於投保前因多發性骨髓瘤入住於臺大醫院，且有刻意隱瞞病情而規避遺產稅之故意。(臺北高等行政法院100年訴字第1517號行政判決)	1. 躉繳投保 2. 高齡投保 3. 帶病投保 4. 鉅額投保
11	被繼承人於91年9月8日死亡，生前有鉅額財產1億3千8百餘萬元，其於88年4月13日向銀行舉債29,500,000元，以躉繳方式投保終身壽險7筆(投保時77歲)，指定其子女等5人為身故保險金受益人，保險金額20,950,000元，躉繳保險費29,447,949元，嗣被繼承人死亡，保險公司於同年月18日給付受益人保險金計32,730,185元，繼承人於同年10月2日及3日按各自受益比例分別清償上開銀行借款本息計37,164,150元。(最高行政法院97年度判字第675號判決)	1. 躉繳投保 2. 舉債投保 3. 高齡投保 4. 保險費高於保險金額；保險給付相當於已繳保險費加計利息金額
12	被繼承人於91年6月27日死亡，生前於90年2月7日至4月15日期間因腎動脈狹窄合併慢性腎衰竭住院治療，同年4月17日至28日定期門診血析，其於90年4月2日以本人為要保人及被保險人，並指定其孫(即繼承人)為身故保險金受益人，以舉債躉繳方式繳納保險費2,578萬元（投保時約77歲)，身故保險理賠金2,509萬9,455元。(最高行政法院98年度判字第1145號判決)	1. 帶病投保 2. 躉繳投保 3. 舉債投保 4. 高齡投保 5. 短期投保 6. 鉅額投保 7. 保險給付低於已繳保險費
13	被繼承人於90年9月8日死亡，生前於88年3月24日經診斷有其他慢性阻塞性肺疾病、氣管支氣管及肺之惡性腫瘤及瀰散性肺間質變等疾病，90年3月至9月間陸續住院接受例行性化學治療及放射線治療，其於89年3月3日起至90年8月21日陸續以躉繳方式投保人壽保險，以其本人為要保人及被保險人，指定其女為受益人，躉繳保險費3,526萬元，身故之保險理賠金約3,602萬4,133元。(最高行政法院97年度判字第81號判決)	1. 帶病投保 2. 躉繳投保 3. 短期投保 4. 鉅額投保 5. 保險給付相當於已繳保險費加計利息金額
14	被繼承人於94年1月3日死亡，生前於92年1月至5月經診斷為中風後之言語障礙和記憶障礙，93年4月20日起至5月29日止住院期間意識狀態為不清楚，自行處理事務能力差，93年11月27日起至12月10日止及93年12月13日起至12月21日止住院意識為可醒著，但因雙側大腦功能缺損無法言語溝通也無法以肢體表達所需。被繼承人分別於92年6月18日及93年2月26日，投保吉祥變額萬能終身壽險(投保時81歲)，以其本人為要保人及被保險人，並指定繼承人為受益人，自92年6月27日起至93年5月13日止，繳納保險費計25,750,000元；又因該保單屬投資型保險商品，繼承日價值合計24,519,474元。(高雄高等行政法院95年度訴字第1150號判決)	1. 帶病投保 2. 高齡投保 3. 短期投保 4. 鉅額投保 5. 保險給付相當於已繳保險費
15	被繼承人於95年9月18日因肝癌及敗血性休克死亡，生前於89年間經診斷有肝炎、肝硬化及肝癌，並於89年5月至95年9月間住院6次治療，其於92年12月8日投保人壽保險（投資型保單）(投保時72歲)，以本人為要保人及被保險人，指定其子女為身故受益人，躉繳保險費12,000,000元，受益人所獲保險理賠金為12,085,845元。(高雄高等行政法院97年度訴字第771號判決)	1. 帶病投保 2. 鉅額投保 3. 高齡投保 4. 保險給付相當於已繳保險費
16	被繼承人於94年4月11日死亡，生前於93年5月間經診斷罹患肺小細胞癌，於93年7月16日投保人壽保險(投保時72歲)，以本人為要保人及被保險人，指定繼承人為身故受益人，躉繳保險費30,000,000元，受益人所獲身故保險給付為29,707,690元。(臺北高等行政法院97年度訴字第2275號判決)	1. 帶病投保 2. 躉繳投保 3. 鉅額投保 4. 短期投保 5. 保險給付低於已繳保險費

製表日期：109年6月16日

資料來源：金融監督管理委員會109年2月4日金管保壽字第1090410128號函(序號1、7、8、10)及財政部102年1月18日台財稅字第10200501712號函(序號2-6、9、11-16)

資料來源：財政部。

遺產稅的函釋意旨，而109年7月1日台財稅字第10900520520號函所揭示之十六個參考案例以及案例特徵及參考指標（參考圖5-6所示），則是在納稅者保護法施行之後，以及重新檢討102年1月18日台財稅字第10200501712號函釋所發布之參考案例，其中序號1、7、8、10為新增參考案例，並保留102年1月18日台財稅字第10200501712號函釋中的十二個參考案例，分別新列序號為序號2-6、9、11-16。此十六個參考案例皆為高等行政法院或是最高行政法院之判決案例，讀者都可依據判決書查詢路徑：司法院法學資料檢索系統——判決書查詢，下載完整判決書內容。而案例特徵或參考指標有：高齡投保、短期投保、帶病投保、躉繳投保、鉅額投保、舉債投保、密集投保，以及已繳保險費高於保險金額（或是保險費等於保險金額；保險給付相當於已繳保險費加計利息金額；保險費高於保險金額）。以上八項案例特徵或參考指標也稱為實務上死亡人壽保險金之實質課稅原則核課遺產稅之八大樣態，其中前三項樣態與被繼承人有關，而後五項樣態則與保險契約有關。本書第二篇「保險稅法之實戰篇」中，從判決文看我國保險金實質課稅之案例以及參考特徵，將詳細說明參考案例之判決書內容。

圖5-7 我國實質課稅原則的演進與保險金實質課稅的函釋

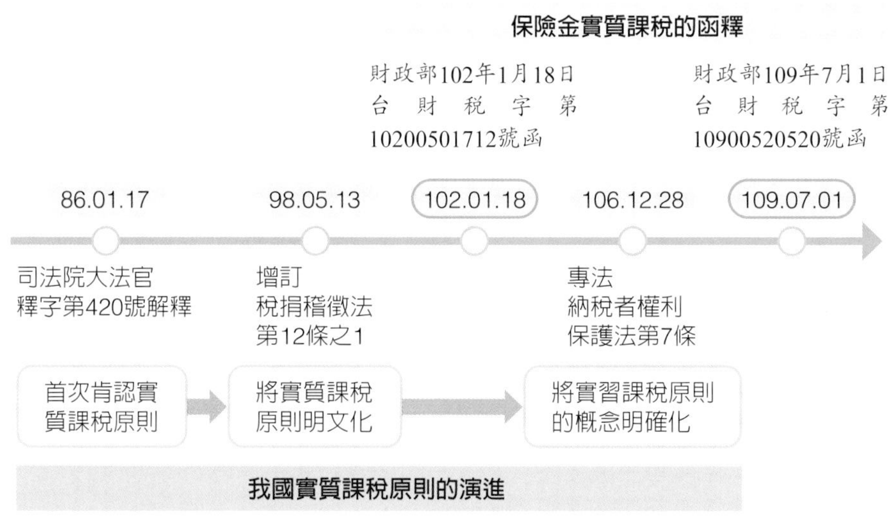

5-4 租稅請求權、協力義務及逃漏稅捐之處罰

實質課稅原則的重點在於透過經濟考察（觀察）法（註10），看透納稅義務人欲以不同的形式來包裝具有相同經濟實質的內容，而課以相同之租稅，其目的在於維持租稅之中立性與公平性，以求租稅不過度干預市場機制的運作。其制度目的與公平性的要求，在學理上皆有充足之說明。然而於具體案件中，如何課稅才是符合實質課稅的要求？

關於租稅規避適用爭議，由於稅捐規避行為內涵過於抽象，而認定結果容易發生不一致。租稅規避應否處罰？在納稅者權利保護法第7條第3項前段規定中，詳細說明了租稅規避之定義，納稅者基於獲得租稅利益，違背稅法之立法目的，濫用法律形式，以非常規交易規避租稅構成要件之該當，以達成與交易常規相當之經濟效果，為租稅規避。而第3項後段之稅捐稽徵機關仍根據與實質上經濟利益相當之法律形式，成立租稅上請求權，並加徵滯納金及利息，以及第8項之本文則說明了實質課稅原則的法律效果。此法律效果有兩部分，其中之一為本稅，即稅捐稽徵機關仍根據與實質上經濟利益相當之法律形式，成立租稅上請求權，同時，第6項則說明了稅捐稽徵機關查明納稅者及交易之相對人或關係人有第3項之情事者，為正確計算應納稅額，得按交易常規或依查得資料依各稅法規定予以調整。此法律效果之二為加徵滯納金及利息，滯納金，按應補繳稅款百分之十五計算，利息並自該應補繳稅款原應繳納期限屆滿之次日起，至填發補繳稅款繳納通知書之日止，按補繳稅款，依各年度一月一日郵政儲金1年期定期儲金固定利率，按日加計利息，一併徵收。而第8項但書之納稅者於申報或調查時，對重要事項隱匿或為虛偽不實陳述或提供不正確資料，則說明了處罰要件；換言之，若納稅者於申報或調查時，對重要事項隱匿或為虛偽不實陳述或提供不正確資料，致使稅捐稽徵機關短漏核定稅捐者，也就是納稅者依本法及稅法規定所負之協力義務未全盡，則主管機關得另課予逃漏稅捐之處罰。

表5-2 過渡條款：未確定之租稅規避案件之適用

	施行前		施行後	過渡規定（施行前行為）	
行為評價	違章漏稅		延遲繳納	尚未裁罰案件（必然尚未確定）	已裁罰尚未確定案件
法律效果	原則	處罰	滯納金15% 利息	滯納金15% 利息	處罰金額不得超過滯納金及利息總額
	例外	免罰	處罰（違反揭露說明）	處罰（違反揭露說明）	原處罰金額（違反揭露說明）

資料來源：臺北國稅局教材，納稅者權利保護法（第29頁）。

納稅者權利保護法第7條第10項則是說明了過渡條款，即針對未確定之租稅規避案件之適用說明：本法施行前之租稅規避案件，依各稅法規定應裁罰而尚未裁罰者，適用第三項、第七項及第八項規定；已裁罰尚未確定者，其處罰金額最高不得超過第七項所定滯納金及利息之總額。但有第八項但書情形者，不適用之（詳細請參考表5-2）。

針對租稅規避應否處罰，上段已解釋納稅者保護法第7條詳實說明。筆者也特別爰引財政部高雄國稅局所發布之新聞稿（註11）內容來輔以說明如下：「為協助民眾釐清哪些保單特徵可能涉及租稅規避，避免繼承人在數年後領取被繼承人死亡人壽保險金時，被補稅甚至裁罰，財政部在109年7月1日特別重新檢討『實務上死亡人壽保險金依實質課稅原則核課遺產稅案例及參考特徵』供徵納雙方遵循。該局進一步說明，依納稅者權利保護法第7條規定，原則上租稅規避不會另就漏稅處罰，但納稅者在申報或調查時，對重要事項隱匿或為虛偽不實陳述或提供不正確資料，致使稅捐稽徵機關短漏核定稅捐，還是可能會被補稅裁罰，稽徵機關如果須依實質課稅原則認定死亡人壽保險金所涉之遺產稅者，更要審慎辦理。該局特別提醒，各地區國稅局已將這些經財政部重新檢討的行政法院相關判決及特徵登載於網站，加強宣導，供民眾在投保之前參考。」相信在條文解釋及新聞稿內容兩相對照呼應之下，更能理解稅務機關針對租稅規避應否處罰的立法意旨。

5-5 納稅申報時重要事項隱匿之認定及疑義

圖5-8 財政部高雄國稅局新聞稿，依實質課稅原則核課遺產稅之案例及參考特徵

中華民國 財政部 Ministry of Finance, R.O.C.

請輸入E-mail 訂閱 取消訂閱

熱門搜尋： 統一發票中獎號碼 統一發票 租稅協定 牌照稅 汽車使用牌照稅

(New)財政部因應嚴重特殊傳染性肺炎專區 | 訊息公告 | 服務園地 | 財政法規 | 財政及貿易統計 | 主題專區 | 財政部及所屬機關 | 政策與計畫

首頁 > 訊息公告 > 新聞稿 > 依實質課稅原則核課遺產稅之案例及參考特徵

小 中 大

訊息公告

網站公告
新聞稿
國家金融安定基金訊息
就業資訊
影音專區
統一發票中獎號碼
活動公告
統計指標
國債最新訊息

依實質課稅原則核課遺產稅之案例及參考特徵

財政部高雄國稅局表示，為協助民眾釐清那些保單特徵可能涉及租稅規避，避免繼承人在數年後領取被繼承人死亡人壽保險金時，被補稅甚至裁罰，財政部在109年7月1日特別重新檢討「實務上死亡人壽保險金依實質課稅原則核課遺產稅案例及參考特徵」供徵納雙方遵循(詳附件)。

該局進一步說明，依納稅者權利保護法第7條規定，原則上租稅規避不會另就漏稅處罰，但納稅者在申報或調查時，對重要事項隱匿或為虛偽不實陳述或提供不正確資料，致使稅捐稽徵機關短漏核定稅捐，還是可能會被補稅裁罰，稽徵機關如果須依實質課稅原則認定死亡人壽保險金所涉之遺產稅者，更要審慎辦理。

該局特別提醒，各地區國稅局已將這些經財政部重新檢討的行政法院相關判決及特徵登載於網站，加強宣導，供民眾在投保之前參考。

提供單位：法務一科　聯絡人：宋秉珍科長 聯絡電話：07-7115349
撰稿人：莊宏慶　聯絡電話：07-7256600分機7571

資料來源：財政部高雄國稅局。

本章最末，將針對納稅者權利保護法關於租稅規避之處罰相關問題作一些討論。回顧民國105年12月28日公布、106年12月28日施行之納稅者權利保護法，針對租稅規避之處罰，係於該法第7條第8項明文規定：「第三項情形，主管機關不得另課予逃漏稅捐之處罰。但納稅者於申報或調查時，對重要事項隱匿或為虛偽不實陳述或提供不正確資料，致使稅捐稽徵機關短漏核定稅捐者，不在此限。」即明白表彰了租稅規避原則上不處罰之立法意旨。但本項但書之例外處罰規定，筆者觀察，針對「納稅者於申報時對重要事項隱匿」之認定，以及針對「致使稅捐稽徵機關短漏核定稅捐」要件之認定，於實務適用及運作上將滋生一些疑義。

1. 納稅者於申報時對重要事項隱匿之認定

在進行納稅者權利保護法關於租稅規避處罰規定所生相關問題探討前，須先提出的是納保法第7條第3項後段：「稅捐稽徵機關仍根據與實質上經濟利益相當之法律形式，成立租稅上請求權，並加徵滯納金及利息。」之規定，此等規定屬納保法針對租稅規避有別於稅捐稽徵法第12條之1第3項至第6項之規範，且與本文所欲探討之納保法關於租稅規避處罰規定有所關連，讀者可參考納保法第7條條文全文以及稅捐稽徵法第12條之1條文全文，如此將對納保法關於租稅規避之法效有較整體之概念。

首先，針對「納稅者於申報時對重要事項隱匿」之認定做討論，此問題爭議相當程度與不同稅捐之申報書格式上關於「可能涉及租稅規避安排」之揭露是否完善等有關。現行納保法第7條第8項規定：「第三項情形，主管機關不得另課予逃漏稅捐之處罰。但納稅者於申報或調查時，對重要事項隱匿或為虛偽不實陳述或提供不正確資料，致使稅捐稽徵機關短漏核定稅捐者，不在此限。」其中所稱「第三項情形」係指納保法第7條第3項關於租稅規避之規定，亦即依本項規定，遭認定有租稅規避情事者，如有符合但書規定情形，係得予以處罰。惟其處罰，係以納稅者於「申報或調查」時有條文所規定「對重要事項隱匿或為虛偽不實陳述或提供不正確資料」等事實為要件。

2. 稅捐稽徵實務之綜合所得稅結算書為例說明

然觀我國目前之稅捐稽徵實務，稅捐稽徵機關提供之申報書，不論格式或內容均相對簡單。以大家最熟知之綜合所得稅結算申報書為例，若個案存有以迂迴方式取得外觀為停徵所得稅之證券交易所得但實質屬應稅之營利所得情事，則此等所得之所得人，於申報綜合所得稅時，因此等所得形式上並非營利所得，且所得人可能主觀上亦認其屬停徵所得稅之證券交易所得，故於辦理綜合所得稅結算申報時，原則上應不會為營利所得之列報；加以制式之綜合所得稅結算申報書上又無關於「可能涉及租稅規避安排」之揭露欄位，因此如上述外形為證券交易所得而實質為應稅營利所得之事實，若個案之納稅義務人未於綜合所得稅結算申報書中揭露相關情事，是否即該當上述納保法第7條第8項但書所規定：「納稅者於申報時，對重要事項隱匿」之要件，勢必會有爭議發生！

就此問題，若採肯定見解，即認該當納保法第7條第8項但書要件，則納保法以「稅捐規避非屬違法行為，而與違背稅法上誠實義務之逃漏稅違法行為有間」之理由，於其第7條第8項本文針對租稅規避為「主管機關不得另課予逃漏稅捐之處罰」的規範，對於應辦理申報之稅捐，恐會成為具文，而違背本項規定之原意！蓋以我國目前稅捐稽徵實務上，多屬偏簡略之申報書格式，可預見絕大多數之納稅義務人仍將如納保法施行前，係依事件所呈現之法律形式辦理稅捐申報。則以上揭所舉綜合所得稅之結算申報為例，於納保法已施行之現今，納稅義務人仍將因具有「納稅者於申報時對重要事項隱匿」之情事，而遭處以漏稅罰，從而產生與納保法施行前租稅規避案件多遭處以漏稅罰之情況相同！

而納保法第7條第8項但書規定之「納稅者於『申報時』，對重要事項隱匿」，究應如何認定？實則，不僅在實務上會因有歧異見解，而產生諸多爭端，甚或在不同稅捐間因不同之申報書格式，亦會產生適用結果之差異。

就此爭議問題，或有學者專家認為：納保法第7條第9項既規定：「納稅者得在從事特定交易行為前，提供相關證明文件，向稅捐稽徵機關申請諮詢，稅捐稽徵機關應於六個月內答覆。」則納稅義務人就其行為安排本可依本項規定向稅捐稽徵機關申請諮詢，是因納稅義務人不作為而未在申報書上誠實揭露，自不得因此而謂當然不該當「申報時對重要事項隱匿」之要件云云。

然觀納保法第7條第9項規定之立法理由，其是鑑於「是否構成稅捐規避，通常涉及納稅人與稽徵機關法律見解之不一致，為免徒增糾紛，宜使納稅人有提早獲得稽徵機關心證之可能」，則此為避免徵納雙方糾紛而制定之納保法第7條第9項規定，得否僅因納稅義務人或因「不知」此規定、或因無「可能涉及租稅規避」之認知、或因避免麻煩、或因時間因素等等事由，而未循之辦理，即謂納稅義務人未在無合適記載欄位之申報書上揭露相關事項，客觀上即當然該當「申報時對重要事項隱匿」之要件，實有討論之餘地！而對此問題之解決，筆者認同當前多數學者專家所持之應全面檢討我國簡略之稅捐申報書格式，應是消除此問題爭議之較為正本清源作法。

於是可以探討之處為，在我國申報書格式是否會有所變革尚屬未定之數，則於其變革前，關於徵辦個案是否該當「申報時對重要事項隱匿」之要件，筆者亦與多數學者專家持相同見解：基於納保法第7條第8項就租稅規避明文為「主管機關不得另課予逃漏稅捐處罰」之規範目的，應認於申報書格式無「應為相關內容揭露欄位」或「教示」內容之情事下，不得僅因納稅義務人未於申報書內揭露可能涉及租稅規避之相關行為事實，即認納稅義務人有符合納保法第7條第8項但書「申報時對重要事項隱匿」之情事，進而對之處以漏稅罰。

3. 致使捐稅稽徵機關短漏核定稅捐之認定

接下來，針對「致使稅捐稽徵機關短漏核定稅捐」要件之認定，實務上問題爭議作探討。納保法第7條第8項但書所為排除本文「不處以漏稅罰」之規範，其要件除如前述「納稅者於申報或調查時，對重要事項隱匿或為虛偽不實陳述或提供不正確資料」部分外，另有「致使稅捐稽徵機關短漏核定稅捐」之要件，亦即欲依本條項但書「處以漏稅罰」之要件該當，尚須具備「致使稅捐稽徵機關短漏核定稅捐」之要件。

然所謂「致使稅捐稽徵機關短漏核定稅捐」，自本條項但書整體文義觀之，應是先存在有「納稅者於申報或調查時，對重要事項隱匿或為虛偽不實陳述或提供不正確資料」之事實，並因此等情事而導致「稅捐稽徵機關短漏核定稅捐」；換言之，不僅是要存在有「納稅者之不實或隱匿等行為」及「稅捐稽徵機關短漏核定稅捐」之事實，且二者間須具有因果關係。惟稅捐稽徵機關是否短漏核定稅捐，有諸多影響因素，其中稅捐稽徵機關承辦人員對個案證據調查之廣度及深度當有一定比例之影響性。關於此問題爭議更深入的探討，筆者也留待本書第二篇「保險稅法之實戰篇」中從判決文看我國保險金實質課稅之樣態，於詳細說明參考案例之判決書內容時，再作進一步分析。

第二篇

保險稅法之實戰篇

Chapter 6

從判決文看我國保險金實質課稅之案例及其參考特徵：序號1及序號2

本書第二部分為保險稅法之實戰篇，筆者將從行政法院判決文著手，帶領讀者瞭解我國保險金實質課稅之案例及其參考特徵。財政部在民國109年7月1日特別重新檢討「實務上死亡人壽保險金依實質課稅原則核課遺產稅案例及參考特徵」供徵納雙方遵循，詳細函釋內容及案例說明請讀者參考上一章我國實質課稅原則的演進與保險金實質課稅的函釋之圖5-4及圖5-6所示。財政部也特別提醒，各地區國稅局已將這些經財政部重新檢討的行政法院相關判決及特徵登載於網站，加強宣導，提供民眾在投保之前參考（註1）。

財政部109年7月1日台財稅字第10900520520號函為重新檢討102年1月18日台財稅字第10200501712號函附例示案例及其可能依實質課稅原則核課遺產稅之參考特徵。109年函附例示之16個參考案例（皆為高等行政法院或是最高行政法院之判決案例），其中包含有4個新增參考案例以及保留了12個原102年函附例示參考案例。依據我國行政訴訟法（註2）第2條規定：「公法上之爭議，除法律別有規定外，得依本法提起行政訴訟（註3）。」縱觀此16個判決案例，納稅義務人申請行政救濟（註4）而提起行政訴訟者，共有9個判決案例向最高行政法院提起上訴終審，7個判決案例於高等行政法院一審終結。圖6-1標示了此16個判決案例之109年函附例示新增與保留102年函附例示的說明，作為讀者對照依據，而圖6-2則整理了此16個判決案例之裁判案號（裁判字號），方便讀者查詢判例之判決書依據。

在上一章的內容當中，筆者提供了司法院法學資料檢索系統下載判決書之路徑，筆者特別將此16個判決案例之判決書首頁搭配裁判字號製成圖6-3，接下來的章節將會針對每一個判決案例逐一詳細拆解，讓讀者瞭解判例中被繼承人所涉及租稅規避行為的特徵或參考指標，以及稅捐稽徵機關國稅局稅務官員於案件徵辦時所經常主張的實質課稅法源及相關法令。而最高行政法院及高等行政法院審判長法官與法官團所作之審判及論結，也是本書第二部分章節內容中所要探討之重點。

● 圖6-1　財政部109年7月1日台財稅字第10900520520號函附例示之16個參考案例之109年函附例示新增與保留102年函附例示之對照依據 ●

（A）

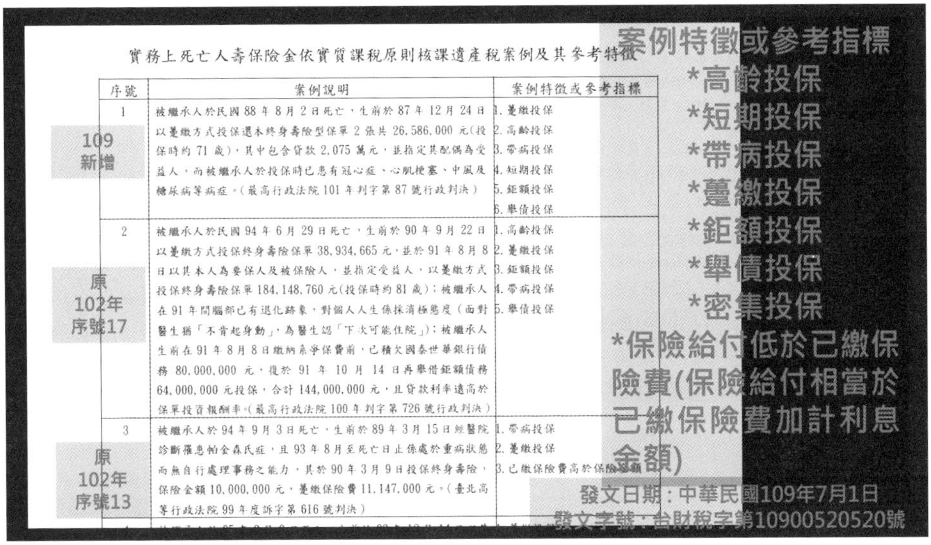

實務上死亡人壽保險金依實質課稅原則核課遺產稅案例及其參考特徵

序號	案例說明	案例特徵或參考指標
1	被繼承人於民國88年8月2日死亡，生前於87年12月24日以躉繳方式投保還本終身壽險型保單2張共26,586,000元(投保時約71歲)，其中包含貸款2,075萬元，並指定其配偶為受益人，而被繼承人於投保時已患有冠心症、心肌梗塞、中風及糖尿病等病症。(最高行政法院101年判字第87號行政判決)	1. 躉繳投保 2. 高齡投保 3. 帶病投保 4. 短期投保 5. 鉅額投保 6. 舉債投保
2	被繼承人於民國94年6月29日死亡，生前於90年9月22日以躉繳方式投保終身壽險保單38,934,665元，並於91年8月8日以其本人為要保人及被保險人，並指定受益人，以躉繳方式投保終身壽險保單184,148,760元(投保時約81歲)；被繼承人在91年間腦部已有退化跡象，對個人人生係採消極態度（面對醫生猶「不肯起身動」，為醫生認「下次可能住院」)；被繼承人生前在91年8月8日繳納系爭保費前，已積欠國泰世華銀行債務80,000,000元，復於91年10月14日再舉借鉅額債務64,000,000元投保，合計144,000,000元，且貸款利率遠高於保單投資報酬率。(最高行政法院100年判字第726號行政判決)	1. 高齡投保 2. 躉繳投保 3. 鉅額投保 4. 帶病投保 5. 舉債投保
3	被繼承人於94年9月3日死亡，生前於89年3月15日經醫院診斷罹患帕金森氏症，且93年8月至死亡日止係處於重病狀態而無自行處理事務之能力，其於90年3月9日投保終身壽險，保險金額10,000,000元，躉繳保險費11,147,000元。(臺北高等行政法院99年度訴字第616號判決)	1. 帶病投保 2. 躉繳投保 3. 已繳保險費高於保險金額

（B）

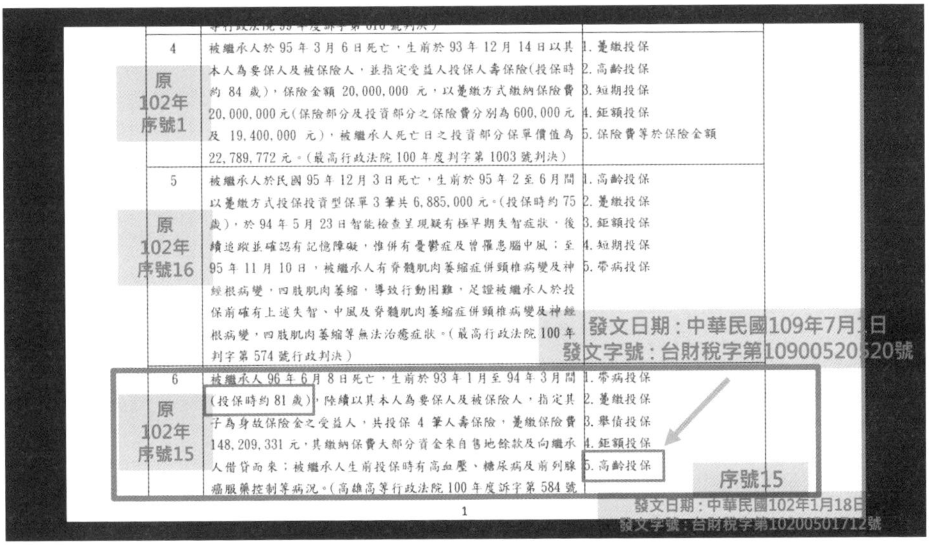

序號	案例說明	案例特徵或參考指標
4	被繼承人於95年3月6日死亡，生前於93年12月14日以其本人為要保人及被保險人，並指定受益人投保人壽保險(投保時約84歲)，保險金額20,000,000元，以躉繳方式繳納保險費20,000,000元(保險部分及投資部分之保險費分別為600,000元及19,400,000元)，被繼承人死亡日之投資部分保單價值為22,789,772元。(最高行政法院100年度判字第1003號判決)	1. 躉繳投保 2. 高齡投保 3. 短期投保 4. 鉅額投保 5. 保險費等於保險金額
5	被繼承人於民國95年12月3日死亡，生前於95年2至6月間以躉繳方式投保投資型保單3筆共6,885,000元。(投保時約75歲)，於94年5月23日智能檢查呈現疑有極早期失智症狀，後續追蹤並確認有記憶障礙，惟併有憂鬱症及曾罹患腦中風；至95年11月10日，被繼承人有脊髓肌肉萎縮症併頸椎病變及神經根病變，四肢肌肉萎縮，導致行動困難，足證被繼承人於投保前確有上述失智、中風及脊髓肌肉萎縮症併頸椎病變及神經根病變，四肢肌肉萎縮等無法治癒症狀。(最高行政法院100年判字第574號行政判決)	1. 高齡投保 2. 躉繳投保 3. 鉅額投保 4. 短期投保 5. 帶病投保
6	被繼承人96年6月8日死亡，生前於93年1月至94年3月間(投保時約81歲)，陸續以其本人為要保人及被保險人，指定其子為身故保險金之受益人，共投保4筆人壽保險，躉繳保險費148,209,331元，其繳納保費大部分資金來自售地餘款及向繼承人借貸而來；被繼承人生前投保時有高血壓、糖尿病及前列腺癌服藥控制等病況。(高雄高等行政法院100年度訴字第584號	1. 帶病投保 2. 躉繳投保 3. 舉債投保 4. 鉅額投保 5. 高齡投保

1

(C)

	判決）	
7 109新增	被繼承人於民國96年11月19日死亡，生前於92年至95年間以躉繳方式投保投資型保單4張共33,953,000元(投保時約72歲)，其後曾於95年2月23日至27日因腸阻塞、低血鉀症及膽結石住院治療。(最高行政法院100年判字第1589號行政判決)	1. 躉繳投保 2. 高齡投保 3. 鉅額投保
8 109新增	被繼承人於民國97年10月6日死亡，生前於96年1月26日以躉繳方式投保投資型保單25,000,000元(投保時約77歲)，旋於同年月29日向陽信商業銀行青年分行貸款25,000,000元，且其曾於95年4月14日及21日因慢性阻塞性肺病前往高雄榮民總醫院就醫最終死因為肺炎併敗血性休克併多重器官衰竭。(高雄高等行政法院99年訴字第246號行政判決)	1. 躉繳投保 2. 高齡投保 3. 鉅額投保 4. 帶病投保 5. 舉債投保
9 原102年序號11	被繼承人於97年12月19日因肝癌死亡，其死亡前2個月至1年2個月間密集投保(投保時約71歲)，以本人為要保人及被保險人，並指定繼承人為身故受益人，躉繳保險費42,477,614元，受益人所獲保險給付44,358,797元。(最高行政法院101年度判字第201號判決、高雄高等行政法院100年度訴字第142號判決)	1. 帶病投保 2. 躉繳投保 3. 鉅額投保 4. 短期投保 5. 高齡投保 6. 密集投保 7. 保險給付相當於已繳保險費加計利息金額

發文日期：中華民國109年7月1日
發文字號：台財稅字第10900520520號

(D)

10 109新增	被繼承人於民國98年3月5日死亡，生前於93年4月13日及93年7月27日至93年9月1日間以躉繳方式投保投資型保單2張及養老保險單48張共1,800萬元(投保時約71歲)，於投保前因多發性骨髓瘤入住於臺大醫院，且有刻意隱瞞病情而規避遺產稅之故意。(臺北高等行政法院100年訴字第1517號行政判決)	1. 躉繳投保 2. 高齡投保 3. 帶病投保 4. 鉅額投保
11 原102年序號5	被繼承人於91年9月8日死亡，生前有鉅額財產1億3千8百餘萬元，其於88年4月13日向銀行舉債29,500,000元，以躉繳方式投保終身壽險7筆(投保時77歲)，指定其子女等5人為身故保險金受益人，保險金額20,950,000元，躉繳保險費29,447,949元，嗣被繼承人死亡，保險公司於同年月18日給付受益人保險金計32,730,185元，繼承人於同年10月2日及3日按各自受益比例分別清償上開銀行借款本息計37,164,150元。(最高行政法院97年度判字第675號判決)	1. 躉繳投保 2. 舉債投保 3. 高齡投保 4. 保險費高於保險金額；保險給付相當於已繳保險費加計利息金額
12 原102年序號2	被繼承人於91年6月27日死亡，生前於90年2月7日至4月15日期間因腎動脈狹窄合併慢性腎衰竭住院治療，同年4月17日至28日定期門診血析，其於90年4月2日以本人為要保人及被保險人，並指定其孫(即繼承人)為身故保險金受益人，以舉債躉繳方式繳納保險費2,578萬元(投保時約77歲)，身故保險理賠金2,509萬9,455元。(最高行政法院98年度判字第1145號判決)	1. 帶病投保 2. 躉繳投保 3. 舉債投保 4. 高齡投保 5. 短期投保 6. 鉅額投保 7. 保險給付低於已繳保險費
13 原102年序號4	被繼承人於90年9月8日死亡，生前於88年3月24日經診斷有其他慢性阻塞性肺疾病、氣管支氣管及肺之惡性腫瘤及瀰散性肺間質變等疾病，90年3月至9月間陸續住院接受例行性化學治療及放射線治療，其於89年3月3日起至90年8月21	1. 帶病投保 2. 躉繳投保 3. 短期投保 4. 鉅額投保

2

發文日期：中華民國109年7月1日
發文字號：台財稅字第10900520520號

（E）

	日陸續以躉繳方式投保人壽保險，以其本人為要保人及被保險人，指定其女為受益人，躉繳保險費 3,526 萬元，身故之保險理賠金約 3,602 萬 4,133 元。（最高行政法院 97 年度判字第 81 號判決）	5. 保險給付相當於已繳保險費加計利息金額
14 原102年序號9	被繼承人於 94 年 1 月 3 日死亡，生前於 92 年 1 月至 5 月經診斷為中風後之言語障礙和記憶障礙，93 年 4 月 20 日起至 5 月 29 日止住院期間意識狀態為不清楚，自行處理事務能力差，93 年 11 月 27 日起至 12 月 10 日止及 93 年 12 月 13 日起至 12 月 21 日止住院意識為可醒著，但因雙側大腦功能缺損無法言語溝通也無法以肢體表達所需。被繼承人分別於 92 年 6 月 18 日及 93 年 2 月 26 日，投保吉祥變額萬能終身壽險(投保時 81 歲)，以其本人為要保人及被保險人，並指定繼承人為受益人，自 92 年 6 月 27 日起至 93 年 5 月 13 日止，繳納保險費計 25,750,000 元；又因該保單屬投資型保險商品，繼承日價值合計 24,519,474 元。（高雄高等行政法院 95 年度訴字第 1150 號判決）	1. 帶病投保 2. 高齡投保 3. 短期投保 4. 鉅額投保 5. 保險給付相當於已繳保險費
15 原102年序號18	被繼承人於 95 年 9 月 18 日因肝癌及敗血性休克死亡，生前於 89 年間經診斷有肝炎，肝硬化及肝癌，並於 89 年 5 月至 95 年 9 月間住院 6 次治療，其於 92 年 12 月 8 日投保人壽保險（投資型保單）（投保時 72 歲），以本人為要保人及被保險人，指定其子女為身故受益人，躉繳保險費 12,000,000 元，受益人所獲保險理賠金為 12,085,845 元。（高雄高等行政法院 97 年度訴字第 771 號判決）	1. 帶病投保 2. 鉅額投保 3. 高齡投保 4. 保險給付相當於已繳保險費
16 原102年序號19	被繼承人於 94 年 4 月 11 日死亡，生前於 93 年 5 月間經診斷罹患肺小細胞癌，於 93 年 7 月 16 日投保人壽保險(投保時 72 歲)，以本人為要保人及被保險人，指定繼承人為身故受益人，躉繳保險費 30,000,000 元，受益人所獲身故保險給付為 29,707,690 元。（臺北高等行政法院 97 年度訴字第 2275 號判決）	1. 帶病投保 2. 躉繳投保 3. 鉅額投保 4. 短期投保 5. 保險給付低於已繳保險費

製表日期：109 年 6 月 16 日

資料來源：金融監督管理委員會 109 年 2 月 4 日金管保壽字第 1090410128 號函(序號 1、7、8、10)及財政部 102 年 1 月 18 日台財稅字第 10200501712 號函(序號 2-6、9、11-16)

發文日期：中華民國109年7月1日
發文字號：台財稅字第10900520520號

資料來源
金融監督管理委員會 109 年 2 月 4 日金管保壽字第 1090410128號函(序號1、7、8、10)及財政部 102年1月18日台財稅字第10200501712號函(序號2-6、9、11-16)

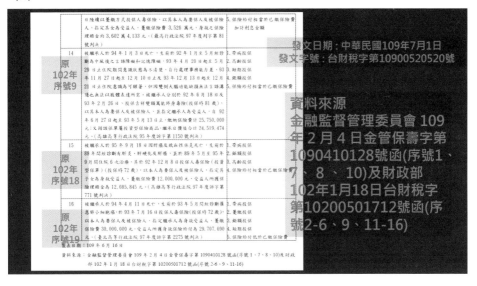

圖6-2　財政部109年7月1日台財稅字第10900520520號函附例示之16個參考案例之裁判案號（裁判字號）

發文日期：中華民國109年7月1日
發文字號：台財稅字第10900520520號

*序號1-案例說明-最高行政法院101年判字第87號判決
*序號2-案例說明-最高行政法院100年判字第726號判決
*序號3-案例說明-臺北高等行政法院99年訴字第616號判決
*序號4-案例說明-最高行政法院100年判字第1003號判決
*序號5-案例說明-最高行政法院100年判字第574號判決
*序號6-案例說明-高雄高等行政法院100年訴字第584號判決
*序號7-案例說明-最高行政法院100年判字第1589號判決
*序號8-案例說明-高雄高等行政法院99年訴字第246號判決
*序號9-案例說明-最高行政法院101年判字第201號判決
*序號10-案例說明-臺北高等行政法院100年訴字第1517號判決
*序號11-案例說明-最高行政法院97年判字第675號判決
*序號12-案例說明-最高行政法院98年判字第1145號判決
*序號13-案例說明-最高行政法院97年判字第81號判決
*序號14-案例說明-高雄高等行政法院95年訴字第1150號判決
*序號15-案例說明-高雄高等行政法院97年訴字第771號判決
*序號16-案例說明-臺北高等行政法院97年訴字第2275號判決

圖6-3 財政部109年7月1日台財稅字第10900520520號函附例示之16個參考案例之判決書首頁搭配裁判字號

（A）

（B）

財政部109年7月1日台財稅字第10900520520號函，主旨為：檢送重新檢討之「實務上死亡人壽保險金之實質課稅原則核課遺產稅案例及參考特徵」乙份，有關被繼承人生前投保人壽保險案件，其死亡給付所涉遺產稅事宜，請參酌上開案例參考特徵辦理，請查照。函釋主旨中所稱之參考特徵以及函附例示中所稱之案例特徵或參考指標，主要有八項：高齡投保、短期投保、帶病投保、躉繳投保、鉅額投保、舉債投保、密集投保，以及已繳保險費高於保險金額（或是保險費等於保險金額；保險給付相當於已繳保險費加計利息金額；保險費高於保險金額）。筆者將此八項案例特徵或參考指標，區分為兩大類，其中前三項案例特徵歸類為與被繼承人（被保險人）有關之特徵，而後五項案例特徵則歸類為與被繼承人所規劃投保之保險契約有關之特徵，並製作圖6-4說明如下。

圖6-4之案例特徵或參考指標分類表中，欄位的第1行為109年重新檢討之函附例示之序號，第2行為102年函附例示之序號，相互對照之下，可以清楚瞭解，在第1行欄位中，其中序號1、7、8、10這4個參考案例為109年函附例示之新增案例，其餘序號為12個102年函附例示中保留下來的案例。

分類表的第3行至第10行則為八項案例特徵，第3行至第5行這三項為與被繼承人相關之特徵，第6行至第10行這五項為與被繼承人投保之保險契約相關之特徵。假如該欄位中出現黑色或是紅色實心圓圈，則表示國稅局在查核過程中，認定該項案例特徵涉及租稅規避行為。讀者亦可發現每一個參考判例都具備多項參考特徵，乃綜合稽查之結果。欄位中出現紅色實心圓圈表示此項案例特徵為109年重新檢討後之新增特徵，例如：序號6中之高齡投保，此特徵為109年國稅局重新檢討後新增。而欄位中出現紅色打叉記號則表示該項特徵為109年重新檢討後刪除，例如：序號2中之短期投保，此特徵為109年國稅局重新檢討後刪除。重病投保之案例特徵於109年函附例示中調整為帶病投保，共有7個參考案例分別為序號3、6、9、12、13、15、16。

圖6-4　財政部109年7月1日台財稅字第10900520520號函釋主旨中所稱之參考特徵以及函附例示中所稱之案例特徵或參考指標分類表

序號(109年)	序號(102年)	案例特徵或參考指標							
		被繼承人			保險契約				
		高齡投保	短期投保	帶病投保	躉繳投保	鉅額投保	舉債投保	密集投保	保險給付低於已繳保險費(保險給付相當於已繳保險費加計利息金額)
1	新	●	●	●	●	●	●		
2	17	●	~~●~~	●	●	●	●		~~●(已繳保險費高於保險金額)~~
3	13		~~●~~	●(102重病)	●				●(已繳保險費高於保險金額)
4	1	●	●		●	●			●(保險費等於保險金額)
5	16	●	●	●	●	●			
6	15	●		●(102重病)	●	●	●		
7	新	●			●	●			
8	新	●		●	●	●	●		
9	11	●	●	●(102重病)	●	●		●	●(保險給付相當於已繳保險費加計利息金額)
10	新	●		●	●	●			
11	5	●			●		●		●(保險費高於保險金額；保險給付相當於已繳保險費加計利息金額)
12	2	●	●	●(102重病)	●	●	●		●(保險給付低於已繳保險費)
13	4		●	●(102重病)	●	●			●(保險給付相當於已繳保險費加計利息金額)
14	9	●	●	●	~~●~~	●			●(保險給付相當於已繳保險費)
15	18	●		●(102重病)		●			●(保險給付相當於已繳保險費)
16	19		●	●(102重病)	●	●			●(保險給付低於已繳保險費)

從案例特徵或參考指標分類表中可以發現，高齡投保、短期投保與帶病投保，此三項與被繼承人相關的特徵，似乎也存在著某種相互關係。筆者因此將分類表向左延伸，增列了被繼承人的投保年齡與死亡年齡兩個欄位，藉以探討高齡投保與短期投保兩項特徵的關聯，並製成了圖6-5以利後續分析說明。

關於國稅局在高齡投保的認定上，從判決書中有揭露的資訊可以窺知，被繼承人的投保年齡是高齡投保的參考指標。而被繼承人之投保年齡與死亡年齡的時間差距則關係著國稅局在短期投保這項特徵上的認定，也就是被繼承人於投保保險契約之後，是否隨即在短期內產生死亡理賠。故由被繼承人於死亡前短期內投保躉繳超過保險理賠金額甚多之保險費等狀況整體觀之，與為保障並避免因被保險人之突發事故，致其家人生活陷於困境之保險目的，已有不同。筆者將於往後章節裡深入探討判決文中上訴人（即原審原告）之起訴主張與被上訴人（即原審被告）之答辯內容。

● 圖6-5　財政部109年7月1日台財稅字第10900520520號函釋主旨中所稱之參考特徵以及函附例示中所稱之案例特徵或參考指標分類表之延伸表 ●

短期投保　　高齡投保

序號(109年)	序號(102年)	案例說明：被繼承人：死亡年齡	案例說明：被繼承人：投保年齡	案例特徵或參考指標：被繼承人：高齡投保	短期投保	帶病投保	保險契約：躉繳投保	鉅額投保	舉債投保	密集投保	保險給付低於已繳保險費(保險給付相當於已繳保險費加計利息金額)
1	新	72(88.08.02)	71(87.12.24)	●	●	●	●	●	●		
2	17	85(94.06.29)	81(91.07.23投保，91.08.08、91.10.14繳保費)***	●	~~●~~	●	●	●	●		~~●(已繳保險費高於保險金額)~~
3	13	(94.09.03)	(90.03.09)		~~●~~	●(102重病)	●				●(已繳保險費高於保險金額)
4	1	86(95.03.06)	84(93.12.14)***	●	●		●	●			●(保險費等於保險金額)
5	16	75(95.12.03)	75(95.02，95.06)	●	●	●	●	●			
6	15	84(96.06.08)	81(93.01-94.03)	●		●(102重病)	●	●	●		
7	新	76(96.11.19)	72(92-95)***	●			●	●			
8	新	78(97.10.06)	77(96.01.26)***	●		●	●	●	●		
9	1	72(97.12.19)	71	●	●	●(102重病)	●	●		●	●(保險給付相當於已繳保險費加計利息金額)
10	新	76(98.03.05)	71(93.04.13，93.07.27-93.09.01)	●		●	●	●			
11	5	80(91.09.08)	77(88.04.13)***	●			●		●		●(保險費高於保險金額；保險給付相當於已繳保險費加計利息金額)
12	2	78(91.06.27)	77(90.04.02)***	●	●	●(102重病)	●	●	●		●(保險給付低於已繳保險費)
13	4	(90.09.08)	(88.03.03-90.08.21)		●	●(102重病)	●	●			●(保險給付相當於已繳保險費加計利息金額)
14	9	83(94.01.03)	81(92.06.18及93.02.26)***	●	●	●	~~●~~	●			●(保險給付相當於已繳保險費)
15	18	75(95.09.18)	72(92.12.08)	●		●(102重病)		●			●(保險給付相當於已繳保險費)
16	19	73(94.04.11)	72(93.07.16)		●	●(102重病)	●	●			●(保險給付低於已繳保險費)

圖6-6為筆者將案例特徵或參考指標分類表做再延伸，在圖6-5中間新增插入七個欄位，分別為：保險商品、繳費方式、有無舉債、有無密集、保險費、保險金額、保險給付，藉以探討與被繼承人投保保險契約有關之五項案例特徵。例如在欄位繳費方式來認定躉繳投保該項案例特徵，又或從欄位保險費來認定鉅額投保該項特徵，以及從保險費、保險金額及保險給付此三項欄位來認定已繳保險費高於保險金額（或是保險費等於保險金額；保險給付相當於已繳保險費加計利息金額；保險費高於保險金額）該項特徵。

圖6-7為案例特徵或參考指標分類表之完整延伸表，筆者總共向左增列了十一個欄位，藉以輔助探討國稅局所函附例示之八項案例特徵。例如：從投保時健康狀態此新增輔助欄位，筆者根據判決書內容中與被繼承人於投保契約時健康狀況告知，以及國稅局徵辦稽查時所核調之相關體檢報告或是醫院檢查病歷，彙整重要資訊，目的即是能更清楚稅捐稽徵機關查核關鍵，提供民眾更有幫助的投保參考。

圖6-6 財政部109年7月1日台財稅字第10900520520號函釋主旨中所稱之參考特徵以及函附例示中所稱之案例特徵或參考指標分類表之再延伸表

躉繳投保　舉債投保　密集投保　鉅額投保

*已繳保險費高於保險金額
*保險費等於保險金額
*保險給付低於已繳保險費
*保險給付相當於已繳保險費加計利息金額

序號(109年)	序號(102年)	案例說明							案例特徵或參考指標							
		保險契約							被繼承人			保險契約				
		投保商品	繳費方式	有無舉債	有無密集	保險金額	保險費	保險給付	高齡投保	短期投保	帶病投保	躉繳投保	鉅額投保	舉債投保	密集投保	保險給付低於已繳保險費(保險給付相當於已繳保險費加計利息金額)
1	新	還本終身壽險型保單2張(全球人壽，無體檢保單，要保書有告知)	躉繳	貸款20,750,000(投保後保單借款，虛列未償債務扣除額)***	無	保險金額各10,000,000	26,586,000	22,670,090扣除所貸金額20,750,000及質借利息，實際給付1,332,703(應併被繼承人遺產總額課稅)	●	●	●	●	●	●		
2	17	終身壽險(91.07.23購買全球人壽全球躉繳終身壽險3筆)。(90.09.22購買瑞泰人壽(環球瑞泰理財家終身壽險))	躉繳	被繼承人生前91.08.08繳納保費77,536,320元當時，其已積欠國泰世華銀行貸款80,000,000元未還，借款利率為4.12%，遠高於保單投資報酬率3%。91.10.14再向板信商銀舉債64,000,000，借款利率4.02%。(上訴人等被繼承人名下有公告現值近億元之多筆不動產)***	無	全球人壽3筆為7,000萬、6,000萬、6,000萬	全球人壽184,148,760(合計瑞泰人壽為223,083,425)	230,969,299，年利率僅1.1%(躉繳保險費金額共計223,083,425計入邵○○之遺產範圍內，核課遺產稅112,353,889，並處以漏稅罰84,223,358)	●	●	●	●	●	●		●(已繳保險費高於保險金額)

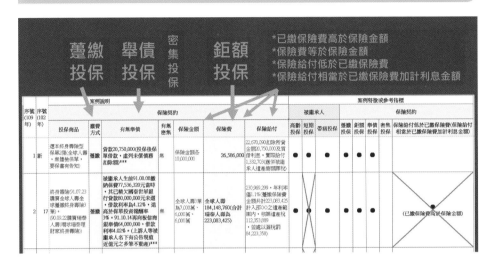

圖6-7 財政部109年7月1日台財稅字第10900520520號函釋主旨中所稱之參考特徵以及函附例示中所稱之案例特徵或參考指標分類表之完整延伸表

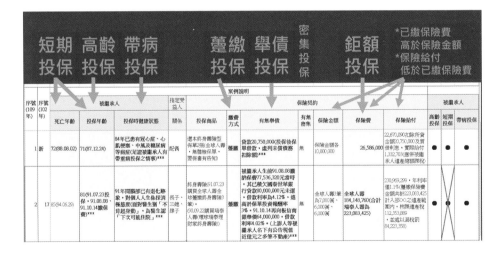

短期投保　高齡投保　帶病投保　躉繳投保　舉債投保　密集投保　鉅額投保

*已繳保險費高於保險金額
*保險給付低於已繳保險費

序號(109年)	序號(102年)	案例說明												被繼承人		
		被繼承人			指定受益人	保險契約										
		死亡年齡	投保年齡	投保時健康狀態	關係	投保商品	繳費方式	有無舉債	有無密集	保險金額	保險費	保險給付		高齡投保	短期投保	帶病投保
1	新	72(88.08.02)	71(87.12.24)	84年已患有冠心症、心肌梗塞、中風及糖尿病等病症(足證被繼承人有帶重病投保之情事)***	配偶	還本終身壽險型保單2張(全球人壽，無體檢保單，要保書有告知)	躉繳	貸款20,750,000(投保後保單借款，虛列未償債務扣除額)***	無	保險金額各10,000,000	26,586,000	22,670,090扣除所貸金額20,750,000及質借利息，實際給付1,332,703(應併被繼承人遺產總額課稅)		●	●	●
2	17	85(94.06.29)	81(91.07.23投保，91.08.08、91.10.14繳保費)***	91年間腦部已有退化跡象，對個人人生係採消極態度(面對醫生豬「不肯起身動」，為醫生認「下次可能住院」***	長子、三媳、肆子	終身壽險(91.07.23購買全球人壽全球躉繳終身壽險3筆)。(90.09.22購買瑞泰人壽(環球瑞泰理財家終身壽險))	躉繳	被繼承人生前91.08.08繳納保費77,536,320元當時，其已積欠國泰世華銀行貸款80,000,000元未還，借款利率為4.12%，遠高於保單投資報酬率3%。91.10.14再向板信商銀舉債64,000,000，借款利率4.02%。(上訴人等被繼承人名下有公告現值近億元之多筆不動產)***	無	全球人壽3筆為7,000萬、6,000萬、6,000萬	全球人壽184,148,760(合計瑞泰人壽為223,083,425)	230,969,299，年利率僅1.1%(躉繳保險費金額共計223,083,425計入邵○○之遺產範圍內，核課遺產稅112,353,889，並處以漏稅罰84,223,358)		●	●	●

接下來，本章節就要從109年函附例示中16個判決案例的序號1及序號2的行政法院判決文著手，透過自製之八項案例特徵或參考指標之分類表及輔助延伸欄位之完整延伸表，依序探討，進行詳細拆解說明。

筆者參酌最高行政法院101年判字第87號判決（101判87），爰引判決文（可依照第五章所附之判決書查詢路徑下載）中相關內容來闡明有關被繼承人生前投保人壽保險案件，其死亡給付所涉遺產稅事宜，即實務上死亡人壽保險金之實質課稅原則核課遺產稅案例之案例特徵。本案經審理後，最高行政法院判決上訴駁回，其兩造意見及本案（含原審）判決理由，臚列如下：

首先是看**案例事實**：本件上訴人（即原審原告，也是該遺產稅事件之繼承人）之被繼承人陳○○於民國88年8月2日死亡，上訴人於89年4月29日辦理遺產稅申報，經被上訴人初查核定遺產總額為新臺幣（下同）96,729,087元、遺產淨額為54,101,887元。上訴人就被繼承人死亡前未償債務扣除額部分不服，循序提起行政訴訟，經原審法院94年度訴字第59號判決將訴願決定及原處分（即復查決定）均撤銷。兩造提起上訴，分別經本院97年度裁字第3196號及97年度裁字第3197號裁定駁回上訴確定。嗣被上訴人依原審上開撤銷判決意旨重核後，以98年1月9日財北國稅法二字第0970250081號重核復查決定（下稱原處分），准予追認被繼承人應付林李○○股款部分之死亡前未償債務扣除額500萬元。上訴人就被上訴人否准認列被繼承人向荷商亞太全球人壽保險股份有限公司臺灣分公司（下稱全球人壽公司）借貸之死亡前未償債務扣除額2,075萬元部分不服，循序提起行政訴訟，經原審法院98年度訴字第1629號判決駁回，上訴人對之提起上訴，由本院100年度判字第667號判決將該判決廢棄，發回原審法院更為審理，經原審法院100年度訴更一字第58號判決（下稱原判決）駁回，上訴人遂提起本件上訴。

接著看**上訴人（即原審原告）起訴主張**：被繼承人陳○○基於親戚情誼及理財規劃，向訴外人全球人壽公司投保2筆還本終身壽險（下稱系爭2保單），保險金額各1,000萬元、躉繳保險費各13,293,000元，並非規避稅賦；又全球人壽公司理賠對象為上訴人賴○○，並非被保險人陳○○；且被繼承人前以系爭保單向全球人壽公司質借2,075萬元以償還對西北工業股份有限公司（下稱西北公司）及永盛磁器工廠股份有限公司（下稱永盛公司）之借款，迄其死亡前仍未清償，依遺產及贈與稅法第17條第1項第9款規定，自應於遺產總額內扣除；且依不利益變更禁止原則（註5），被繼承人陳○○之身故保險金，不得計入遺產計算遺產價額云云等語，求為判決撤銷訴願決定及原處分（重核復查決定）不利於上訴人部分。

接著看**被上訴人（即原審被告）答辯**：系爭2保單之險種名稱為躉繳還本型終身壽險，顧名思義乃為還本，且系爭保單之要保書為「無體檢」保單。被繼承人陳○○以永盛公司開立88年1月21日到期之支票2張繳交保費26,586,000元後，在不到一個月之內，旋以系爭保單向全球人壽公司辦理保單貸款合計2,075萬元，就實質而言，係屬取回其繳存於全球人壽公司之本金，從而減低系爭保單之價值，致保單剩餘價值與原先投保之保險金額相去甚遠，已全然不具壽險之「保障」性質，自難以其形式外觀上記載「躉繳還本型終身『壽險』」字樣，逕謂其具有一般保險之「保障」性質。故由被繼承人於死亡前短期內投保躉繳超過保險理賠金額甚多之保險費等狀況整體觀之，與為保障並避免因被保險人之突發事故，致其家人生活陷於困境之保險目的，已有不同，即與遺產及贈與稅法第16條第9款規定之立法意旨不符，非屬被繼承人之生前債務等語，資為抗辯。

筆者參酌判決文中之原審斟酌全辯論意旨及調查證據之結果以及最高行政法院判決，透過八項案例特徵或參考指標之分類表可以發現（請讀者對照參考圖6-5及圖6-7），此判決案例在與被繼承人有關之三項特徵：高齡投保、短期投保及帶病投保均呈現顯性指標，而與投保之保險契約有關之特徵則在躉繳投保、鉅額投保及舉債投保此三項特徵呈現顯性指標，合計共有六項特徵為顯性指標。以下逐一說明此六項特徵為何呈現顯性指標的理由。

▶ **高齡投保**：被繼承人投保時年齡約71歲，認定為高齡投保。

▶ **短期投保**：經查，原判決以被繼承人係88年8月2日死亡，其生前於87年12月24日向全球人壽公司投保2筆保險金額各1,000萬元之躉繳還本型終身壽險。被繼承人投保後，短期內即發生死亡理賠，認定為短期投保。

▶ **帶病投保**：系爭保單之要保書為「無體檢」保單，依該被繼承人要保書告知事項所載，被繼承人投保時患有多項疾病；又依原審向振興醫療財團法人振興醫院調取被繼承人病歷資料所示，被繼承人於84年間經醫師診斷有冠心症、心肌梗塞、冠狀動脈擴張術後等病由，期間曾進住加強醫護中心、接受冠狀動脈繞道手術，並因冠狀動脈疾病與心肌梗塞、中風、糖尿病發出病危通知單，足證被繼承人有帶重病投保之情事。

▶ **躉繳投保**：躉繳保險費各13,293,000元，合計繳交保費26,586,000元。認定為躉繳投保。

▶ **鉅額投保**：躉繳保險費各13,293,000元，合計繳交保費26,586,000元。認定為鉅額投保。

▶ **舉債投保**：經查，原判決以被繼承人係88年8月2日死亡，其生前於87年12月24日向全球人壽公司投保2筆保險金額各1,000萬元之躉繳還本型終身壽險，指定其配偶即上訴人賴○○為受益人，而被繼承人於投保時已患有冠心症、心肌梗塞、中風及糖尿病等病症，其在所開立支付保險費13,293,000元之2紙支票於88年1月21日兌現後，旋於同年2月3日、同年月11日以上開保單向全球人壽公司辦理保單借款各1,036萬元、1,039萬元，合計貸款2,075萬元，就其實質言，係屬取回繳存於全球人壽公司之本金，已減低上開保單之價值；而系爭2保單於被繼承人死亡所獲保險金合計僅22,670,090元，遠低於其已繳納之保險費26,586,000元，且經扣除其所貸2,075萬元及質借利息，實際給付受益人即上訴人賴○○之保險金額僅1,332,703元，故認上訴人投保上開保險契約，核與一般保險在於分散風險消化損失，及以較少保費獲得較大保障及保障遺族生活之保險目的有違，而是利用投保躉繳高額保險費之方式，俾達死亡時移轉財產之目的。由上述判決文內容認定為舉債投保。

案例解析

本件被繼承人為規避遺產稅負而投保與經濟實質顯不相當之保險、虛列未償債務扣除額，依財政部98年5月8日台財稅字第09804032080號函釋意旨及司法院第420號解釋所揭諸之實質課稅原則，被繼承人之身故理賠金即應計入遺產總額，又系爭保單之身故保險金合計為22,670,090元，扣除被繼承人生前所貸金額2,075萬元及質借利息，實際給付受益人賴○○之理賠金額共計1,332,703元，應併計被繼承人遺產總額課稅，被上訴人初查未予計入，惟基於行政救濟不得為不利益變更之禁止原則，仍應予維持原核定。

是綜觀本件被繼承人以躉繳高額保險費方式投保及以該保單質押借款之過程，顯係透過形式上合法卻反於保險原理及投保常態之形式，使被繼承人經由資金躉繳高額之保險費，移動其所有財產，藉以規避死亡時將之併入遺產總額所核算之遺產稅，並使其繼承人經由保險受益人之指定，仍獲得遺產繼承之經濟實質；而其以保單向保險公司質押之借款，復可以死亡前未償債務自遺產總額中扣除，而減少遺產稅額，依上開說明，被繼承人所為核屬租稅規避，而非合法之節稅。

上述內容闡明了序號1之判決案例的案例特徵，接下來要針對序號2之判決案例的案例特徵進行闡述。

筆者參酌最高行政法院100年判字第726號判決（100判726），爰引判決文（可依照第五章所附之判決書查詢路徑下載）中相關內容來闡明有關被繼承人生前投保人壽保險案件，其死亡給付所涉遺產稅事宜，即實務上死亡人壽保險金之實質課稅原則核課遺產稅案例之案例特徵。本案經審理後，原判決關於罰鍰及該訴訟費用部分均廢棄。廢棄部分訴願決定及原處分（復查決定）均撤銷。其餘上訴駁回。其兩造意見及本案（含原審）判決理由，臚列如下：

首先是看**案例事實**：上訴人等之父邵○○出生於民國（下同）10年3月23日，而於94年6月29日死亡。生前於90年9月22日購買瑞士商環球瑞泰人壽保險股份有限公司臺灣分公司（下稱瑞泰人壽）「環球瑞泰理財家終身壽險」保單（保單號碼00000000）及於91年7月23日購買全球人壽保險股份有限公司（下稱全球人壽）「全球躉繳終身壽險」（保單號碼0000000000、0000000000及0000000000；保額、保費暨繳納日期、理賠金額詳如附表所示）。上訴人等申報遺產稅，漏報銀行存款新臺幣（下同）203,552元、投資18,612元、死亡前2年內贈與2,000,000元、躉繳保費223,083,425元，合計225,305,589元，其中未列報遺產躉繳保費，經被上訴人查獲被繼承人死亡前以躉繳保費方式投保人壽保險，乃將躉繳保費223,083,425元併計被繼承人遺產總額課徵遺產稅，核定遺產總額404,992,339元，應納稅額112,353,889元，並按所漏稅額105,283,547元處1倍罰鍰105,283,500元。上訴人邵○○不服，就遺產總額──其他（躉繳保費）及罰鍰申請復查，經被上訴人以98年5月18日北區國稅法二字第0980012163號復查決定書（下稱原處分），重行核算按所漏稅額105,283,547元分別處0.4倍及0.8倍罰鍰合計84,223,358元｛105,283,547×〔（18,612×0.4）+（225,286,977×0.8）〕/ 225,305,589｝，原處罰鍰105,283,500元予以追減21,060,142元，其餘復查駁回，上訴人仍表不服，提起訴願、行政訴訟，均遭駁回，遂提起本件上訴。

接著看**上訴人（即原審原告）起訴主張**：

（一）依「特別法（註6）優於普通法」及租稅法律主義之原則，系爭躉繳保費應優先適用保險法第112條之規定，而不適用遺產及贈與稅法第16條第9款之規定，其金額不得作為被保險人邵○○之遺產。系爭全球人壽保單及瑞泰人壽保單（均非變額更非投資型保單）既經中央保險最高主管機關「財政部保險司」，依據「保險商品銷售前程序作業準則」及「人身保險商品審查應注意事項」審查通過准予銷售，依行政程序法第110條第3項（註7）規定，自應確認系爭2保單均符合保險法第1條及第112條之立法目的，且其效力仍繼續存在，不容被上訴人越權否認之。又財政部保險司所為「確認系爭2保單均符合保險法第1條及第112條之立法目的」之行政處分，並對系爭躉繳保費之遺產稅徵免，具有「構成要件效力」，稅捐稽徵機關自應受其拘束，並以之作為核定遺產稅徵免之基礎事實。

（二）被上訴人侵犯財政部保險司專屬管轄權限，擅斷系爭2保單違反保險法之立法目的，更未「應優先」本於租稅法律主義之精神，「其次」依各該法律之立法目的，「最末」方衡酌經濟上之意義及實質課稅之公平原則為之；竟持最不利於人民之見解，濫用權力「最優先」恣意衡酌經濟上之意義及實質課稅之公平原則逕為最不利於人民之見解，罔顧租稅法律主義之精神及各該法律之立法目的。更何況符合立法目的之投保行為，本屬人民合法之權利，而與衡酌經濟上之意義及實質課稅之公平原則無涉，否則即有違租稅法律主義及各該法律之立法目的。

（三）被上訴人錯誤援用財團法人天主教耕莘醫院永和分院（以下簡稱耕莘醫院）95年11月20日函附病歷資料，以一般輕微慢性病之症狀，淆稱被繼承人「其投保當時縱非重病期間，亦屬健康狀態欠佳下所為」，率爾論斷被繼承人投保動機有蓄意規避遺產稅之意圖，其認定事實顯有錯誤。又財政部94年7月11日台財稅字第09404550470號函釋（下稱財政部94年7月11日函釋）既係變更見解致不利於納稅義務人之解釋性行政規則，自不可追溯適用至本件被繼承人死亡日94年6月29日之遺產稅申報案件，以符法令不溯既往之原則（註8）。

（四）參酌原審法院95年度簡字第966號判決意旨，被繼承人本於對政府及法律之信賴，投保業經中央保險最高主管機關「財政部保險司」認定符合保險法立法目的之系爭2保單，核屬保險法及稅法上之合法行為，其行為既符合保險法及稅法規定，當事人依保險法及稅法本身之法律形式，因而獲得稅捐之減免，即應視為合法之保險行為。因此，除法律另有規定外，不宜將之連結而視為稅捐規避，以認定為違章行為；否則，即有違反稅捐法定、依法行政等原則，亦有悖於人民對於法律之信賴。又被繼承人購買保險之資金來源，其中64,000,000元係向銀行所借款項，占系爭保費之28.6%（64,000,000/223,083,425），因保險業務員告知用以投保可有「年息3%＋紅利」之利益，故被繼承人認為借款投保可賺利差（「年息3%＋紅利」＞利息），符合社會常情及經驗法則。餘被繼承人購買保險之資金來源其中159,083,425元，係自有資金款項占系爭保費之71.4%（159,083,425/223,083,425），符合社會常情及經驗法則。被繼承人投保之瑞泰人壽保單，雖其「原」保額2,450,000元，被繼承人於91年10月14日躉繳保費38,934,665元，惟繼承人已領身故保險金40,341,216元（13,447,072×3），增值利息1,406,551元（40,341,216－38,934,665）。本案如欲規避被繼承人遺產稅，只須「欠債不還」即可，又何須由上訴人邵○○代償10,000,000元及由上訴人邵○○償還44,989,280元，以供被繼承人購買系爭保單？被繼承人之貸款淨額9,010,720元（64,000,000－54,989,280），僅占系爭保費之4.04%（9,010,720/223,083,425），足證被繼承人購買系爭保單並無規避稅捐之動機。

（五）綜上，依「行政一體」、「構成要件效力」、「期待可能性（註9）」及「信賴保護原則（註10）」（本院92年度判字第1089號判決參照），系爭「人壽保險」保單既均經行為時保險法主管機關「財政部保險司」核准銷售，被繼承人亦取有體檢醫師林○○簽證之「被保險人體檢告知書」及哈佛健診報告，始核保通過。是系爭投保行為必定符合保險法之立法目的，自有保險法第112條之適用，從而系爭躉繳保費223,083,425元既非遺產，自不得補稅，更不應裁處罰鍰。本件被繼承人及上訴人既均遭受保險法主管機關之公然「陷害教唆」，自無過失或故意之可言，應依「平等原則」援引財政部98年7月3日台財稅字第09800237380號函釋之愛心查稅、既往不究而免罰等語，求為判決撤銷訴願決定及原處分不利於上訴人部分。

接著看**被上訴人（即原審被告）答辯**：

（一）本件被繼承人邵○○於94年6月29日死亡，其於90年9月22日購買瑞泰人壽「環球瑞泰理財家終身壽險」保單及於91年7月23日購買全球人壽「全球躉繳終身壽險」時，健康情形已不佳，仍部分舉債借款購買上開保險契約，並指定上訴人邵○○、邵○○及媳婦邱○○為身故保險金受益人，綜觀被繼承人之投保行為，顯係透過形式上合法卻違反保險原理及投保常態，以利用躉繳高額保費方式，將其自有現金及借款資金，藉由保險契約受益人之指定，使其繼承人於其死亡時獲得與保險給付相當之經濟利益及列報鉅額未償債務，其所為自屬租稅規避行為，而非合法之節稅，自無遺產及贈與稅法第16條第9款不計入遺產總額規定適用之餘地，又依財政部98年5月8日台財稅字第09804032080號函釋（下稱財政部98年5月8日函釋）意旨，應以被繼承人邵○○死亡時保險公司應給付之金額229,867,183元併入遺產總額核課遺產稅，惟基於行政救濟不得為更不利於上訴人之決定之法理原則，則被上訴人將系爭躉繳保險費223,083,425元併入遺產總額課稅，於法並無不合。

（二）按遺產及贈與稅法第16條第9款及保險法第112條規定，「人壽保險金額」所以不計入被繼承人（被保險人）遺產總額或作為被繼承人（被保險人）遺產，係因該「保險金額」要作為受益人於被繼承人（被保險人）死亡後之生活保障，若果被繼承人（被保險人）死亡前已有鉅額現金，受益人（繼承人）於被繼承人（被保險人）死亡後，本得依繼承關係而繼承該鉅額現金，並不因被繼承人（被保險人）之臨時死亡而陷於生活困頓，因此被繼承人生前已有鉅額現金財產，卻以躉繳高額保費方式，將該鉅額現金藉由保險契約受益人之指定，使該鉅額現金於被繼承人死亡時，化成「保險給付」之型態，移轉與受益人（即繼承人），而使被繼承人生前已有之鉅額現金財產不必經過繼承方式及繳納遺產稅之程序，移轉與受益人（即繼承人），形成逃避遺產稅之結果，則依前述之實質課稅及公平課稅之原則，將該被繼承人死亡時保險公司應給付之金額，予以併入遺產總額核課遺產稅，自無所謂違反前揭法條規定或違反信賴保護原則之可言。至於財政部94年7月11日函釋所引述之行政法院判決及訴願決定，均在維持稽徵機關依實質課稅及採公平正義原則所為之課稅處分，該函旨在提示下級機關對被繼承人短期或帶重病投保人壽保險者，應參酌該判決及決定意旨辦理，尚非屬「變更見解致不利於納稅義務人之解釋性行政規則」，上訴人主張該函釋違反法令不溯及既往原則，顯有誤解。

（三）本件被繼承人投保時，以躉繳方式繳交鉅額系爭保費223,083,425元，按其投保時年紀、健康狀態、投保金額、繳費方式及資金來源判斷，係以將成為遺產之現金（含自有資金及借款資金）透過躉繳保費方式，達到殆其亡故之後轉換為保險給付及列報鉅額未償債務，藉以規避遺產稅已如前述，違章事證明確，自應受罰，從而被上訴人依財政部98年3月5日台財稅字第09804516500號令修訂後之稅務違章案件裁罰金額或倍數參考表規定，重行核算按所漏稅額105,283,547元分別處0.4倍及0.8倍罰鍰，合計84,223,358元，洵無不合。

（四）就保費繳納、保險金之收取及保險契約的約定分析，本件不符遺產及贈與稅法第16條第9款之規定：

1. 被繼承人保險費之繳納及資金來源分析：被繼承人生前91年8月8日繳納保費77,536,320元當時，其已積欠國泰世華商業銀行貸款80,000,000元未還，該筆借款之借款利率為4.12%，遠高於上訴人主張之投資系爭保險可獲取之投資報酬率3%。被繼承人生前於91年10月14日再向板信商業銀行安和分行借款64,000,000元，用以支付91年10月14日繳納全球人壽保費38,768,160元、瑞泰人壽保費38,934,665合計77,702,825元之大部分保費，板信商業銀行安和分行借款利率為4.02%，遠高於上訴人主張之投資系爭保險可獲取之投資保酬率3%。綜上，被繼承人生前在91年8月8日繳納系爭保費前，已積欠國泰世華銀行債務80,000,000元，復於91年10月14日再舉借鉅額債務64,000,000元投保，申請人於91年10月14日投保當時，已積欠銀行該2筆借款合計144,000,000元，被繼承人積欠債務高達總繳納保費之64.54%（144,000,000/223,083,425）而該2筆借款之借款利率分別為4.12%、4.02%，遠高於上訴人主張之投資報酬率3%及保單之計算紅利，而系爭保單投資報酬利遠低於借款利率，上訴人復一再主張被繼承人係為投資理財購買系爭保單，惟被繼承人卻將舉債資金及其餘資金未優先用於清償需負擔較高利率之舊債，反而用於購買投資報酬率較低之系爭保單，被繼承人購買系爭保單顯然有違投資理財之一般社會常情及論理法則，其藉購買系爭保單，以規避遺產稅之動機，昭然若揭。
2. 保險金的收取：被繼承人共有5位繼承人，系爭4張保單之受益人均為被繼承人之長子邵○○、參媳邱○○（參子邵○○、次子已歿）、肆子邵○○，而未以長女洪邵○○、次女邵○○為受益人，是就被繼承人指定受益人之對象，顯然合於一般社會常情，即於生前預先將財產分配予男性繼承人而未分配予女性繼承人，足證被繼承人於生前即已預作遺產之分配，即以將來為遺產之現金預先轉換成保險費以規避遺產稅，其規避遺產稅之動機顯然可見。

3. 就保險合約之約定部分：⑴全球人壽部分：①身故保險金：依合約第10條規定，該公司按「保險金額」即投保金額（詳該合約第2條第4項）給付身故保險金。②紅利：以保險單計算保險費所採用之預定利率（3%）及預定死亡率（臺灣壽險業第3回經驗生命表之死亡率的90%）為基礎，按當時財政部核定的應分配保險單紅利計算公式，計算保險單紅利。③保險金額：保單號碼0000000000：保險金額7,000萬元。保單號碼0000000000：保險金額6,000萬元。保單號碼0000000000：保險金額6,000萬元。④系爭保單之理賠金額占系爭保費比率（自91年8月8日至94年6月29日共2年又326天）：0000000000保單：理賠金2,387,119/繳納保費67,844,280＝3.51%。0000000000保單：理賠金2,046,102/繳納保費58,152,240＝3.51%。0000000000保單：理賠金2,046,102/繳納保費58,152,240＝3.51%。⑤再當時郵政儲金匯業局1年期定期存款之利率為1.65%，投資2年又326天，可獲取之利息為4.62%〔1.65%×（2＋1.65%×326/365）〕，購買系爭保單之獲利率顯然低於購買1年期之定期存款存單，與上訴人主張被繼承人係為投資理財之目的購買系爭保單不符，顯然有違一般社會常情及論理法則，更遑論被繼承人於投保當時借款達144,000,000元，其負擔之借款利率分別為4.12%及4.02%，被繼承人尚須負擔支付鉅額之利息，估算被繼承人自投保日至其死亡日，其付息金額高達11,106,831元（5,566,155＋5,540,676）遠高於保險理賠金額超過繳納保費部分之金額7,883,758元。⑵瑞泰人壽保險：①身故保險金之給付：依所簽合約書第6條規定，被保險人身故時，該公司按保險金額給付保險金，另無息退還「已繳保險費」。另前項「已繳保險費」係指保單面額乘以標準體費率表上的費率。紅利計算：以保險單計算保險費所採用之預定利率（4%）及預定死亡率（臺灣壽險業第3回經驗生命表之死亡率的90%）為基礎，按當時財政部核定的應分配保險單紅利計算公式，計算保險單紅利。③上訴人一再主張其係為投資理財而投保，而系爭保單保額僅2,450,000元，被繼承人於生前卻繳納高達38,934,665元之保險費，顯然有違一般用低額保費支出以獲取高額保障之保險目的，更遑論其理賠金係定額僅按保險金額給付保險金，及無息退還「已繳保險費」，益證其保險之動機並非獲取生活保障，而係規避遺產稅等語，資為抗辯，求為判決駁回上訴人之訴。

筆者參酌判決文中之原審斟酌全辯論意旨及調查證據之結果以及最高行政法院判決，透過八項案例特徵或參考指標之分類表可以發現（請讀者對照參考圖6-5及圖6-7），此判決案例在與被繼承人有關之兩項特徵：高齡投保及帶病投保均呈現顯性指標（短期投保之欄位中出現紅色打叉記號則表示該項特徵為109年重新檢討後刪除），而與投保之保險契約有關之特徵則在躉繳投保、鉅額投保及舉債投保此三項特徵呈現顯性指標（已繳保險費高於保險金額此項特徵於欄位中出現紅色打叉記號則表示該項特徵為109年重新檢討後刪除），合計共有五項特徵為顯性指標。以下逐一說明此五項特徵為何呈現顯性指標的理由。

▶ **高齡投保**：被繼承人出生於民國10年3月23日，而於94年6月29日死亡。生前於90年9月22日購買瑞士商環球瑞泰人壽保險股份有限公司臺灣分公司（下稱瑞泰人壽）「環球瑞泰理財家終身壽險」保單及於91年7月23日購買全球人壽保險股份有限公司（下稱全球人壽）「全球躉繳終身壽險」。被繼承人投保時年齡約81歲，認定為高齡投保。

▶ **帶病投保**：被繼承人在91年間腦部已有退化跡象，對個人人生係採消極態度（面對醫生猶「不肯起身動」，為醫生認「下次可能住院」），認定為帶病投保。

▶ **躉繳投保**：本件被繼承人投保時，以躉繳方式繳交鉅額系爭保費223,083,425元，認定為躉繳投保。

▶ **鉅額投保**：本件被繼承人投保時，以躉繳方式繳交鉅額系爭保費223,083,425元，認定為鉅額投保。

▶ **舉債投保**：被繼承人保險費之繳納及資金來源分析：被繼承人生前91年8月8日繳納保費77,536,320元當時，其已積欠國泰世華商業銀行貸款80,000,000元未還，該筆借款之借款利率為4.12%，遠高於上訴人主張之投資系爭保險可獲取之投資報酬率3%。被繼承人生前於91年10月14日再向板信商業銀行安和分行借款64,000,000元，用以支付91年10月14日繳納全球人壽保費38,768,160元、瑞泰人壽保費38,934,665合計77,702,825元之大部分保費，板信商業銀行安和分行借款利率為4.02%，遠高於上訴人主張之投資系爭保險可獲取之投資保酬率3%。由上述判決文內容認定為舉債投保。

案例解析

按遺產及贈與稅法第16條第9款及保險法第112條規定，「人壽保險金額」所以不計入被繼承人（被保險人）遺產總額或作為被繼承人（被保險人）遺產，係因該「保險金額」要作為受益人於被繼承人（被保險人）死亡後之生活保障，若果被繼承人（被保險人）死亡前已有鉅額現金，受益人（繼承人）於被繼承人（被保險人）死亡後，本得依繼承關係而繼承該鉅額現金，並不因被繼承人（被保險人）之臨時死亡而陷於生活困頓，因此被繼承人生前已有鉅額現金財產，卻以躉繳高額保費方式，將該鉅額現金藉由保險契約受益人之指定，使該鉅額現金於被繼承人死亡時，化成「保險給付」之型態，移轉與受益人（即繼承人），而使被繼承人生前已有之鉅額現金財產不必經過繼承方式及繳納遺產稅之程序，移轉與受益人（即繼承人），形成逃避遺產稅之結果，則依前述之實質課稅及公平課稅之原則，將該被繼承人死亡時，保險公司應給付之金額，予以併入遺產總額核課遺產稅，自無所謂違反前揭法條規定或違反信賴保護原則之可言。

基於上開法理，就本案而言，正如上述，邵○○生前投保人壽保險並躉繳鉅額保險費之行為，從客觀情事上為觀察，其有規避未來發生之遺產稅之意圖昭然若揭，上訴人又是領取該人壽保險金之受益人，是上開規避遺產稅行為之主要受益人，從日常經驗法則論，其等對此稅捐規避事實難謂不知，故在申報遺產稅之稅捐客體時，沒有將此筆金額申報在遺產總額內，其漏稅故意即行顯明。

Chapter 7

從判決文看我國保險金實質課稅之案例及其參考特徵：序號3及序號4

● 圖7-1 財政部109年7月1日台財稅字第10900520520號函釋主旨中所稱之參考特徵以及函附例示中所稱之案例特徵或參考指標分類表之完整延伸表 ●

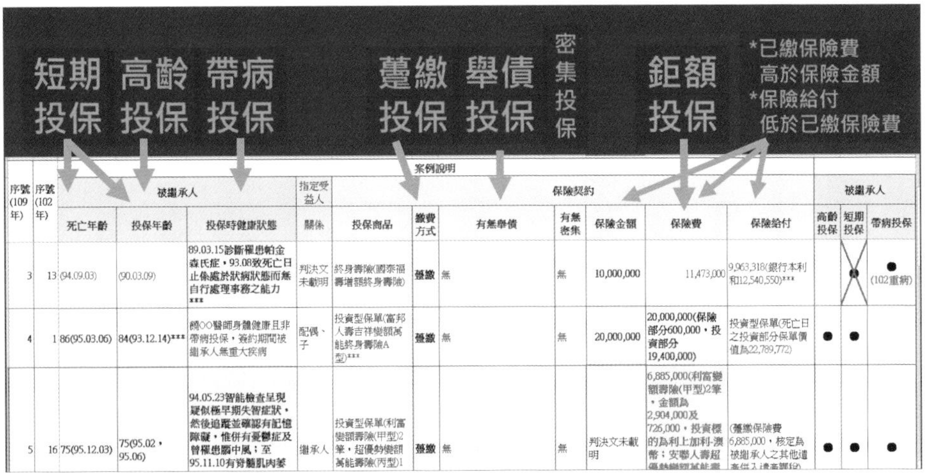

序號(109年)	序號(102年)	案例說明：被繼承人：死亡年齡	投保年齡	投保時健康狀態	指定受益人：關係	保險契約：投保商品	繳費方式	有無舉債	有無密集	保險金額	保險費	保險給付	被繼承人：高齡投保	短期投保	帶病投保
3	13	(94.09.03)	(90.03.09)	89.03.15診斷罹患帕金森氏症，93.08致死亡日止係處於狀病狀態而無自行處理事務之能力***	判決文未載明	終身壽險(國泰福壽增額終身壽險)	躉繳	無	無	10,000,000	11,473,000	9,963,318(銀行本利和12,540,550)***		●（劃X）	●(102重病)
4	1	86(95.03.06)	84(93.12.14)***	饒○○醫師身體健康且非帶病投保，簽約期間被繼承人無重大疾病	配偶、子	投資型保單(富邦人壽吉祥變額萬能終身壽險A型)***	躉繳	無	無	20,000,000	20,000,000(保險部分600,000，投資部分19,400,000)	投資型保單(死亡日之投資部分保單價值為22,789,772)	●	●	
5	16	75(95.12.03)	75(95.02，95.06)	94.05.23智能檢查呈現疑似極早期失智症狀，然後追蹤並確認有記憶障礙，惟併有憂鬱症及曾罹患腦中風；至95.11.10有脊髓肌肉萎	繼承人	投資型保單(利富變額壽險(甲型)2筆，超優勢變額萬能壽險(丙型)1	躉繳	無	無	判決文未載明	6,885,000(利富變額壽險(甲型)2筆，金額為2,904,000及726,000，投資標的為利上加利-澳幣；安聯人壽超	(躉繳保險費6,885,000，核定為被繼承人之其他遺產併入遺產課稅)	●	●	●

筆者參酌臺北高等行政法院99年訴字第616號判決（99訴616），爰引判決文（可依照第五章所附之判決書查詢路徑下載）中相關內容來闡明有關被繼承人生前投保人壽保險案件，其死亡給付所涉遺產稅事宜，即實務上死亡人壽保險金之實質課稅原則核課遺產稅案例之案例特徵。本案經審理後，臺北高等行政法院判決原告之訴駁回，其兩造意見及本案（含原審）判決理由，臚列如下：

首先是看**案例事實**：緣被繼承人即原告之母庚○○於94年9月3日死亡，繼承人辦理遺產稅申報，經被告查獲漏報存款、重病期間提領現金及已繳保費等遺產，計新臺幣（下同）15,662,552元，併入核定遺產總額為58,759,190元，遺產淨額45,858,143元，應納稅額13,294,838元，並按所漏稅額課處1倍之罰鍰計5,637,200元（計至百元止）。原告就遺產總額——重病期間提領現金、債權、其他（國泰福壽增額終身壽險、國泰金如意養老保險）及罰鍰部分不服，申經復查結果，獲追減遺產總額2,072,344元、減列直系血親卑親屬扣除額400,000元及追減罰鍰1,781,495元，其餘復查之申請則遭駁回。原告復就遺產總額——重病期間提領現金12,900,000元、其他（國泰福壽增額終身壽險及國泰金如意養老保險）及罰鍰處分部分表示不服，提起訴願，亦遭決定駁回，遂向本院提起行政訴訟。

接著看**上訴人（即原審原告）起訴主張**：

（一）關於重病期間提領現金部分：

1. 被告主張被繼承人於93年8月起至94年9月3日死亡時，皆為重病期間，被繼承人無意思表示能力，顯屬誤判，蓋被繼承人雖罹患柏金森氏症，惟至其逝世前，意識清楚，故被告關於核定本件重病期間提領12,900,000元併入遺產總額乙節，顯屬錯誤，應予撤銷。

2. 被繼承人生前雖因柏金森氏病而很難過，經常坐輪椅前往國防醫學院三軍總醫院（以下簡稱三軍總醫院）、臺灣大學醫學院附設醫院（以下簡稱臺大醫院）及財團法人長庚紀念醫院林口分院（以下簡稱長庚醫院林口分院）等求治，故於各該醫院等均留下病歷可資證明，直至被繼承人病逝前，意識均甚清楚，不容被告誤解，被繼承人完全是以其自由意識處理自己之財務，再予陳明。

（二）按「左列各款不計入遺產總額：……九、約定於被繼承人死亡時，給付其所指定受益人之人壽保險金額。……」為遺產及贈與稅法第16條第9款所明定。關於被繼承人生前所投保國泰如意養老保險及福壽增額壽險，分別由被告核定遺產價值1,467,360元及11,473,000元，此核定顯於法不合，另縱然因觀點不同而核定遺產稅，也不能認定為漏報而裁處罰鍰。綜上所陳，聲明求為判決撤銷訴願決定、復查決定及原處分。

接著看**被上訴人（即原審被告）答辯**：

（一）遺產總額——重病期間提領現金部分：

1. 按「凡經常居住中華民國境內之中華民國國民死亡時遺有財產者，應就其在中華民國境內境外全部遺產，依本法規定，課徵遺產稅。」「本法稱財產，指動產、不動產及其他一切有財產價值之權利。」「被繼承人死亡前因重病無法處理事務期間舉債、出售財產或提領存款，而其繼承人對該項借款、價金或存款不能證明其用途者，該項借款、價金或存款，仍應列入遺產課稅。」為遺產及贈與稅法第1條第1項、第4條第1項及同法施行細則第13條所明定。次按「遺產及贈與稅法施行細則第13條規定：『被繼承人死亡前因重病無法處理事務期間舉債或出售財產，而其繼承人對該項借款或價金不能證明其用途者，該項借款或價金，仍應列入遺產課稅。』旨在貫徹遺產及贈與稅法第1條及第17條第1項第8款之規定，以求認定課稅遺產之正確，為防止遺產稅之逃漏及維持課稅之公平所必要，並未增加法律所定人民之納稅義務，與憲法第19條並無牴觸。至具體案件應稅遺產之有無，仍應依舉證責任分配之法則，分由稅捐稽徵機關或納稅義務人盡舉證責任，併予指明。」為司法院釋字第221號所解釋。

2. 原告訴稱被繼承人生前雖罹患柏金森氏症，但至逝世時，意識仍很清晰，且經常乘坐輪椅前往三軍總醫院、臺大醫院及長庚醫院等醫院治療，有相關病歷資料可證，是被繼承人生前提領現金，處理個人財務，係基於自由意識所為，被告核定重病期間提領現金12,900,000元併入遺產總額一節，顯屬錯誤，應予撤銷云云。

3. 經查：⑴被繼承人自93年10月20日起至同年11月4日間陸續自日盛銀行松江分行、土地銀行長春分行及農民銀行儲蓄部以小額方式提領現金3,500,000元、6,000,000元及3,400,000元，計12,900,000元，有被繼承人日盛銀行松江分行、土地銀行長春分行及農民銀行儲蓄部存摺影本附卷可稽。⑵依據三軍總醫院95年9月29日集逵字第0950016223號函（以下簡稱三軍總醫院95年9月29日函）、臺大醫院95年10月20日校附醫秘字第0950211808號函（以下簡稱臺大醫院95年10月20日函）及長庚醫院林口分院95年10月18日（95）長庚醫北字第4790號函（以下簡稱長庚醫院林口分院95年10月18日函）說明，被繼承人生前自93年8月起至94年9月3日死亡日止，係處於重病狀態而無自行處理事務之能力，依首揭規定，原告自應就被繼承人重病期間資金之用途負舉證責任，原告迄今既未盡其舉證責任，則被告依法將之列入遺產課稅，並無不合。

（二）遺產總額——其他（國泰福壽增額終身壽險）部分：

1. 按「凡經常居住中華民國境內之中華民國國民死亡時遺有財產者，應就其在中華民國境內境外全部遺產，依本法規定，課徵遺產稅。」「本法稱財產，指動產、不動產及其他一切有財產價值之權利。」「遺產稅之納稅義務人如左：……二、無遺囑執行人者，為繼承人及受遺贈人。」「遺產及贈與財產價值之計算，以被繼承人死亡時或贈與人贈與時之時價為準；……」「左列各款不計入遺產總額：……九、約定於被繼承人死亡時，給付其所指定受益人之人壽保險金額、……」為行為時遺產及贈與稅法第1條第1項、第4條第1項、第6條第1項第2款、第10條第1項及第16條第9款所明定。次按「本法所稱保險，謂當事人約定，一方交付保險費於他方，他方對於因不可預料，或不可抗力之事故所致之損害，負擔賠償財物之行為。」「本法所稱要保人，指對保險標的具有保險利益，向保險人申請訂立保險契約，並負有交付保險費義務之人。」「（人壽）保險金額約定於被保險人死亡時給付於其所指定之受益人者，其金額不得作為被保險人之遺產。」「受益人於被保險人生存期間為被保險人本人。保險契約載有於被保險人死亡後給付年金者，其受益人準用第110條至第113條規定。」為保險法第1條第1項、第3條、第112條及第135條之3所規定。又「涉及租稅事項之法律，其解釋應本於租稅法律主義精神，依各該法律之立法目的，衡酌經濟上之意義及實質課稅之公平原則為之。」業經司法院釋字第420號解釋闡明在案。再按「鈞院92年度訴字第1005號判決及財政部台財訴字第0930024324號訴願決定書等影本各一份，有關被繼承人死亡前短期內或帶重病投保人壽保險者，其遺產稅請參酌上開判決及決定意旨辦理。」「被繼承人為要保人兼被保險人且已指定他人為受益人之人壽保險，經稽徵機關參酌本部94年7月11日台財稅字第09404550470號函課徵遺產稅時，其遺產價值之計算，應以被繼承人死亡時保險公司應給付之金額為準。」為財政部94年7月11日台財稅字第09404550470號（以下簡稱財政部94年7月11日函）及98年5月8日台財稅字第09804032080號函（以下簡稱財政部98年5月8日函）釋示在案。

2. 經查：⑴保險之目的係在分散風險消化損失，即以較少之保費獲得較大之保障，又依保險法第112條及遺產及贈與稅法第16條第9款前段規定，約定於被繼承人死亡時，給付其所指定受益人之人壽保險金額，不計入遺產總額，究其立法意旨，乃考量被繼承人投保之目的係為保障並避免受益人因其死亡致失經濟來源，使生活陷於困境，且受益人領取之保險給付如再課予遺產稅，有違保險終極目的，遂予以免徵遺產稅，並非鼓勵或容讓一般人利用此一方式任意規避原應負擔之遺產稅，故對於為規避遺產稅負而投保與經濟實質顯不相當之保險者，基於量能平等負擔之實質課稅原則，自無保險法第112條及遺產及贈與稅法第16條第9款前段規定之適用甚明。⑵被繼承人生前向國泰人壽保險公司以躉繳保險費11,473,000元方式投保福壽增額終身壽險，保險金額10,000,000元，被繼承人死亡時，依國泰人壽保險公司98年7月16日國壽字第0980070538號函（以下簡稱國泰人壽公司98年7月16日函）說明，應給付受益人死亡保險金9,963,318元，遠較被繼承人躉繳之保險費為低，核與一般保險係在保障遺族生活之目的相違，難信其有人壽「保險」之性質。且系爭保險之價值，依國泰人壽保險公司99年5月27日國壽字第0990050941號函（以下簡稱國泰人壽公司99年5月27日函）說明，被繼承人死亡時，其保單價值準備金為12,058,000元，保單解約金為12,058,000元（該函第1次檢附之一覽表誤載為1,477,328元及1,386,098元，業經第2次檢附之一覽表更正），亦遠較被繼承人躉繳之保險費為低，更佐證本件難有人壽「保險」之性質。⑶況且，被繼承人於90年3月9日投保時，倘不躉繳保險費11,473,000元，改存放於國內銀行，依當日臺灣銀行活期存款機動利率2.00（年息%）單利計算，至被繼承人死亡時本利和為12,540,550元，亦遠較保險事故發生時應給付受益人死亡保險金9,963,318元為高。⑷綜上，被繼承人投保系爭保險，與保險之目的係在分散風險消化損失，係以較少之保費獲得較大之保障大相逕庭，至為灼然，自難以其形式外觀上記載「福壽增額終身『壽險』」字樣，即逕謂其具有一般保險之「保障」性質，與遺產及贈與稅法第16條第9款規定之立法意旨尚有不符，本件自無該規定適用之餘地。

（三）遺產總額——其他（國泰金如意養老保險）部分：

1. 次按「稅捐稽徵機關在第1次復查決定作成以前，納稅義務人補提理由，凡與其原來敘明之理由有所關連，復足以影響應納稅額之核定者，稅捐稽徵機關均應自實體上予以受理審查，併為復查決定。」改制前行政法院75年度判字第2063號著有判例可參。

2. 本件被繼承人於89年3月15日業經三軍總醫院診斷出罹患柏金森氏症第3、4期，卻隱瞞病情於89年4月21日向國泰人壽保險公司投保金如意養老保險（以下簡稱系爭保單）（保單號碼：0000000000，保險金額：每年300,000元），年繳保險費244,560元，至被繼承人死亡時已繳6期保險費1,467,360元，於被繼承人生前重病期間94年1月19日至同年6月20日及94年8月29日又分別繳納保險費120,000元及785,066元，合計2,372,426元，案經被告核定屬於帶病投保，遂將已繳保險費2,372,426元併入遺產總額課稅。原告不服，申經被告復查決定變更保單遺產價值1,809,764元，准予追減遺產總額562,662元。

3. 經查：⑴被繼承人於得知罹患柏金森氏症第3、4期後，卻隱瞞病情向國泰人壽保險公司投保金如意養老保險，至被繼承人死亡時已繳納保險費2,372,426元，保險金額（主約身故保險金）為1,800,000元，有國泰人壽保險公司99年6月15日國壽字第0990060516號函（以下簡稱國泰人壽公司99年6月15日函）可稽，迨被繼承人身故後，依國泰人壽保險公司98年7月16日國壽字第0980070538號函（以下簡稱國泰人壽公司98年7月16日函）說明，應給付受益人之金額為1,809,764元（應給付死亡保險金1,800,000元、紅利9,764元，惟需扣除保單貸款995,000元、貸款利息29,336元後），仍遠較被繼承人已繳保險費為低，核與一般保險係在保障遺族生活之目的相違，難信其有人壽「保險」之性質。且系爭保險之價值，依國泰人壽保險公司99年5月27日國壽字第0990050941號函（以下簡稱國泰人公司99年5月27日函）說明，於被繼承人死亡時，其保單價值準備金為1,477,328元，保單解約金為1,386,098元（該函第1次檢附之一覽表誤載為12,058,000元及12,058,000元，業經第2次檢附之一覽表更正），亦仍較被繼承人已繳之保險費為低，更佐證本件欠缺人壽「保險」之性質。⑵次查被繼承人最後1次以系爭保單向國泰人壽保險公司貸款，係在93年12月28日辦理保單貸款995,000元（貸款年利率6.9%），此有國泰人壽保險公司回函（實際函文，請容後庭呈）可稽，按被繼承人生前自93年8月起至94年9月3日死亡日止，係處於重病狀態而無自行處理事務之能力，於93年12月28日顯然欠缺向國泰人壽保險公司貸款之能力，是依遺產及贈與稅法施行細則第13條規定：「被繼承人死亡前因重病無法處理事務期間舉債或出售財產，而其繼承人對該項借款或價金不能證明其用途者，該項借款或價金，仍應列入遺產課稅。」。⑶況且，將國泰人壽保險公司就系爭保單所列第6年度主契約解約金1,386,098元，與被繼承人向該公司所貸款項995,000元（貸款年利率為6.9%）本利和1,024,336元加上解約金剩餘價值共1,415,434元，相比較結果，系爭保單貸款已透支該年度之期末解約金額，核與保險之目的係在分散風險消化損失之精神不合，自難以其形式外觀上記載「金如意養老『保險』」字樣，即逕謂其具有一般保險之「保障」性質，與遺產及贈與稅法第16條第9款規定之立法意旨核屬不符，本件自無該規定適用之餘地。⑷末以，系爭保單之貸款本利和，應否自遺產總額中扣除一節，原告於遺產稅申報書中並未主張應扣除，提起復查時，亦未有此主張，甚且本件遺產稅復查之另一位申請人乙○○於遺產稅申報書亦未主張應扣除，於復查時亦未有此主張，按稅捐事件之行政救濟，係採爭點主義（註1），即行政救濟僅就納稅義務人爭執範圍為審查，未爭執部分之稅捐即告確定，是依前揭規定，此部分屬已確定之部分，不須自遺產總額中扣除。

（四）罰鍰部分：

1. 按「納稅義務人違反本法或稅法之規定，適用裁處時之法律。但裁處前之法律有利於納稅義務人者，適用最有利於納稅義務人之法律。」為稅捐稽徵法第48條之3所明定。次按「被繼承人死亡遺有財產者，納稅義務人應於被繼承人死亡之日起六個月內，向戶籍所在地主管機關依本法規定辦理遺產稅申報。……」及「納稅義務人對依本法規定，應申報之遺產或贈與財產，已依本法規定申報而有漏報或短報情事者，應按所漏稅額處以2倍以下之罰鍰。」分別為遺產及贈與稅第23條第1項及第45條所明定。又「85年7月30日修正公布之稅捐稽徵法第48條之3，對於公布生效時尚未裁罰確定之案件均有其適用……上開法條所稱之『裁處』，依修正理由說明，包括訴願、再訴願及行政訴訟之決定或判決。準此，稅捐稽徵法第48條之3修正公布生效時仍在復查、訴願、再訴願及行政訴訟中，尚未裁罰確定之案件均有該條之適用。」為財政部85年8月2日台財稅第851912487號函（以下簡稱財政部85年8月2日函）所明釋。
2. 本件原告辦理被繼承人遺產稅申報時，漏報台北富邦銀行城東分行（以下簡稱富邦城東分行）存款365,153元、合庫銀行自強分行（以下簡稱合庫自強分行）存款139元、遺產總額——其他（94年6月7日重病期間轉存入乙○○帳戶存款）2,356,900 元及帶病投保國泰人壽保險公司所繳保險費11,473,000元及1,467,360元，共計15,662,552元，全部核定應納稅額13,294,838元，漏稅額5,637,293元，按所漏稅額處1倍罰鍰5,637,200元。原告申請復查時，主張富邦城東分行回覆並無此筆定存帳戶，又已申報合庫自強分行存款139元，僅誤植為農民銀行中山收付處，另重病期間轉存入乙○○帳戶存款2,356,900元，係用於支付被繼承人住院期間之醫療、看護等費用，而投保系爭2筆保單符合遺產及贈與稅法第16條第9款規定，故其漏報並無故意或過失，應予免罰云云，案經被告復查決定重新核定漏報遺產金額13,590,208元，另依據修訂「稅務違章案件裁罰金額或倍數參考表」規定，改按其漏報情節依所漏稅額4,819,632元，處以0.8倍罰鍰計3,855,705元，原處罰鍰准予追減1,781,495元。

3. 惟查：⑴依據富邦城東分行94年12月19日（94）北富銀城東字第9400151號函（以下簡稱94年12月19日函）、農民銀行中山分行94年12月20日農儲字第9409101109號函（以下簡稱農民銀行94年12月20日函）及合庫銀行95年7月26日合金強字第0950002099號函（以下簡稱合庫銀行95年7月26日函），被繼承人死亡時確實遺有所查獲之漏報存款無誤。另投保之系爭2筆保單，因核與保險之目的係在分散風險消化損失之精神不合，難由其形式外觀上記載「保險」字樣，即逕謂其具有一般保險之「保障」性質，與遺產及贈與稅法第16條第9款規定之立法意旨核屬不符，而無該規定適用之餘地，況且被繼承人死亡時遺有財產者，即應辦理遺產稅申報，不計入遺產總額者，亦同，是原告就系爭2筆保險之給付金額，仍應盡其申報義務。⑵本件原告依法應據實申報被繼承人遺產義務，對申報遺產本有其注意義務，其漏未申報，即有應注意能注意而未注意之過失，自應予處罰，本件申經被告復查決定重新核定漏報遺產金額13,590,208元，按其漏報情節依所漏稅額4,819,632元，處以0.8倍之罰鍰3,855,705元，准予追減1,781,495元，經核尚無違誤，案經訴願決定仍予維持，是本件原告所訴難謂有理由。綜上所陳，聲明求為判決駁回原告之訴。

筆者參酌判決文中之原審斟酌全辯論意旨及調查證據之結果以及臺北高等行政法院判決，透過八項案例特徵或參考指標之分類表可以發現（請讀者對照參考第六章之圖6-5及圖6-7），此判決案例在與被繼承人有關之一項特徵：帶病投保均呈現顯性指標（短期投保之欄位中出現紅色打叉記號則表示該項特徵為109年重新檢討後刪除），而與投保之保險契約有關之特徵則在躉繳投保、已繳保險費高於保險金額此兩項特徵呈現顯性指標，合計共有三項特徵為顯性指標。以下逐一說明此三項特徵為何呈現顯性指標的理由。

▶ **帶病投保**：本件被繼承人於89年3月15日業經三軍總醫院診斷出罹患柏金森氏症第3、4期，卻隱瞞病情於89年4月21日向國泰人壽保險公司投保金如意養老保險（以下簡稱系爭保單）（保單號碼：0000000000，保險金額：每年300,000元），年繳保險費244,560元，至被繼承人死亡時已繳6期保險費1,467,360元，於被繼承人生前重病期間94年1月19日至同年6月20日及94年8月29日又分別繳納保險費120,000元及785,066元，合計2,372,426元，案經被告核定屬於帶病投保，遂將已繳保險費2,372,426元併入遺產總額課稅。又被繼承人90年3月9日帶病投保國泰人壽保險公司福壽增額壽險所繳保險費11,473,000元。

▶ **躉繳投保**：被繼承人生前向國泰人壽保險公司以躉繳保險費11,473,000元方式投保福壽增額終身壽險，認定為躉繳投保。

▶ **已繳保險費高於保險金額**：被繼承人生前向國泰人壽保險公司以躉繳保險費11,473,000元方式投保福壽增額終身壽險，保險金額10,000,000元，被繼承人死亡時，依國泰人壽保險公司98年7月16日國壽字第0980070538號函（以下簡稱國泰人壽公司98年7月16日函）說明，應給付受益人死亡保險金9,963,318元，遠較被繼承人躉繳之保險費為低，核與一般保險係在保障遺族生活之目的相違，難信其有人壽「保險」之性質。

案例解析

本件係以規劃投保系爭保險（單），即國泰金如意養老保險及國泰福壽增額終身壽險之方式，將即將成為遺產之現金，透過投保方式轉換為保險給付，藉以規避遺產稅及達到移轉財產之目的，清晰可見。是系爭2保險（單）既與分散風險消化損失之保險目的不符，顯違保險之精神，亦與保險法第112條規定保險給付不計入遺產總額立法意旨不符，自無遺產及贈與稅法第16條第9款前段規定之適用，堪以確定。

從而本件被繼承人庚○○透過與國泰人壽公司所定系爭保險契約，將具有高度流通性之資金轉換為保險金，而於其身故後由受益人享受該經濟利益，顯係透過形式上合法卻反於保險原理及投保常態，且以（躉繳）高額保險費方式，移動其所有財產，藉以規避死亡時將之併入遺產總額所核算之遺產稅，並使其繼承人經由保險契約受益人之指定，仍得獲得與將該財產併入遺產總額核課遺產稅相同之經濟實質，徵諸前揭法院判決意旨及上開說明，其所為自屬租稅規避，而非合法之節稅。則被告依司法院大法官會議釋字第420號解釋及前述行政法院判決意旨，基於實質課稅原則，以被繼承人死亡時保險公司應給付之金額計算遺產價值，原核定係以投保時之保險費計算，於復查階段更正為以被繼承人死亡時，保險公司應給付之金額，所為核定，即非無憑。

上述內容闡明了序號3之判決案例的案例特徵，接下來要針對序號4之判決案例的案例特徵進行闡述。

筆者參酌最高行政法院100年判字第1003號判決（100判1003），爰引判決文（可依照第五章所附之判決書查詢路徑下載）中相關內容來闡明有關被繼承人生前投保人壽保險案件，其死亡給付所涉遺產稅事宜，即實務上死亡人壽保險金之實質課稅原則核課遺產稅案例之案例特徵。本案經審理後，最高行政法院判決上訴駁回，其兩造意見及本案（含原審）判決理由，臚列如下：

首先是看**案例事實**：緣上訴人等之被繼承人饒○○於民國（下同）95年3月6日死亡，上訴人等於95年8月16日及同年月21日辦理遺產稅申報，申報遺產總額新臺幣（下同）59,806,458元、扣除額7,336,486元，經被上訴人所屬民權稽徵所查獲漏報存款32,928元及投資22,789,772元，核定遺產總額82,629,158元、扣除額6,086,486元，應納稅額22,057,895元，並經被上訴人處罰鍰9,357,300元。上訴人等不服，就遺產總額扣減投資、死亡前未償債務扣除額及罰鍰申經復查，經轉正遺產總額扣減投資（保單帳戶價值）為遺產總額扣減其他財產（保單帳戶價值）及追減罰鍰1,871,455元，其餘未獲變更，上訴人等猶未甘服，就遺產總額扣減其他財產（保單帳戶價值）及罰鍰提起訴願，遞遭駁回，提起行政訴訟又遭原審駁回，遂提起本件上訴。

接著看**上訴人（即原審原告）起訴主張**：

（一）保單部分：被繼承人饒○○之國泰人壽富貴保本投資鏈結壽險（下稱國泰人壽保單）及富邦人壽吉祥變額萬能終身壽險A型（下稱富邦人

壽保單）都指定受益人為上訴人等2人，故依保險法第112條及遺產及贈與稅法第16條第9款等規定，人壽保險之保險給付，不應計入遺產總額核課遺產稅，受益人領取之保險給付如再課予遺產稅，有違保險終極目的。按保險人訂立投資型保險契約時既須依保險法第22條規定收取保險費；且連結投資標的之專設帳戶，其資產價值仍須依據「保險業各種準備金提存辦法」第19條及行政院金融監督管理委員會（下稱金管會）93年10月20日金管保一字第09302500081號函規定，提存投資型保險價值準備金，核與保險法第11條所稱各種責任準備金之性質並無二致；再衡諸保險法第123條第2項規定，有關投資型保險契約「投資部分」之保單帳戶價值於保險事故發生時，其有指定受益人者，不問保險人係根據投資部分或（及）壽險部分之保單價值計算而給付保險金予受益人，該保險金均屬基於保險契約所為之「保險給付」性質，自非被保險人遺產範圍，不應併入遺產總額核課遺產稅。被上訴人率將被繼承人饒○○生前投保，且已指定受益人之富邦人壽保單認屬被繼承人之投資，並謂上訴人等漏報該筆遺產，應予處罰云云，顯違行政程序法第96條第1項第2款規定。況上訴人等在96年10月22日下午2時半接到被上訴人遺產稅核定通知書及罰鍰處分書前，已自動補申報。又依行政院96年12月20日之決議文及98年4月29日經濟日報報導，財政部與金管會達成共識基於遺產及贈與稅法不對人身保險課徵原則，投資型保單全數視為保險給付給予受益人，應依法免徵收遺產稅。95年起實施最低稅負制，依97年1月15日金管會針對被保險人身故理賠金部分，只要是投資型保單所理賠之保險金，無論是壽險保障或是投資基金之部分，理賠額度在3,000萬元以內不予以課稅，依法免徵收遺產稅，是被繼承人饒○○生前投保保險總理賠金在3,000萬元以內可享免課徵遺產稅之優惠。再者，饒○○醫師身體健康且非帶病投保，簽約期間被繼承人無重大疾病，係意外跌倒造成腦出血，手術後院內感染死亡，投保事務皆由被繼承人本人親自處理，被繼承人購買保險之行為，應屬合法免稅。

（二）罰鍰部分：被繼承人饒○○往生後，上訴人等先依規定向被上訴人申請被繼承人饒○○財產歸戶及所得資料清單，並於95年8月16日，向被上訴人申報遺產稅，在被繼承人饒○○財產歸戶及所得資料清單內，並無被上訴人認為漏報被繼承人饒○○之存款32,928元、富邦人壽保險理賠金22,789,772元及國泰人壽保單2,000,000元等資料。申報時也完全不知道有存款、富邦人壽保險理賠金及國泰人壽保單等3筆資料。上訴人等在發覺後都立即自動於收受被上訴人之遺產稅核定通知書及罰鍰處分書之前都已先補申報在案，按行政罰法第7條第1項及稅捐稽徵法第48條之1規定，被上訴人自不得逕予處罰。

（三）撤銷行政救濟期間之加計利息部分：依遺產及贈與稅法第30條規定應自繳納期限屆滿之次日起，至納稅義務人繳納之日止，依郵政儲金1年期定期儲金固定利率，分別加計利息；利率有變動時，依變動後利率計算。被上訴人不但未依法在利率有變動時依變動後利率計算，而採用96年12月28日之最高利率計算利息，計算利息時又多算一天利息。復查依規定應在2個月內審查完成，如以61天（二個月）計算利息只有96,583元，因被上訴人延到475天，其利息高到752,083元，二者相差655,500元。如依郵政儲金1年期定期儲金固定利率，分別加計利息；利率有變動時，依變動後利率計算474天之利息為588,088元，與被上訴人應繳752,083元，前後二者相差163,995元等語，本案復查決定及訴願決定均顯有違誤，自難令人甘服，聲明求為判決撤銷訴願決定及原處分（復查決定）。

接著看**被上訴人（即原審被告）答辯**：

（一）遺產總額部分：查被繼承人饒○○於95年3月6日死亡，生前於93年12月14日以其本人為要保人及被保險人，並指定上訴人等為受益人，以躉繳方式繳納保險費，其中保費費用及投資保費各為600,000元及19,400,000元，向富邦人壽公司投保富邦人壽保單之保險金額20,000,000元，以保險承保日為投資基準日，投資3筆投資標的。次查，系爭保單為投資型保險商品且被繼承人躉繳保費後享有隨時終止契約並有依贖回時點計算保單帳戶價值之權利，截至被繼承人死亡日止，系爭保單之投資部分保單價值為22,789,772元，壽險部分無保單價值，且本件理賠金額係依所有投資標的之單位淨值乘以單位數計算而得，亦即保單帳戶價值，核其性質與投資基金無異。按遺產及贈與稅法第16條第9款、保險法第1條及第112條立法意旨，係為保障並避免被保險人即被繼承人因不可預料或不可抗力之事故死亡致其家人失去經濟來源使生活陷於困境，故予以免徵遺產稅，並非鼓勵或容讓一般人利用此一方式任意規避原應負擔之遺產稅負。本件被繼承人投保系爭保單時已高齡84歲，顯係利用私法自治契約自由原則，選擇與經濟實質顯不相當的法律形成，以圖減輕原應負擔之遺產稅負，與上揭規定保險給付不計入遺產總額之立法意旨不符，基於實質課稅及公平正義原則，原核定將系爭保單帳戶價值併計遺產總額課稅並無不合。又本件系爭保單實質為基金投資，其中連結多種基金為投資標的，且係依繼承發生日該保單帳戶價值併計遺產課稅，與單一投資標的仍有不同，其財產種類應轉正為其他財產。另查遺產及贈與稅法第30條第3項之規定係規範分期繳納案件應加計利息徵收，其計算利息應適用何種利率，本件並非經申請核准分期繳納案件，不適用前揭規定，又本件上訴人等提起復查時並未繳納本稅，依據稅捐稽徵法第38條第3項規定應加計行政救濟利息徵收，並無不合，上訴人等主張容有誤解。次查上訴人等業已對本稅部分提起行政救濟，該加計利息部分之處分不生效力，被上訴人已函知上訴人等在案。

（二）罰鍰部分：上訴人等於95年8月16日申報遺產稅，於同年月21日補申報同為投資型保險商品之國泰人壽保單2,000,000元，旋即於同年月25日向富邦人壽公司申請理賠，該公司於同年9月6日理賠給付24,529,625元，惟迄至本件遺產稅申報期限同年9月6日止均未申報系爭富邦人壽保單，上訴人等縱非出於故意，仍難卸過失責任。次查，富邦人壽公司依要保書約定方式每季將系爭富邦人壽保單之保單帳戶價值郵寄至同上訴人劉○○之收費地址，上訴人等對系爭富邦人壽保單難謂不知情，況遺產稅係採主動申報制，繼承人依法負有據實申報之公法上義務，並應就該法定義務盡相當之注意，此一公法上義務不待稽徵機關促其申報即已存在，縱令繼承人認系爭富邦人壽保單屬不計入遺產總額之範圍，亦應依規定申報於遺產稅申報書中，惟上訴人等均未申報或揭露，依前揭規定，自應受處罰，原處罰鍰9,357,300元原無違誤，惟「稅務違章案件裁罰金額或倍數參考表」既經財政部修訂，依前揭規定，應按本件所漏稅額9,357,307元重行核處0.8倍罰鍰7,485,845元，復查後乃予追減1,871,455元。又查，上訴人等申報遺產稅及補申報遺產稅日期為95年8月16日及同年月21日，並無系爭保險給付之申報或補申報資料，上訴人等主張其已補申報系爭保險給付等詞核不足採。又縱上訴人等所言為真，惟查本件調查基準日為95年8月30日，上訴人等若於被上訴人所屬民權稽徵所調查後始於96年5月16日補申報，亦無稅捐稽徵法第48條之1規定免罰之適用等語，聲明求為判決駁回上訴人等之訴。

筆者參酌判決文中之原審斟酌全辯論意旨及調查證據之結果以及最高行政法院判決，透過八項案例特徵或參考指標之分類表可以發現（請讀者對照參考第六章之圖6-5及圖6-7），此判決案例在與被繼承人有關之兩項特徵：高齡投保及短期投保均呈現顯性指標，而與投保之保險契約有關之特徵則在躉繳投保、鉅額投保及保險費等於保險金額此三項特徵呈現顯性指標，合計共有五項特徵為顯性指標。以下逐一說明此五項特徵為何呈現顯性指標的理由。

▶ **高齡投保**：本件被繼承人投保系爭保單時已高齡84歲，認定為高齡投保。

▶ **短期投保**：查被繼承人饒○○於95年3月6日死亡，生前於93年12月14日以其本人為要保人及被保險人，並指定上訴人等為受益人，也就是被繼承人於投保保險契約之後，在短期內產生死亡理賠，認定為短期投保。

▶ **躉繳投保**：本件被繼承人以躉繳方式繳納保險費，認定為躉繳投保。

▶ **鉅額投保**：本件被繼承人以躉繳方式繳納保險費，其中保費費用及投資保費各為600,000元及19,400,000元，向富邦人壽公司投保保單之保險費合計為20,000,000元，認定為鉅額投保。

▶ **保險費等於保險金額**：本件被繼承人以躉繳方式繳納保險費，其中保費費用及投資保費各為600,000元及19,400,000元，向富邦人壽公司投保吉祥變額萬能終身壽險A型保單，保險金額為20,000,000元，認定為保險費等於保險金額。

案例解析

本案經最高行政法院裁決，足知保險人給付之保險金額涉及投資結果之評價，是系爭保單為投資型保單，被繼承人於躉繳保費後既享有隨時轉換投資標的、終止契約，並取得依契約所定資產評估日計算之保單價值總額之權利，且須自行承擔投資風險，核屬投資型保險商品，可見被繼承人所購買之系爭保單係以投資理財為主要目的，且本件理賠金額係依所有投資標的之單位淨值乘以單位數計算而得，亦即保單帳戶價值，核其性質與投資基金無異，保險受益人難認受實質上之保障，而與一般社會正常情況之壽險之保險受益人認受實質上保障者有異。系爭保單實係躉繳之保險費財產型態之轉變，系爭保單之設計既為投資型保險，以投資理財為主要目的，即與保險法人壽保險制度之設計及宗旨未合，亦與遺產及贈與稅法第16條第9款立法意旨不符，自不能不計入遺產總額。

次查，原判決除審酌系爭保單截至被繼承人死亡日（95年3月6日）止，本件理賠金額係依所有投資標的之單位淨值乘以單位數計算而得，其中投資部分保單價值高達為22,789,772元，惟壽險部分竟無保單價值外（上述理賠金額即為吉祥變額萬能終身壽險A型保單的條款所載之保險金額規定），復參酌本件被繼承人投保系爭保單時，年事已達84歲等因素，始據以認定上訴人等之被繼承人係藉私法自治契約自由原則，選擇與經濟實質不相當之法律方式，目的在圖減輕規避原應負擔之遺產稅，而非單純節稅，與上揭規定保險給付不計入遺產總額之立法意旨不符，因認原處分基於實質課稅及公平正義原則，將系爭保單帳戶價值22,789,772元併計遺產總額課稅，並將其論斷得心證之理由詳載在判決書中，其認事用法，核與論理及經驗法則無違，亦無判決理由不備，判決不適用法規或適用法規不當之違法情形。

Chapter 8

從判決文看我國保險金實質課稅之案例及其參考特徵：序號5及序號6

● 圖8-1 財政部109年7月1日台財稅字第10900520520號函釋主旨中所稱之參考特徵以及函附例示中所稱之案例特徵或參考指標分類表之完整延伸表 ●

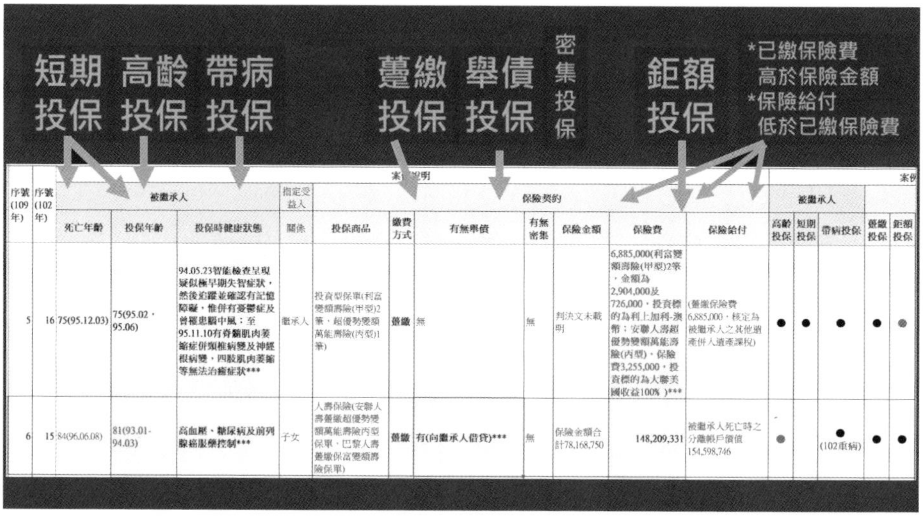

序號(109年)	序號(102年)	案例說明											案例				
		被繼承人			指定受益人	保險契約							被繼承人				
		死亡年齡	投保年齡	投保時健康狀態	關係	投保商品	繳費方式	有無舉債	有無密集	保險金額	保險費	保險給付	高齡投保	短期投保	帶病投保	躉繳投保	鉅額投保
5	16	75(95.12.03)	75(95.02，95.06)	94.05.23智能檢查呈現疑似極早期失智症狀，然後追蹤並確認有記憶障礙，惟併有憂鬱症及曾罹患腦中風；至95.11.10有脊髓肌肉萎縮症併頸椎病變及神經根病變，四肢肌肉萎縮等無法治癒症狀***	繼承人	投資型保單(利富變額壽險(甲型)2筆，超優勢變額萬能壽險(丙型)1筆)	躉繳	無	無	判決文未載明	6,885,000(利富變額壽險(甲型)2筆，金額為2,904,000及726,000，投資標的為利上加利-澳幣；安聯人壽超優勢變額萬能壽險(丙型)，保險費3,255,000，投資標的為大聯美國收益100%)***	(躉繳保險費6,885,000，核定為被繼承人之其他遺產併入遺產課稅)	●	●	●	●	●
6	15	84(96.06.08)	81(93.01-94.03)	高血壓、糖尿病及前列腺癌服藥控制***	子女	人壽保險(安聯人壽躉繳超優勢變額萬能壽險丙型保單，巴黎人壽躉繳保富變額壽險保單)	躉繳	有(向繼承人借貸)***	無	保險金額合計78,168,750	148,209,331	被繼承人死亡時之分離帳戶價值154,598,746	●		●(102重病)	●	●

筆者參酌最高行政法院100年判字第574號判決（100判574），爰引判決文（可依照第五章所附之判決書查詢路徑下載）中相關內容來闡明有關被繼承人生前投保人壽保險案件，其死亡給付所涉遺產稅事宜，即實務上死亡人壽保險金之實質課稅原則核課遺產稅案例之案例特徵。本案經審理後，最高行政法院判決原告之訴駁回，其兩造意見及本案（含原審）判決理由，臚列如下：

首先是看**案例事實**：原審原告之一陳王○○之配偶陳○○於民國95年12月3日死亡，上訴人於96年6月26日辦理遺產稅申報，於遺產總額內列報不計入遺產總額之躉繳保險費新臺幣（下同）6,885,000元，又列報應納未納稅捐之扣除額774,540元，經被上訴人分別核定為其他遺產6,885,000元及應納未納稅捐扣除額0元；另查得上訴人漏報被繼承人遺產計779,003元，核定遺產總額為118,732,310元，應納遺產稅額為29,369,770元，並按所漏稅額319,391元處以1倍之罰鍰319,300元（計至百元止）。上訴人不服，就核定其他遺產及應納未納稅捐扣除額部分，申請復查，未獲變更，提起訴願及行政訴訟，均遭駁回，上訴人仍不服，乃提起本件上訴。

接著看**上訴人（即原審原告）起訴主張**：上訴人起訴主張：被繼承人陳○○於93年至95年間，出售名下數筆土地，所得款除了留存部分款項當作生活費，其餘則用來購買投資型保險及資助子女創業或營運資金。被繼承人陳○○生前於95年2月購買利富變額壽險（甲型）2筆，於95年6月購買超優勢變額萬能壽險（丙型）乙筆，並於投保當時曾至保險公司指定之健診中心體檢，經健診無重大疾病，保險公司始同意陳○○購買，足證被繼承人投保時期身體、意識狀況均良好。被上訴人依被繼承人在高雄醫學大學附設中和紀念醫院（簡稱高雄醫學院）之就診情形，以及各該保險均於死亡前1年所為，因認被繼承人係帶病投保。然被繼承人陳○○於95年12月3日直接死亡之疾病為「急性心肌梗塞」，此與被繼承人歷次於高雄醫學院就診之症狀，並無直接因果關係。且倘被繼承人陳○○如被上訴人所指稱為規避遺產稅而投保，應將當年售地全部所得2,900餘萬元全數購買保險，不會僅分配其中23%資產來購買系爭保險，足證被繼承人陳○○確為合理租稅規劃。被上訴人引用「實質課稅原則」，卻無明確事證足以顯示被繼承人陳○○有規避稅捐之意圖與安排，顯有「擴張」解釋，並有違法之嫌。另被繼承人陳○○死亡前2年內之贈與財產之行為，並已繳納贈與稅，被上訴人雖自遺產稅額中扣抵1,146,241元，惟未依遺產及贈與稅法第17條第1項第8款規定，自遺產總額中扣除，顯有違反租稅公平及平等原則。又本院庭長法官聯席會議決議仍應依行政程序法有利不利情形一律注意，然被上訴人未予斟酌有利於上訴人之該聯席會議乙說，顯有違行政程序法之規定等語。求為判決撤銷訴願決定及原處分（復查決定含原核定處分）關於其他遺產及應納未納稅捐扣除額部分。

接著看**被上訴人（即原審被告）答辯**：被上訴人則以：本件被繼承人94年5月23日智能檢查呈現疑有極早期失智症狀，後續追蹤並確認有記憶障礙，雖無罹患癌症等重大疾病，惟併有憂鬱症及曾罹患腦中風；被繼承人於95年12月3日死亡，生前於95年2月購買利富變額壽險，95年6月購買超優勢變額萬能壽險，均為死亡前1年內所為，帶病投保之意圖甚明；又系爭壽險保單以繼承人為受益人，保單投資比例高達100%，且被繼承人以現金躉繳保險費，藉由保險費之支付，達到死亡時移轉財產予繼承人之目的，繼承人無須繳納遺產稅，即享有經濟上之實質利益。是被繼承人死亡證明書雖載，直接引起死亡之疾病為「急性心肌梗塞」，惟仍難以推翻被繼承人於死亡前短期內帶病投保購買避險保單之事實。

被繼承人陳○○於95年12月3日死亡，經被上訴人查核結果，被繼承人生前於94年2月4日贈與其長子陳○○現金2,485,000元，併計該年度前次核定贈與總額，補徵贈與稅額160,390元；另於95年1月25日贈與陳○○現金5,645,000元，併計該年度前次核定贈與總額3,082,001元（應納之贈與稅額107,380元業於95年7月28日繳清），補徵贈與稅額876,390元；被上訴人依遺產及贈與稅法第15條規定將前述被繼承人死亡前2年內之贈與併計遺產總額，並依同法第11條第2項規定，計算「扣抵贈與稅額及利息」之金額為1,146,241元（計算式：160,390元＋107,380元＋876,390元＋2,081元。其中107,380元按郵政儲金匯業局1年期定期存款利率計算之利息），此部分於應納遺產稅額內扣抵。另有關被繼承人於死亡前2年內，對於遺產及贈與稅法第15條第1項各款所列之人所為之贈與，其所應課徵之贈與稅，於繼承發生前已核定而尚未繳納，應由繼承人繳納，或繼承發生後，始向繼承人發單開徵，於計算遺產稅時，得否將該贈與稅自遺產總額中扣除之問題。本院93年2月分庭長法官聯席會議決議認該贈與稅不得自遺產總額中扣除。該庭長法官聯席會議決議之結果，業就分歧之意見統一其法律之見解，被上訴人依前述法律見解，核定本案應納未納稅捐之扣除額為0元，核無違反行政程序法第9條有利不利情形應一律注意之規定等語，資為抗辯。求為判決駁回上訴人之訴。

筆者參酌判決文中之原審斟酌全辯論意旨及調查證據之結果以及最高行政行政法院判決，透過八項案例特徵或參考指標之分類表可以發現（請讀者對照參考第六章之圖6-5及圖6-7），此判決案例在與被繼承人有關之三項特徵：高齡投保、短期投保及帶病投保均呈現顯性指標，而與投保之保險契約有關之特徵則在躉繳投保及鉅額投保（該欄位中出現紅色實心圓圈表示此項案例特徵為109年重新檢討後之新增特徵），此兩項特徵呈現顯性指標，合計共有五項特徵為顯性指標。以下逐一說明此五項特徵為何呈現顯性指標的理由。

▶ **高齡投保**：被繼承人陳○○於投保時，年齡已高達75歲，認定為高齡投保。

▶ **短期投保**：被繼承人於95年12月3日死亡，生前於95年2月購買利富變額壽險，95年6月購買超優勢變額萬能壽險，均為死亡前1年內所為。被繼承人投保後短期內即發生死亡理賠，認定為短期投保。

▶ **帶病投保**：本件被繼承人94年5月23日智能檢查呈現疑有極早期失智症狀，後續追蹤並確認有記憶障礙，雖無罹患癌症等重大疾病，惟併有憂鬱症及曾罹患腦中風；被繼承人於95年12月3日死亡，生前分別於95年2月以及95年6月購買利富變額壽險以及超優勢變額萬能壽險，均為死亡前1年內所為，帶病投保之意圖甚明。

▶ **躉繳投保**：被繼承人陳○○生前於95年2月向法商佳迪福人壽保險股份有限公司臺灣分公司，躉繳購買利富變額壽險（甲型）2筆，投資標的為利上加利——澳幣；復於95年6月向安聯人壽保險股份有限公司（變更前公司名稱為統一安聯人壽保險股份有限公司），躉繳購買超優勢變額萬能壽險（丙型），投資標的為大聯美國收益100%，足徵被繼承人陳○○所購買之保單以投資理財為主要目的，屬投資型保險商品甚明。被繼承人躉繳方式投保投資型保單3筆共 6,885,000元，認定為躉繳投保。

▶ **鉅額投保**：被繼承人躉繳方式投保投資型保單3筆共 6,885,000元，認定為鉅額投保，此項案例特徵為109年重新檢討後之新增特徵。

案例解析

本件被繼承人上開保險均以繼承人即上訴人陳○○及陳○○為受益人，而被繼承人陳○○於投保時年齡已高達75歲，於94年5月23日智能檢查呈現疑有極早期失智症狀，後續追蹤並確認有記憶障礙，惟併有憂鬱症及曾罹患腦中風；至95年11月10日，被繼承人有脊髓肌肉萎縮症併頸椎病變及神經根病變，四肢肌肉萎縮，導致行動困難，足證被繼承人於投保前確有上述失智、中風及脊髓肌肉萎縮症併頸椎病變及神經根病變，四肢肌肉萎縮等無法治癒症狀，衡諸一般經驗法則，被保險人之死亡風險高於常人，其對死亡之結果較常人有顯著較高之預見可能性，且按其投保時年齡、健康狀況、投保壽險種類、金額、時程等項綜合判斷，系爭保險契約顯非保險人以被保險人之身體健康為風險評估，而為給付保險金額為意旨所訂立之保險契約，顯係以投繳鉅額保險費，以達死亡時移轉財產之目的，繼承人等於被繼承人死亡時可獲得與其繼承相當之財產，實質上因此受有經濟上利益；且本件要保人即被繼承人均一次繳足保險費，而其死亡時，繼承人申報之現金存款遠低於系爭保險費，此少留現金而多付保險費之理財方式，實非一般已達高齡且有病之人，為對自己有所保障者所會為之。足見系爭保險契約之要保人即被繼承人投保之原始動機，係欲將即成為遺產之現金，以一次繳清保險費方式將之轉換為俟其死亡即保單所稱之發生保險事故後，依保單所應付予其繼承人之保險給付，故系爭保險契約自非具有實質保險內容，揆諸首揭說明，該項脫法行為規避遺產稅之強制規定甚明。

況本件躉繳之保費與受益人領取身故保險金總額相當，核與保險分散風險消化損失之特性不符。是系爭保單之保險，已失其經濟實質之相當性，綜合被繼承人投保之時程、金額、年齡及身心狀況等判斷結果，足以顯示系爭保單之保險係被繼承人為規避遺產稅，而將其生前之現金轉換為保險，以一次給付保險費後，保險契約生效，於被保險人死亡後，其受益人即繼承人領受之保險金，實係要保人所繳納保費之變形，因而獲致與繼承同額遺產相當之結果，與前述分散風險消化損失之保險目的不符，該保險顯然違反保險之精神，亦與首揭保險法第112條規定保險給付不計入遺產總額立法意旨顯有不符，自無遺產及贈與稅法第16條第9款前段規定之適用。

上述內容闡明了序號5之判決案例的案例特徵，接下來要針對序號6之判決案例的案例特徵進行闡述。

筆者參酌高雄高等行政法院100年訴字第584號判決（100訴584），爰引判決文（可依照第五章所附之判決書查詢路徑下載）中相關內容來闡明有關被繼承人生前投保人壽保險案件，其死亡給付所涉遺產稅事宜，即實務上死亡人壽保險金之實質課稅原則核課遺產稅案例之案例特徵。本案經審理後，高雄高等行政法院判決上訴駁回，其兩造意見及本案（含原審）判決理由，臚列如下：

首先是看**案例事實**：緣原告之父柯〇〇於民國96年6月8日死亡，由原告柯〇〇代表全體繼承人於96年12月7日辦理遺產稅申報，原列報遺產總額新臺幣（下同）226,280,830元、扣除額177,193,099元（直系血親卑親屬扣除額3,150,000元＋繼續經營農業生產扣除土地及地上農作物價值全數37,160,140元＋死亡前應納未納之稅捐370,941元＋未償債務69,611,375元＋喪葬費1,110,000元＋公共設施保留地65,790,643元），案經被告依申報及查得資料，以原告之父即被繼承人柯〇〇於96年6月6日購入臺南市〇〇區〇〇段〇〇地號公共設施保留地（下稱系爭公設地）時，意識狀況已有障礙，依實質課稅原則，遂將被繼承人於96年6月7日支付款150,000元，按原有資產樣態即現金認列，並剔除原列報遺產標的中之系爭公設地4,550,109元及否准因買受該地之未償債務3,350,000元（約定價款3,500,000元－96年6月7日支付款150,000元）之扣除；被繼承人柯〇〇生前於93年1月30日至94年3月30日期間，向安聯人壽保險股份有限公司（更名前為統一安聯人壽保險股份有限公司，下稱安聯人壽）躉繳購買超優勢變額萬能壽險丙型保單（號碼PL00000000、PL00000000、PL00000000）3張，向法國巴黎人壽保險股份有限公司（下稱巴黎人壽）躉繳購買保富變額壽險保單（號碼ULD0000000）1張，原告申報系爭保單於被繼承人死亡時之分離帳戶價值159,781,460元為不計入遺產總額之財產，惟系爭保險為投資型商品，乃核定為其他項目，併計入遺產總額；併同其他調整，核定遺產總額343,935,782元、扣除額72,227,388元（直系血親卑親屬扣除額3,150,000元＋繼續經營農業生產扣除土地及地上農作物價值全數180,340元＋死亡前應納未納之稅捐319,014元＋未償債務6,227,500元＋喪葬費1,110,000元＋公共設施保留地61,240,534元）、遺產淨額（復查決定書誤植為總額）263,918,394元，應納稅額115,809,697元。原告不服，於99年5月7日就核定計入遺產總額之被繼承人生前投保4筆保單價值154,598,746元、遺產總額——現金150,000元及扣除額——未償債務等項不服，同時並申請追加增列扣除額——未償債務11,137,500元，申請復查，復查結果，獲追認扣除額——未償債務71,194,541元，其餘維持原核定。原告對未獲追認部分仍表不服，提起訴願，經遭決定駁回；遂提起本件行政訴訟。

接著看**上訴人（即原審原告）起訴主張**：

（一）關於原處分就遺產標的剔除系爭公設地，並否准被繼承人買受該地之未償債務3,350,000元部分：

1. 被繼承人生前向來喜好購買不動產，由其遺產中多數財產均為不動產可證。被繼承人前於95年12月21日曾簽立授權書委託訴外人柯○○購地並授與代理權，授權書載明授權之權限為「辦理土地買賣契約公（認）證事宜，並領取文件，並有民法第106條自己代理及雙方代理，及民法第534條之特別代理權」，授權期間為「本授權書簽發日（95年12月21日）起12個月內」。受託人柯○○乃依被繼承人授權意旨，於數月後覓得土地，乃由柯○○代理被繼承人與系爭公設地之所有人劉○○達成購地之合意，於96年6月6日至臺灣高雄地方法院所屬民間公證人伍○○事務所，簽立買賣契約書並作成公證。足徵此買賣契約確屬真實，被繼承人自有給付買賣價金之義務。

2. 上開買賣契約之買賣價金為3,500,000元，出賣人應於簽約日7日內移轉系爭公設地予被繼承人，被繼承人則應於96年12月30日前清償買賣價金債務。惟被繼承人於清償日屆至前即過世，死亡前因僅支付150,000元，故對於訴外人劉○○尚留有3,350,000元之未償債務，自應列入扣除額內。至被告質疑該價款仍未付清，然劉○○已數度請求繼承人即原告償付此價款，經原告一再懇求其暫緩採取民事訴訟途徑追討，並允諾待本件遺產稅事件終結後，會儘速清償此債務，故被繼承人確有此筆未償債務存在。

（二）關於被繼承人所投保之4件人壽保險（下稱系爭保險）以繼承發生時之保單價值準備金計入遺產總額部分：

1. 系爭保險皆為被繼承人所投保之人壽保險，其為要保人兼被保險人，且業已指定受益人。且被繼承人投保時之健康狀況良好，投保日期距被繼承人死亡日期，皆逾2年，甚至3年，並非死亡前短期投保者。從而，系爭保險契約之性質，就客觀形式層面與經濟事實層面而言，皆為已指定受益人之人壽保險，故於計算被繼承人之遺產總額時，應適用保險法第112條與遺產及贈與稅法第16條第9款，將上揭人壽保險給付請求權加以排除。按人民相信既存之法律秩序而安排其生活或處置其財產，公權力行使即不能以相反之理由而使人民遭受不能預見之損失，以維持法律生活之安定及維護法律之尊嚴，此為法治國家重要原則。保險公司推銷保險商品均以人壽保險金符合所得稅法第4條第1項第7款、保險法第112條、遺贈稅法第16條第9款規定，免所得稅及遺產稅，並以此訴求為廣告文宣，長久充斥於社會周遭生活事實，未見主管機關取締，逐漸形成人民認知之一部，被告如認人民對此錯誤認識，國家機關亦有縱容之過失，因此監察院於100年11月9日以院台業三字第1000708401號函請行政院金融監督管理委員會、財政部檢討改進。

2. 被告以實質課稅為由，將上開系爭保險之身故保險金以「全數」方式改課遺產稅，不符合實質課稅原則之必要性：

(1) 稅捐稽徵法第12條之1「實質課稅原則」規範目的為租稅公平。換言之，基於租稅公平概念，租稅優惠不得濫用，除確保國家財政稅收外，亦確保納稅義務人權利義務立足點平衡，如人民因濫用法律形成而缺乏實質正當目的因此所獲額外租稅利益則應調整消除，其概念類似民法不當得利而予以調整，回復納稅義務人原始本應享有之合法權利狀態，此外無他。故無論繳費方式為躉繳或長期繳納，皆為主管機關所容許之方式，主管機關不得一方面容許被繼承人以躉繳方式繳納保險費，被告另一方面卻以投機方式看待。又，被繼承人既非重病或可預測死期之際才投保，保險需求並非如被告所言，不具正當性。被繼承人應同一般人民在法律範圍內皆有受權利保障之基本權，即便被告認被繼承人投保1億4,000多萬元等超過合理需求，不具正當性，但被繼承人同一般人確實有保險需求以規避生活風險，被告依實質課稅之公平原則規範意旨，在超過合理投保金額外予以回復原狀，使被繼承人不得享有額外之租稅利益，但在合理基本額度範圍內之保險，一般人民均有權利享有，被繼承人亦同，被告不應就此基本部分予以剝奪，方符合實質課稅之公平原則所欲以實質課稅調整為手段，達到人人權利義務平等之租稅公平目的。

⑵ 實質課稅原則之運用，著重在於填補稅法之漏洞。按遺產及贈與稅為所得稅之輔助稅，近10年來所得稅法與遺產及贈與稅法歷經多次大幅修法，卻未對遺產及贈與稅法第16條第9款予以修正，顯見被繼承人死亡時，給付其所指定受益人之人壽保險金，均享有不分軒輊不計入遺產總額之權利，被告應比較近年來遺產及贈與稅法之修法精神及趨勢，依法律解釋從新原則，對保險金是否列入遺產總額，再探求立法者真意。又對保險金採實質課稅，稽徵實務主要係依據財政部94年7月11日台財稅字第09404550470號函意旨辦理，該函釋係對「死亡前短期內投保」「帶病投保」者所欲規範調整之對象。即上開函釋列舉所欲防杜之社會生活事實為：死亡前短期內投保、帶病投保，並包含「高齡者」在內，蓋高齡者如有保險需求，自有投保正當性。相較下，前兩者共同點為「能預見死亡期日」，則投保失其正當性，投保目的被推定純粹為租稅規避，並非基於真正保險需求。本件繼承人投保時雖83歲，但並無重症且體檢合格，此由保險公司願意承保即為明證。且被繼承人平常受到良好家庭照顧，投保時根本無從預見「何時」死亡，並非系爭函釋所欲規範之對象，程度上亦遠低於前。且上開函釋發布迄今，保險金課稅議題於外在法制已生重大變化，本件繼承發生日即96年6月8日迄今，立法院因朝野政黨協商而對舊制遺產及贈與稅法進行全盤檢討、大幅修法，並全面性調降遺產稅及贈與稅稅負，朝向遺產稅及贈與稅式微方向前進。惟遺產及贈與稅法第16條第9款之規定均未有任何修正，可見該規定屬立法者最新立法形成意思，乃對過去遺產及贈與稅法關於人壽保險金不計入遺產總額之再次確認。且立法者對上開規定之再次確認，係發生在財政部上開94年7月11日函發布之後，被告自應對立法者最新確認之立法餘地予以斟酌及重視。

(3) 所得稅近年來歷經數次修改，雖仍維持人身保險之保險給付免納所得稅（所得稅法第4條第1項第7款參照），然於94年12月28日公布之所得基本稅額條例中，增訂受益人受領之保險給付於3,000萬元以上部分應列入個人基本所得，課徵所得基本稅額。即將保險金由全額免稅改採定額免稅，並訂定每一申報戶以3,000萬元為免稅標準，合乎社會一般家庭所需。另遺產及贈與稅法於98年1月21日修正，除仍繼續維持人壽保險金無保留條件之全數不計入遺產總額課稅規定外，另大幅調高免稅額至1,400萬元外，並大幅調降遺產及贈與稅率至單一稅率10%，可見人壽保險金無保留條件之全數不計入遺產總額課稅規定並非被告所言之法律漏洞，而係立法者刻意形成之立法空間。

(4) 實質課稅原則導源於憲法第7條平等原則，與憲法第19條租稅法定主義為相同憲法位階，未有何者優先之必然，且實質課稅原則多運用於解釋或適用稅法規定不明確，則依經濟事實課稅，否則應具體適用既存租稅法律。故被告以實質課稅原則課徵本件保險金，應先論述遺產及贈與稅法第16條第9款之規定有何規定不明確，或被繼承人行為違反立法者立法原意為適用實質課稅之前提，否則無異濫用而侵害法的安定性。

(5) 實質課稅原則若僅就不符合租稅公平部分調整即可達租稅公義目標，則被告以最嚴厲之全部不認列方式，顯逾越實質課稅原則賦予被告調整之裁量範圍。按實質課稅原則並不否認人民交易行為之安排，僅就稅負金額有所調整，以落實租稅公平正義，惟調整部分，如部分調整即可達到租稅公平之目的，即不應採最嚴厲之全部刪減，否則無異剝奪人民實質上之權利。本件被繼承人有子女7人，保險需求至少以3,000萬元計，則每人於被繼承人身故後可獲得約428.5萬元（3,000萬元÷7）身故保險金並不為過，且其子女（即原告）現狀，部分小康，部分則處於無業或無固定收入之狀態，保險既賦予被保險人照顧遺族之功能，被繼承人自可善加運用。

3. 又實質課稅原則運用主要係調整納稅義務人故意、積極以虛偽、不實之外觀形式上安排，而達規避稅捐義務。本件被繼承人係因保險公司理專謝○○、郭○○積極招攬，並以遺產及贈與稅法第16條第9款規定為據，以保障被繼承人身後子女生活安定為由，不斷遊說而投保。又藉由保險方式達身後遺產分割簡便、少爭議之目的亦為保險獨特之功能，是被繼承人並無主觀上租稅規避之意圖。

4. 被繼承人於93年間陸續投保保險時，雖曾有前列腺癌之病史，但與96年6月8日因肺炎合併膿胸之死亡無任何關聯性，且肺炎合併膿胸致死之危險性於各年齡層均可能發生，係不可測之意外。被繼承人投保時，僅曾罹患前列腺癌為較嚴重之疾病，其餘身體及智識皆一切健康、正常。而前列腺癌之好發，一般認為50歲以上男性較易患有前列腺癌，而50歲或以上男性當中，約有三分之一能在其前列腺發現若干癌細胞；80歲或以上男性中，則幾乎全部的人也能在其前列腺發現癌細胞，這些癌細胞可以很慢的速度滋長，尤其是在年長者裡，可能永遠也不會發生問題，許多前列腺癌之患者終其一生沒有症狀，縱從未治療，至死亡時其死因也往往不是前列腺癌因素。被繼承人係於96年間因感冒，進而肺炎、肺膿瘍，被繼承人平時並不存在此疾病，但一經感染引起併發症，經常快速惡化致命終，使家屬措手不及。按肺炎是實質的一種「急性」感染過程，可能發生於所有年齡層，而肺膿瘍是肺實質有局部性破壞或壞死的病變，且內含有化膿性物質，病變區會塌陷及形成空洞，而於肺臟組織中有侷限性之膿液滯留空洞，因肺臟組織壞死而產生，常因急性肺炎所引起。故被繼承人因突發之肺炎而導致肺膿瘍死亡，而該病於各年齡層均可能發生，為被繼承人事前所無從預測之情事。

5. 遺產及贈與稅法對於高齡投保並無限制或剝奪其仍享有租稅上優惠權利之規定，因憲法保障人民自由的權利，且遺產及贈與稅法中並未對高齡投保者，其已指定受益人之身故保險金與一般年齡層投保者有差別規定，故被繼承人投保保險並無偽造或虛偽情事，被告不得僅以被繼承人高齡為由，即逕自剝奪原告領受身故保險金為法定不計入遺產總額之稅捐優惠之權利。

6. 本件保險雖商品名稱為投資型保險，但此係保險公司商業宣傳之行銷策略，依目的事業主管機關所制定之「人身保險商品審查應注意事項」之規定，投資型保險即保險法第101條人身保險中，人壽保險之一種，符合遺產及贈與稅法第16條第9款所定義之「人壽保險」無疑。按投資型保險係保險業近年來所推出之新型人壽保險，過去保險公司收受保費後，除對受益人履行固定承諾後，對所收取保險費之運用，由保險公司自負盈虧責任。惟近年來，保險公司為因應投資環境之風險，故除同對受益人承諾固定身故保險金外，亦邀受益人與保險公司共同分攤損益，則受益人所領取之保險金，除固定部分外，另一額外部分依投資市場變化而決定可獲得之保險金，故名「投資型保險」。本件由被繼承人投保之安聯人壽超優勢變額萬能壽險丙型，保單號碼分別為PL00000000、PL00000000、PL00000000等3保單，所獲身故保險金140,942,740元中（54,793,602元＋76,603,245元＋9,545,893元），不隨投資環境變化之最低可獲固定保險金額為77,568,750元（42,000,000元＋30,000,000元＋5,568,750元），而當時所繳保費136,209,331元（60,000,000元＋65,071,831元＋11,137,500元）中，固定保險金額為77,568,750元，變動保險金額58,640,581元（136,209,331元－77,568,750元）。顯然，變動保險金僅占全部保險金之43%，且其實現條件為出險事故發生（即被繼承人死亡），故投資型保險之設計仍著重於保險、保障功能，不允許期前兌領，此等皆為與一般投資本質上差別之處，被告不應以本件保險為「投資型」命名，逕自認定係投資而非保險。
7. 被繼承人所購買之保險，共支出149,865,337元（60,000,000元＋65,071,831元＋11,137,500元＋13,656,006元），而資金不足部分，向原告柯○○、柯○○、柯○○、柯○○借得美金33萬元，合11,137,500元，則被繼承人所購買保險中之92.6%「（149,865,337－11,137,500）÷149,865,337」為自有資金，僅7.4%（1－7.4%）為補充資金，被告以被繼承人不足10%之借款，作為借貸購買保險為規避稅捐之理由，顯有以偏概全之情事。

8. 保險主要目的在於透過法律制度將風險移轉予保險公司，被告主觀認被繼承人頗有財富，故無須保險，並不可取，蓋天有不測風雲，一旦遇有不可抗力之事變，縱有再多財產亦無法確保未來子孫生活安康。故被繼承人投保之主要目的仍著重於「風險轉移」功能，以實現身故後，能透過法律制度保障而發揮持續穩定照顧子嗣之功能。投保同時，法定租稅優惠雖伴隨其中，此乃投保之附加功能。被告主觀認被繼承人無保險需求，純粹主觀臆測等情，並聲明求為判決：訴願決定及原處分（復查決定含原核定處分）關於追認未償債務扣除額71,194,541元部分均撤銷。

接著看**被上訴人（即原審被告）答辯**：

（一）按租稅法所重視者，應為足以表徵納稅能力之經濟事實，而非其外觀之法律行為，故在解釋適用稅法時，所應根據者為經濟事實，不僅止於形式上之公平，應就實質上經濟利益之享受者予以課稅，始符實質課稅及公平課稅原則（司法院釋字第420號、第496號、第500號解釋參照）。又量能課稅為法治國家稅法之基本原則，租稅負擔應依其經濟之給付能力來衡量，而定其適當之納稅義務，凡負有相同之負擔能力即應負擔相同之租稅（司法院釋字第565號解釋理由書參照），如利用避稅行為以取得租稅利益，其私法上效果依契約自由原則仍予尊重，但在稅法上則應依實質負擔能力予以調整。

（二）查系爭公設地買賣係於被繼承人死亡前2日始完成買賣交易並辦理移轉登記，雖稱早於95年12月21日即委託訴外人柯○○代為處理購買系爭公設地事宜，並出具高雄市○○區○○里辦公室證明之授權書為憑，惟依高雄市里長證明事項彙整表所載明之里長證明事項，並未含有授權書之證明，且該里長為繼承人即原告柯○○，其授權書之法效本即可議。又據高雄市立民生醫院（下稱民生醫院）97年4月8日高市民醫病字第0970002068號函說明二略以，被繼承人於96年5月10日轉入該院加護病房照顧，96年5月17日轉回行政院國軍退除役官兵輔導委員會高雄榮民總醫院（下稱高雄榮總）前昏迷指數為E4VTM4，嗜睡狀況；而高雄榮總97年4月17日高總管字第0970004147號函檢附病歷資料查詢函覆表（會辦單位：胸腔內科）略以，96年5月17日至96年6月8日於胸腔內科住院，6月8日因病況危急，辦理自動出院，住院期間氣切使用呼吸器等情。而系爭公設地經劃設為公共設施保留地業已數十年，迄未經政府徵收，而被繼承人卻以公告現值77%約定買入；又被繼承人於死亡前2日（96年6月6日）先行過戶移轉系爭公設地，事後才於96年6月7日給付訂金150,000元，餘款則至今皆未給付，亦與一般商業交易情況不合，顯係蓄意規劃藉由系爭交易將應稅財產（銀行存款）轉換成免稅公設地及產生未償債務，以取巧行為規避或減少遺產稅之課徵，從而被告以原遺產樣態認列現金，並否准認列公設地及未償債務扣除額，並無不合。

（三）再按「涉及租稅事項之法律，其解釋應本於租稅法律主義之精神，依各該法律之立法目的，衡酌經濟上之意義及實質課稅之公平原則為之。」司法院釋字第420號解釋在案。上開解釋內容業於98年5月13日增訂為稅捐稽徵法第12條之1第1項規定。其立法意旨為：租稅法所重視者，係應為足以表徵納稅能力之經濟事實，非僅以形式外觀之法律行為或關係為依據。故在解釋適用稅法時，所應根據者為經濟事實，不僅止於形式上之公平，應就實質經濟利益之享受者予以課稅，始符實質課稅及公平課稅之原則。從而有關課徵租稅構成要件事實之判斷及認定，應以其實質上經濟事實關係及所產生實質經濟利益為準，而非以形式外觀為準，否則勢將造成鼓勵投機或規避稅法之適用，無以實現租稅公平之基本理念及要求。又依保險法第112條與遺產及贈與稅法第16條第9款規定，約定於被繼承人死亡時，給付其所指定受益人之人壽保險金額不計入遺產總額之立法意旨，應指一般正常社會情況下，被保險人所以與保險人約定於其死亡時將保險金額給付予其所指定之受益人者，乃係為保障並避免其家人因其死亡致失去經濟來源，使生活陷於困境，是受益人領取之保險給付如再課以遺產稅，有違保險終極目的，乃明定該金額不作為被保險人之遺產課稅，並非鼓勵或容讓一般人利用此一方式任意規避原應負擔之遺產稅，倘納稅義務人在經濟上已具備課稅構成要件，竟利用避稅行為以取得租稅利益，基於量能平等負擔之實質課稅原則，自無保險法第112條與遺產及贈與稅法第16條第9款前段規定之適用。

（四）本件被繼承人柯○○生前以其子女等繼承人為身故受益人，分別於：⑴93年1月30日安聯人壽投保超優勢變額萬能保險丙型（保單號碼：PL00000000），保險金額42,000,000元，躉繳保費60,000,000元。⑵93年4月27日向安聯人壽投保超優勢變額萬能保險丙型（保單號碼：PL00000000），保險金額30,000,000元，躉繳保費65,071,831元。⑶93年6月24日向安聯人壽投保超優勢變額萬能保險丙型（保單號碼：PL00000000），保險金額5,568,7500元，躉繳保費11,137,500元。⑷94年3月30日向巴黎人壽投保保富變額壽險（保單號碼：ULD0000000），意外身故保險金額600,000元，躉繳保費12,000,000元。合計躉繳保險費高達148,209,331元，尚高於保險金額78,168,750元，與一般保險保障遺族生活之目的相違，顯見該投保行為欠缺與經濟實質之相當性，僅係基於減輕稅捐負擔目的所進行之非常規交易安排；又查前揭繳納保費大部分資金源自93年1月出售高雄市○○區○○段55及56地號土地餘款，另一部分資金來源係向繼承人即原告借貸而來，且參據系爭保單重要事項告知書所載，投資標的價值可能因投資標的價值之變動而導致本金損益，要保人須自行承擔該部分之風險等等；是被繼承人購買此部分保單，係以投資理財為主要目的，與遺產及贈與稅法第16條第9款及保險法第112條規定之立法意旨不符，自無前開規定之適用。從而被告綜合被繼承人投保行為、時程（投保時已81歲高齡）、金額、繳費方式（躉繳）及經濟狀況（名下持有60多筆房地）等整體判斷，以被繼承人投保系爭保險與分散風險、消化損失之保險目的不符，亦與保險法第112條為避免被保險人因不可預料或不可抗力之事故死亡，致其家人失去經濟來源使生活陷於困境等立法意旨，不相符合，顯係欲透過形式上合法卻反於保險原理及投保常態，以躉繳方式購買系爭保險，藉以移動其所有財產，達到迨其亡故後將躉繳現金保費轉換為保險給付，規避死亡時將之併入遺產總額所核算之遺產稅，使其繼承人經由保險契約受益人之指定，獲得與將該財產併入遺產總額核課遺產稅相同之經濟實質，其所為自屬租稅規避，而非合法之節稅甚明，自無遺產及贈與稅法第16條第9款前段之適用，被告乃依實質課稅及公平正義原則，按繼承日系爭保單價值被繼承人死亡時96年6月8日之價值準備金總額（即分離帳戶價值）54,793,602元、76,603,245元、9,545,893元及13,656,006元，合計154,598,746元，併計被繼承人遺產總額，課徵遺產稅，並無不合等語，並聲明求為判決駁回原告之訴。

筆者參酌判決文中之原審斟酌全辯論意旨及調查證據之結果以及高雄高等行政法院判決，透過八項案例特徵或參考指標之分類表可以發現（請讀者對照參考第六章之圖6-5及圖6-7），此判決案例在與被繼承人有關之兩項特徵：高齡投保（該欄位中出現紅色實心圓圈表示此項案例特徵為109年重新檢討後之新增特徵）及帶病投保均呈現顯性指標，而與投保之保險契約有關之特徵則在躉繳投保、舉債投保及鉅額投保此三項特徵呈現顯性指標，合計共有五項特徵為顯性指標。以下逐一說明此五項特徵為何呈現顯性指標的理由。

▶ **高齡投保**：本件被繼承人投保系爭保單時已81歲高齡，認定為高齡投保，此項案例特徵為109年重新檢討後之新增特徵。

▶ **帶病投保**：被繼承人生前投保時有高血壓、糖尿病及前列腺癌服藥控制等病況，認定為帶病投保。

▶ **躉繳投保**：本件被繼承人以躉繳方式繳納保險費，認定為躉繳投保。

▶ **舉債投保**：經查前揭繳納保費大部分資金源自93年1月出售高雄市○○區○○段55及56地號土地餘款，另一部分資金來源係向繼承人即原告借貸而來，認定為舉債投保。

▶ **鉅額投保**：本件被繼承人分別向安聯人壽與巴黎人壽投保，合計躉繳保險費高達148,209,331元，認定為鉅額投保。

案例解析

依據「人壽保險」條文規定次序及其內容觀之，保險法第112條規定「保險金額約定於被保險人死亡時給付於其所指定之受益人者，其金額不得作為被保險人之遺產」，其所稱「不得作為被保險人遺產」之「保險金額」，係指被保險人（被繼承人）在人壽保險（死亡保險）契約規定年限內死亡，由保險人支付與被保險人指定之受益人的（死亡）「人壽保險」金額甚明。申言之，不列入被保險人遺產之保險金額，係以被保險人之壽命為保險標的，且需被保險人在人壽保險契約規定年限內死亡，並有指定受益人為前提。至其他非以「人壽」為保險標的，僅以要保人死亡（身故）為條件所為保險給付，則不在該條不列入遺產之列，此對照前開遺產及贈與稅法亦明定：「約定於被繼承人死亡時，給付其所指定受益人之『人壽保險』金額」，不計入遺產總額益明。雖保險法第123條第2項規定：「『投資型保險契約』之投資資產，非各該投資型保險之受益人不得主張，亦不得請求扣押或行使其他權利。」該條文並規定在保險法第4章「人身保險」第1節「人壽保險」內，惟該項規定係於90年7月9日修正時所增訂，且92年7月2日修正保險法施行細則時，並於該細則第14條定明：「本法第123條第2項……所稱投資型保險，指保險人將要保人所繳保險費，依約定方式扣除保險人各項費用，並依其同意或指定之投資分配方式，置於專設帳簿中，而由要保人承擔全部或部分投資風險之人身保險。」是知「投資型保險」，乃保險人與要保人約定，由保險人將要保人所繳保險費，按約定方式扣除保險人各項費用，及依要保人同意或指定之投資分配方式，置於專設帳簿中，而由要保人承擔全部或部分投資風險之人身保險，其非以「人壽」為保險標的甚明；故縱雙方約定被保險人於契約有效期間內死亡（身故），且經要保人指定受益人，由保險人依約定方式計算給付受益人「身故保險金」，然因其非以「人壽」為保險標的，揆諸上開規定及說明，該保險金額，自不在前舉遺產及贈與稅法第16條第9款暨保險法第112條不列入被保險人遺產之列（最高行政法院100年度判字第1589號、第1003號判決意旨參照）。

又查，本件被繼承人柯○○於96年6月8日死亡，其生前分別於93年1月30日、93年4月27日、93年6月24日及94年3月30日以其本人為要保人及被保險人，並指定其子即原告柯○○、柯○○、柯○○、柯○○、柯○○及柯○○等6人為身故保險金／祝壽保險金受益人，向安聯人壽購買3筆「超優勢變額萬能壽險丙型」保單（號碼：PL00000000、PL00000000、PL00000000）及向巴黎人壽購買1筆「保富變額壽險」保單（號碼：ULD0000000），各躉繳保險費60,000,000元、65,071,831元、11,137,500元及12,000,000元，並分別選擇美元新保息帳戶、100%6年期澳幣連動債AUSSN40101、100%6年期美元結構型債券（標的代號：USDSN41901）、澳幣10年期目標收益保本連動債券（XTCB12）為投資標的等情，有安聯人壽超優勢變額萬能壽險要保書及巴黎人壽保富變額壽險要保書等影本附訴願卷第39～49頁可憑。復觀之訴願卷附安聯人壽超優勢變額萬能壽險重要事項告知書及巴黎人壽保富變額壽險重要事項告知書等影本（訴願卷第43、49頁）分別記載：「本險部分投資標的不保證最低收益，故投資標的價值可能因投資標的價值的變動而導致本金損益，統一安聯人壽保險公司（以下簡稱本公司）除善盡善良管理人之注意義務外，不負投資盈虧之責，要保人在投保前應審慎評估。本險部分投資標的之價格將受匯率之影響，要保人需自行承擔該部分之風險……。」「本保險之投資風險、匯率風險、利率風險及投資標的保證公司之信用風險完全由保戶自行承擔……。」等語，足認被保險人係自行承擔投資風險。且依安聯人壽98年2月17日安總字第980134號函內容，亦載明系爭超優勢變額萬能壽險保單為投資型保險商品，並有該函影本附於訴願卷第36頁可考。足徵被繼承人柯○○所購買之4筆保單均係以投資理財為主要目的，該保單本身均非以「人壽」為保險標的，故其保險金額，自均不在遺產及贈與稅法第16條第9款暨保險法第112條不列入被保險人遺產之列，而屬投資型保險商品甚明。則被告依實質課稅原則，將上開4筆保險單截至96年11月19日被繼承人死亡時止之價值準備金總額（即保單分離帳戶價值，訴願卷第35、36頁）54,793,602元、76,603,245元、9,545,893元及13,656,006元，合計154,598,746元，併計被繼承人遺產總額，課徵遺產稅，並無違誤。原告主張投資型保單亦為人壽保險之一種，非單純之投資，應有保險法第112條暨遺產及贈與稅法第16條第9款之適用，及縱使被告依實質課稅原則予以核定，其調整部分亦不應採最嚴厲之全部刪減，否則無異剝奪人民實質上之權利云云，實無足取。

Chapter 9

從判決文看我國保險金實質課稅之案例及其參考特徵：序號7及序號8

圖9-1 財政部109年7月1日台財稅字第10900520520號函釋主旨中所稱之參考特徵以及函附例示中所稱之案例特徵或參考指標分類表之完整延伸表

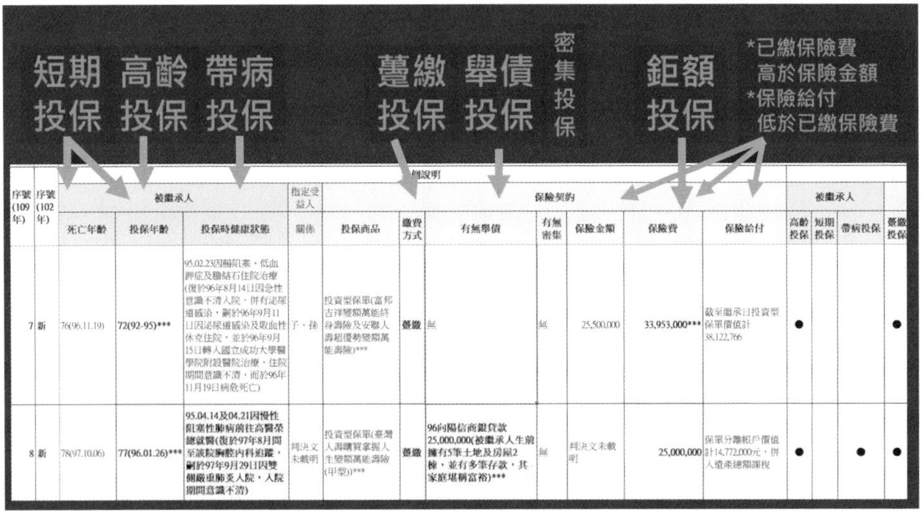

例說明

序號(109年)	序號(102年)	被繼承人			指定受益人	保險契約							被繼承人			
		死亡年齡	投保年齡	投保時健康狀態	關係	投保商品	繳費方式	有無舉債	有無密集	保險金額	保險費	保險給付	高齡投保	短期投保	帶病投保	躉繳投保
7	新	76(96.11.19)	**72(92-95)*****	95.02.23因腸阻塞、低血鉀症及膽結石住院治療(復於96年8月14日因急性意識不清入院，併有泌尿道感染，嗣於96年9月11日因泌尿道感染及敗血性休克住院，並於96年9月15日轉入國立成功大學醫學院附設醫院治療，住院期間意識不清，而於96年11月19日病危死亡)	子、孫	投資型保單(富邦吉祥變額萬能終身壽險及安聯人壽超優勢變額萬能壽險)***	**躉繳**	無	無	25,500,000	**33,953,000*****	截至繼承日投資型保單價值計38,122,766	●			●
8	新	78(97.10.06)	**77(96.01.26)*****	**95.04.14及04.21因慢性阻塞性肺病前往高醫榮總就醫(復於97年8月間至該院胸腔內科追蹤，嗣於97年9月29日因雙側嚴重肺炎入院，入院期間意識不清)**	判決文未載明	投資型保單(臺灣人壽購買掌握人生變額萬能壽險(甲型))***	**躉繳**	**96向陽信商銀貸款25,000,000(被繼承人生前擁有5筆土地及房屋2棟，並有多筆存款，其家庭堪稱富裕)*****	無	判決文未載明	**25,000,000**	保單分離帳戶價值計14,772,000元，併入遺產總額課稅	●		●	●

筆者參酌最高行政法院100年判字第1589號判決（100判1589），爰引判決文（可依照第五章所附之判決書查詢路徑下載）中相關內容來闡明有關被繼承人生前投保人壽保險案件，其死亡給付所涉遺產稅事宜，即實務上死亡人壽保險金之實質課稅原則核課遺產稅案例之案例特徵。本案經審理後，最高行政法院判決原告之訴駁回，其兩造意見及本案（含原審）判決理由，臚列如下：

首先是看**案例事實**：緣上訴人之配偶林吳○○於民國（下同）96年11月19日死亡，上訴人於97年4月30日辦理遺產稅申報，列報遺產總額新臺幣（下同）26,577,590元，被上訴人初查依申報及查得資料，核定遺產總額80,221,223元〔含其他遺產──中國人壽保險股份有限公司、富邦人壽保險股份有限公司（下稱富邦人壽）、安聯人壽保險股份有限公司（更名前為統一安聯人壽保險股份有限公司，下稱安聯人壽）之保單價額或保險給付計53,160,362元〕，遺產淨額65,521,223元，應納稅額20,733,001元，並按所漏稅額處0.8倍罰鍰計15,134,782元。上訴人就核定計入遺產總額之壽險保單價值及罰鍰部分不服，申請復查結果，獲追減其他遺產15,037,596元及撤銷罰鍰原處分，上訴人仍表不服，提起訴願，遭決定駁回，遂提起行政訴訟，經原審法院判決駁回後，提起上訴。

接著看**上訴人（即原審原告）起訴主張**：上訴人起訴主張：系爭「富邦吉祥變額萬能終身壽險」及「安聯人壽超優勢變額萬能壽險」均符合人壽保險之要件，且被繼承人亦有指定受益人，故依照保險法第112條暨遺產及贈與稅法第16條第9款之規定，上開保險給付金額，當不得列入被繼承人之遺產而課徵遺產稅。 原處分及訴願決定認為被繼承人所投保之系爭「富邦吉祥變額萬能終身壽險」及「安聯人壽超優勢變額萬能壽險」均屬投資理財而非保險，顯無保險利益且不符保險法第112條暨遺產及贈與稅法第16條第9款之立法理由云云，均不足採，蓋法律既然規定人壽保險給付不計入遺產總額核課遺產稅，則人民依法即取得稅捐規劃之權利，至於是否有鉅額現金，或是否超過遺族日後生活之保障，均非重點，亦不應列為是否准為課徵遺產稅之討論項目。蓋上訴人亦認為若有發生「稅捐規避」之情形，當應排除免稅規定之適用，但訴願決定之理由，幾乎與稅捐規避之要件無關，故上訴人認為訴願決定欠缺實質理由。本件被繼承人投保系爭「富邦吉祥變額萬能終身壽險」及「安聯人壽超優勢變額萬能壽險」純粹是基於理財規劃之目的，並無規避稅捐之目的，此由本件遭被上訴人主張應納入遺產總額之保險契約之明細表可知被繼承人係早於92年12月就已經購買系爭「富邦吉祥變額萬能終身壽險」保單，時序上距離被繼承人96年11月死亡過世的時間均有相當之時間落差，其投保時間均有持續性，且長達數年之久，而非一次性鉅額投保，更無帶病投保之情事，而且投保金額亦非高額保險，此從被繼承人於93年2月及94年12月所投保之壽險保險金額有310萬元及540萬元之情形，即可證明，被繼承人自始即無藉由人壽保險之身故給付保險金來規避遺產稅之意思，純粹是合法的理財規劃與稅捐規劃之安排，誠難認為有何稅捐規避之情形，故被上訴人之認定，顯無理由。訴願決定以投資型保單其投資帳戶風險既由要保人自行承擔，與投資人直接投資商品之性質相同，故認投保投資型壽險保單屬投資行為，與人壽保險制度之設計及宗旨有間，故應課遺產稅云云，乃是拘泥於傳統型人壽保險之形式，而為錯誤之判定。蓋投保投資型保單與保戶在股票市場或債券市場上自行購買投資之情形截然不同，訴願機關及被上訴人未能詳予分析，率而為不利上訴人之認定，殊有不當。由此更可以看出，在有明確約定「保險金額」之投資型保單，在該保險金額範圍內之給付，完全與被上訴人所稱之投資獲利或失利與否無關。進而言之，如果被上訴人及訴願機關認為「富邦吉祥變額萬能終身壽險」及「安聯人壽超優勢變額萬能壽險」均非保險契約，並與人壽保險制度之設計及宗旨不符，則又何以審核通過保險業者之人壽保單條款？被上訴人及訴願機關此等主張有關投資型保單均非人壽保險，也欠缺保險利益之論調，若進一步推論可以得出投資型保單既非保險，當然也不用送審，甚至保險公司也不應該販售？此等荒唐論調，令人民何能適從等語，求為判決撤銷訴願決定及原處分（復查決定含原核定處分）關於保險給付納入遺產總額部分。

接著看**被上訴人（即原審被告）答辯**：被上訴人則以：本件依系爭保險專用要保書所載，被繼承人一次繳清之保險費均大於保險金額，即保險費總金額高達33,953,000元，惟其投保金額卻僅25,500,000元，其中95年11月16日投保之安聯人壽超優勢變額萬能壽險保單，其投保金額尚不及保險費之二分之一，衡諸一般經驗法則，被繼承人對該項保險顯無保險利益，核與一般保險保障遺族生活之目的相違，難信其有人壽「保險」之性質；且系爭保險投資標的之價值，在價格上有匯率之影響及可能因投資標的價值之變動而導致本金損益之風險，即「身故保險金」屬變動性質等情，相互對照以觀，核與分散風險消化損失之保險目的不符，即與保險之精神迥然不同，參以系爭安聯人壽超優勢變額萬能壽險保單之要保書記載「躉繳危險保險費零元」，益徵系爭保險並無壽險之「保障」性質，自難以其形式外觀上記載壽險字樣，即逕謂其具有一般保險之「保障」性質，即被繼承人雖係投保人壽保險，實質上係反於保險原理及投保常態。又被繼承人林吳○○生前擁有多筆動產及不動產，其家庭堪稱富裕，倘發生不可預測事故，縱未投保任何保險，被繼承人之配偶及子女並無因其死亡而失去經濟來源致生活陷入困境之虞。是被繼承人於70餘歲（20年11月出生）之高齡時，躉繳鉅額保費投保系爭保險，其投保之動機縱非蓄意規劃以達移轉財產之目的，惟依其投保之時程、金額及經濟狀況整體觀之，其為自己理財規劃之目的至臻明確，亦為上訴人所自承，此與保險之目的係在分散風險消化損失，係以較少之保費獲得較大之保障，避免因被保險人之突發事故，致其家人生活陷於困境，大相逕庭，足見本件係以理財規劃投保系爭保險之方式，將應為遺產之現金，透過投保方式轉換為保險給付，藉以規避遺產稅並達到移轉財產之目的，使其繼承人經由保險契約受益人之指定，仍獲得與遺產相同之實質經濟利益，乃屬租稅規避，而非合法之節稅，基於實質課稅及公平正義原則，可知該保險係躉繳之保險費財產型態之轉變，系爭投資型保險既係以投資理財為主要目的，與人壽保險制度之設計及宗旨不合，即已無分散風險消化損失之保險目的，顯違保險之精神，當與保險給付不計入遺產總額立法意旨不符，自無法適用。綜上所述，上訴人配偶林吳○○所投保之上開保險，形式上雖具人壽保險之外觀，惟無涉社會互助及風險分擔之保險精神，實質上乃係其財產之轉換，核與遺產及贈與稅法第16條第9款立法本旨不符，基於租稅公平起見，自無該規定之適用，以符實質課稅原則，上訴人主張洵不足採，是被上訴人按截至繼承日之投資型保單價值計38,122,766元，併入遺產總額課稅，並無不合。至上訴人主張金管會認定系爭保單不課徵遺產稅乙節，查金管會保險局與國稅局職掌國稅之審理、稽查、復核、各項課稅資料之調查蒐集等事務截然不同，兩者性質、種類及範疇互異，權責各別獨立，並無上下隸屬關係，而關於遺產稅之核定係屬國稅局之權責範圍，有無課稅原因及事實之認定概屬國稅局職權，況類此案情，財政部臺北市國稅局曾函詢金管會獲復認是否符合遺產及贈與稅法之規定免計入遺產總額課稅，係屬財政部職掌業務，國稅局依行政法院之相關判決，採實質課稅原則處理，予以尊重。又系爭保險商品是否經財政部核准銷售，核與因該保險所取得之保險給付得否不列入遺產總額課稅，係屬二事，併予陳明等語，資為抗辯，求為判決駁回上訴人在原審之訴。

筆者參酌判決文中之原審斟酌全辯論意旨及調查證據之結果以及最高行政行政法院判決，透過八項案例特徵或參考指標之分類表可以發現（請讀者對照參考第六章之圖6-5及圖6-7），此判決案例在與被繼承人有關之一項特徵：高齡投保呈現顯性指標，而與投保之保險契約有關之特徵則在躉繳投保及鉅額投保此兩項特徵呈現顯性指標，合計共有三項特徵為顯性指標。以下逐一說明此三項特徵為何呈現顯性指標的理由。

▶**高齡投保**：被繼承人於70餘歲（20年11月出生）之高齡時，躉繳鉅額保費投保系爭保險，認定為高齡投保。

▶**躉繳投保**：被繼承人生前於92年至95年間以躉繳方式投保投資型保單4張共33,953,000元，認定為躉繳投保。

▶**鉅額投保**：本件依系爭保險專用要保書所載，被繼承人一次繳清之保險費均大於保險金額，即保險費總金額高達33,953,000元，惟其投保金額卻僅25,500,000元，認定為鉅額投保。

案例解析

經查，被繼承人林吳○○係20年11月20日生，92至95年間先後投保系爭4筆保險時，業已高齡70餘歲，且其曾於95年2月23日至27日因腸阻塞、低血鉀症及膽結石住進臺南市郭綜合醫院（下稱郭綜合醫院）治療，復於96年8月14日因急性意識不清入院，併有泌尿道感染，嗣於96年9月11日因泌尿道感染及敗血性休克住院，並於96年9月15日轉入國立成功大學醫學院附設醫院（下稱成大醫院）治療，住院期間意識不清，而於96年11月19日病危死亡。足見林吳○○於95年11月16日向安聯人壽投保「超優勢變額萬能壽險（丙型）」時，身體狀況即已不佳。衡諸一般經驗法則，被保險人林吳○○之生存風險高於常人，其對死亡之結果較常人有顯著較高之預見可能性，且按其投保時年齡、健康狀況、投保壽險種類、金額、時程等項綜合判斷，系爭保險契約顯非保險人以被保險人之身體健康為風險評估，而為給付保險金額為意旨所訂立之保險契約，而係以躉繳鉅額保險費，以達死亡時移轉財產之目的，繼承人等於被繼承人死亡時可獲得與其繼承相當之財產，實質上因此受有經濟上利益；又本件要保人即被繼承人均一次繳足保險費，而其死亡時所遺留之現金存款（含基金投資）僅4,925,794元，遠低於系爭保險費33,953,000元（計算式：10,300,000元＋3,224,000元＋6,135,000元＋14,294,000元＝33,953,000元），此少留現金而多付保險費之理財方式，實非一般已達高齡且有病之人，為對自己有所保障者所會為之。足見系爭保險契約之要保人即被繼承人投保之原始動機，係欲將即成為遺產之現金，以一次繳清保險費方式將之轉換為俟其死亡即保單所稱之發生保險事故後，依保單所應付予其繼承人之保險給付，故系爭保險契約自非具有實質保險內容，該項脫法行為規避遺產稅之強制規定甚明。

申言之，不列入被保險人遺產之保險金額，係以被保險人之壽命為保險標的，且需被保險人在人壽保險契約規定年限內死亡，並有指定受益人為前提。至其他非以「人壽」為保險標的，僅以要保人死亡（身故）為條件所為保險給付，則不在該條不列入遺產之列，此對照前開遺產及贈與稅法亦明定：「約定於被繼承人死亡時，給付其所指定受益人之『人壽保險』金額」，不計入遺產總額益明。雖保險法第123條第2項規定：「『投資型保險契約』之投資資產，非各該投資型保險之受益人不得主張，亦不得請求扣押或行使其他權利。」該條文並規定在保險法第四章「人身保險」第一節「人壽保險」內，惟該項規定係於90年7月9日修正時所增訂，且92年7月2日修正保險法施行細則時，並於該細則第14條定明：「本法第一百二十三條第二項……所稱投資型保險，指保險人將要保人所繳保險費，依約定方式扣除保險人各項費用，並依其同意或指定之投資分配方式，置於專設帳簿中，而由要保人承擔全部或部分投資風險之人身保險。」是知「投資型保險」，乃保險人與要保人約定，由保險人將要保人所繳保險費，按約定方式扣除保險人各項費用，及依要保人同意或指定之投資分配方式，置於專設帳簿中，而由要保人承擔全部或部分投資風險之人身保險，其非以「人壽」為保險標的甚明；故縱雙方約定被保險人於契約有效期間內死亡（身故），且經要保人指定受益人，由保險人依約定方式計算給付受益人「身故保險金」，然因其非以「人壽」為保險標的，揆諸上開規定及說明，該保險金額，自不在前舉遺產及贈與稅法第16條第9款暨保險法第112條不列入被保險人遺產之列。

上述內容闡明了序號7之判決案例的案例特徵，接下來要針對序號8之判決案例的案例特徵進行闡述。

筆者參酌高雄高等行政法院99年訴字第246號判決（99訴246），爰引判決文（可依照第五章所附之判決書查詢路徑下載）中相關內容來闡明有關被繼承人生前投保人壽保險案件，其死亡給付所涉遺產稅事宜，即實務上死亡人壽保險金之實質課稅原則核課遺產稅案例之案例特徵。本案經審理後，高雄高等行政法院判決上訴駁回，其兩造意見及本案（含原審）判決理由，臚列如下：

首先是看**案例事實**：緣原告之父胡○○於民國97年10月6日死亡，原告於97年12月15日辦理遺產稅申報，復於98年1月8日及同年月17日補申報台灣人壽保險股份有限公司（下稱台灣人壽）掌握人生變額萬能壽險（甲型）之保單價值新臺幣（下同）14,772,000元及現金2,500,000元，被告初查依申報內容核定遺產總額68,786,801元，應納遺產稅額5,837,579元。原告就核定計入遺產總額之壽險保單價值部分不服，申請復查，未獲變更，提起訴願，亦遭決定駁回，遂提起本件行政訴訟。

接著看**上訴人（即原審原告）起訴主張**：

（一）本件之投資型保單於被保險人死後保險金額之給付是否納入遺產總額課徵遺產稅，於行政院金融監督管理委員會及財政部間本存有爭議，是行政院賦稅改革委員會（下稱賦改會）於98年7月24日召開委員及諮詢委員聯席會議第16次會議作成決議略以：「1.有關投資型保單課稅：……⑵保險給付階段：……C.遺產稅部分：甲案提高適格比率，符合適格標準者免課遺產稅，至適格比率的訂定，應參考國際標準並衡酌我國實情折衷處理；丙案不區分適格與否，均課徵遺產稅。甲案及丙案併陳。」是關於投資型保單是否需課稅，賦改會之最新意見尚未有定論。且自民法第1148條、保險法第112條暨遺產及贈與稅法第16條第9款之規定觀之，只要係保險契約，不論是否為投資型保險契約，皆應免繳遺產稅，然被告竟在未立法規定投資型保單應課稅之情況下，即課徵本件遺產稅，顯然違反租稅法定主義。

（二）本件原告已於97年12月15日辦理遺產稅申報，復於98年1月8日誠實補申報躉繳之保險費，按「實質課稅原則」於否認規避租稅之行為，是否亦有適用，學說上尚有爭論。即須納稅義務人以「違法」之手段規避租稅法律、逃漏稅捐為要件，其適用範圍並非毫無限制，否則行政機關及司法機關如可任意援用實質課稅原則，據以為課稅之依據時，則勢將如脫韁野馬，任意侵犯人民自由權利，而流於感情法學，此絕非憲法第19條揭示「租稅法律主義」之本旨，故德國通說判例均認為實質課稅原則，只能在文義可能性範圍內，以目的解釋方法，就稅捐法規採經濟上目的之解釋，但不得逾越法律規定之可能的文義範圍，否則即屬假藉「實質課稅」之名目，而規避「租稅法律主義」之適用。租稅規避行為之否定係立法機關之課題，非行政機關或法院之課題。如果法律無個別之否定規定，仍允許用實質課稅原則加以否定，則租稅法律主義下之法律安定性及法律預測可能性將遭到極度破壞。

（三）投資型人壽保險與傳統型人壽保險僅商品設計不同，惟均屬人身保險契約，兩者都是在收取保費並且扣除相關費用後進行投資，只是投資型保險由保戶選擇投資標的並自行承擔投資風險，但投資標的價值仍構成未來保險給付之一部分；而傳統型人身保險係由保險公司投資並承諾保戶一定之收益，由保險公司承擔投資風險，兩者之保險給付均繫於危險事故之發生，故均符合保險法所定保險契約及人身保險之定義。另就保險之種類而言，投資型人壽保險係屬保險法第13條第3項及第4章第1節所定之「人壽保險」，與傳統型人壽保險適用相同規定，從而，保險法第112條於投資型人壽保險契約亦有其適用。基此，被告核定本件遺產稅，實有違信賴保護原則等情。並聲明求為判決訴願決定及原處分關於被告核定被繼承人台灣人壽掌握人生變額萬能壽險保單分離帳戶價值計入遺產總額部分均撤銷。

接著看**被上訴人（即原審被告）答辯**：

（一）從經濟功能而言，保險係將個人損失的全部或一部，直接分散給同一保險人之全體要保人，間接分散給廣大社會成員之制度，是依保險法第1條第1項之保險目的係在分散風險消化損失，即以較少之保費獲得較大之保障。是遺產及贈與稅法第16條第9款與保險法第112條規定，約定於被繼承人死亡時，給付其所指定受益人之人壽保險金額不計入遺產總額，其立法意旨，無非考量受益人所領取之保險給付，原則上乃為保障其生活不致因被保險人（即被繼承人）死亡而陷入困境，如再予以課徵遺產稅，恐不足確保被保險人遺屬之生活，而有違保險之目的，故予以免徵遺產稅，並非鼓勵或容認一般人利用此一方式任意規避原應負擔之遺產稅，故對於為規避遺產稅負而投保與經濟實質顯不相當之保險者，基於量能平等負擔之實質課稅原則，自無保險法第112條暨遺產及贈與稅法第16條第9款前段規定之適用。

（二）基於實質課稅原則，就稅捐規避行為予以否認，並依事實上存在之事實予以課稅，已符租稅公平之原則，並符合憲法第19條所揭櫫「人民有依法律納稅之義務」之立法精神。納稅義務人在經濟上已具備課稅構成要件，竟利用避稅行為以取得租稅利益，違反租稅法之立法意旨，不當利用各種法律或非法律方式，製造外觀或形式上存在之法律關係或狀態，使其不具備課稅構成要件，以減輕或免除應納之租稅，此種稅捐規避之行為，其私法上效果依契約自由原則固仍予尊重，但在稅法上則應依實質負擔能力予以調整，蓋避稅行為本質為脫法行為，而稅法本身為強行法即有不容規避性，則該稅捐規避行為應予以否認，並依事實上存在之事實予以課稅，始符租稅公平之原則，並符合憲法第19條所揭櫫「人民有依法律納稅之義務」之立法精神。

（三）查，本件被繼承人生前於96年1月26日以自己為要保人及被保險人，以躉繳方式向台灣人壽購買掌握人生變額萬能壽險（甲型）1筆，躉繳保險費之金額合計25,000,000元，並指定原告甲○○、乙○○、丙○○及戊○○等4人為受益人。按系爭保單重大事項告知書第1項、第4項及第10項分別記載：「本商品選擇之投資標的管理機構以往之投資績效不保證未來之投資收益，除保險契約另有約定外，本公司不負投資盈虧之責。」「投資標的的選擇與配置：⑴要保人於投保時，應選擇連結本契約提供之投資標的，本公司並將其配置比例載明於保險單面頁。……。」「契約一般費用：……⑷投資標的的轉換費用：每一保單年度期間，前5次轉換免費，第6次及以後的轉換每次扣除新臺幣500元的手續費，……。」復按建議書摘要表第4項記載：「本商品經……核准出單銷售，惟不表示投保人即無投資風險。」又系爭保險單面頁載明投資標的為富蘭克林坦伯頓成長基金，投資比例高達100%，是系爭保單顯屬投資型保單，且由被繼承人自行承擔投資風險。

（四）上開保險無非係保險費財產型態之轉變，故系爭投資型保險乃係以投資理財為主要目的，而與人壽保險制度之設計及宗旨不合。又被繼承人胡○○於96年1月26日投保時，雖無罹患重病紀錄，惟其死亡時點距其投保僅1年餘，且被繼承人投保時已高齡77歲，依其投保時之動機、時程、金額及年齡綜合判斷，顯係冀將應為遺產之現金，透過投保方式轉換為保險給付，藉以規避遺產稅。是被告認系爭保單既屬具有財產價值且為繼承標的，應併入遺產課稅，於法即無不合。另被繼承人生前為○○造機廠之獨資主，復為○○企業股份有限公司之股東，擁有5筆土地及房屋2棟，並於高雄市第二信用合作社營業部等金融機構擁有多筆存款，其家庭堪稱富裕，倘發生不可預測事故，縱未投保任何保險，被繼承人之子女並無因其死亡而失去經濟來源致生活陷入困境之虞。另被繼承人於95年12月7日贈與胡○○等3人現金111萬元後，立即於96年1月26日投保系爭保單，其應繳納之保費25,000,000元，卻於事後另向陽信商業銀行青年分行貸款充繳。按理被繼承人投保時年齡已約80歲，此時應以保有現金為最有利，且以被繼承人前述財產以觀，似無再予投資此種波動性高且須自行承擔投資風險之保險契約，況本件被繼承人係舉債投保，亦顯悖離常理。從而，被告審酌被繼承人胡○○投保時年紀、健康狀態、投保金額、繳費方式及資金來源，認其反於保險原理及投保常態，以躉繳高額保險費方式，將其自有資金及借款現金，藉由保險契約受益人之指定，使其繼承人於其死亡時獲得與保險給付相當之經濟利益及列報鉅額未償債務，所為乃租稅規避，並非合法節稅，其投保之動機縱非蓄意規劃以達移轉財產之目的，然與前揭為保障並避免因被保險人之突發事故，致其家人生活陷於困境之保險目的，已有不同，而無遺產及贈與稅法第16條第9款不計入遺產總額規定適用之餘地，乃將被繼承人死亡時系爭躉繳保單分離帳戶價值14,772,000元，核定為被繼承人其他遺產，併入遺產總額課稅，於法並無不合。

（五）按「憲法第19條規定人民有依法律納稅之義務，係指人民僅依法律所定之納稅主體、稅目、稅率、納稅方法及納稅期間等項而負納稅之義務。至於課稅原因事實之有無及有關證據之證明力如何，乃屬事實認定問題，不屬於租稅法律主義之範圍。」司法院釋字第217號著有解釋。次按保險法第112條乃針對常態之投保行為所為規範，並非遺產及贈與稅法第16條第9款之特別規定，有關人壽保險給付得否不計入被繼承人遺產總額課徵遺產稅，乃係稽徵機關依據遺產及贈與稅法規定之事實認定職權，有關保險金給付得否依遺產及贈與稅法第16條第9款規定免併入遺產課稅，仍應由稅捐稽徵機關視個案投保情節，審酌是否符合稅法立法目的而為具體判斷。本件被告衡諸遺產及贈與稅法第1條第1項、第16條第9款之立法目的，查明系爭保險給付經濟實質上仍具被繼承人遺產性質，始依遺產及贈與稅法第1條第1項規定，納入應課徵遺產稅之遺產總額之計算，乃屬事實認定問題，非在租稅法定主義範疇。又本件實質上既係租稅規避行為，自應依租稅規避行為所形成之經濟實質為租稅之核課，足見原告認被告核定有違租稅法律主義之主張，並非可採等語，資為抗辯。並聲明求為判決駁回原告之訴。

筆者參酌判決文中之原審斟酌全辯論意旨及調查證據之結果以及高雄高等行政法院判決，透過八項案例特徵或參考指標之分類表可以發現（請讀者對照參考第六章之圖6-5及圖6-7），此判決案例在與被繼承人有關之兩項特徵：高齡投保及帶病投保均呈現顯性指標，而與投保之保險契約有關之特徵則在躉繳投保、舉債投保及鉅額投保此三項特徵呈現顯性指標，合計共有五項特徵為顯性指標。以下逐一說明此五項特徵為何呈現顯性指標的理由。

▶ **高齡投保**：被繼承人胡○○於96年1月26日投保時，雖無罹患重病紀錄，惟其死亡時點距其投保僅1年餘，且被繼承人投保時已高齡77歲，認定為高齡投保。

▶ **帶病投保**：被繼承人胡○○係19年2月6日生，96年投保本件保險時，業已高齡77歲，且其曾於95年4月14日及21日因慢性阻塞性肺病前往行政院國軍退除役官兵輔導委員會高雄榮民總醫院就醫，復於97年8月間至該院胸腔內科追蹤，嗣於97年9月29日因雙側嚴重肺炎入院，入院期間意識不清，而於97年10月6日因肺炎併敗血性休克併多重器官衰竭死亡，認定為帶病投保。

▶ **躉繳投保**：本件被繼承人以躉繳方式繳納保險費，認定為躉繳投保。

▶ **舉債投保**：被繼承人於95年12月7日贈與胡○○等3人現金111萬元後，立即於96年1月26日投保系爭保單，其應繳納之保費25,000,000元，卻於事後另向陽信商業銀行青年分行貸款充繳，認定為舉債投保。

▶ **鉅額投保**：本件被繼承人生前於96年1月26日以自己為要保人及被保險人，以躉繳方式向台灣人壽購買掌握人生變額萬能壽險（甲型）1筆，躉繳保險費之金額合計25,000,000元，認定為舉債投保。

案例解析

經查，本件被繼承人胡○○於97年10月6日死亡，其生前於96年1月26日以其本人為要保人及被保險人，並指定原告甲○○、乙○○、丙○○及戊○○等4人為身故保險金受益人，向台灣人壽購買「掌握人生變額萬能壽險（甲型）」保單（號碼：0000000000）1筆，躉繳保險費25,000,000元，投資標的為富蘭克林坦伯頓成長基金，投資比例100%，有台灣人壽掌握人生變額萬能壽險要保書及保險單面頁等影本附原處分卷為憑；復觀之原處分卷附台灣人壽掌握人生變額萬能壽險重大事項告知書及掌握人生甲型建議書摘要表等影本分別記載：「1.本商品選擇之投資標的管理機構以往之投資績效不保證未來之投資收益，除保險契約另有約定外，本公司不負投資盈虧之責。」「4.本商品經……核准出單銷售，惟不表示投保人即無投資風險。」等語，足認被保險人係自行承擔投資風險。且依台灣人壽98年1月10日98臺壽保單字第00001號函附件內容，上開保單截至97年10月6日止其保單價值為14,772,000元，並有該函影本附於原處分卷可考。足徵被繼承人胡○○所購買之保單係以投資理財為主要目的，屬投資型保險商品甚明。

次查，被繼承人胡○○生前於96年1月26日向台灣人壽購買系爭保單後，旋於同年月29日向陽信商業銀行青年分行貸款25,000,000元，業據被告陳明在卷，並有陽信商業銀行青年分行放款餘額證明書及胡○○陽信商業銀行五甲分行存摺等影本附原處分卷可稽。足認被繼承人給付台灣人壽之保險費25,000,000元，係來自其於96年1月29日向陽信商業銀行之借款。又被繼承人胡○○係19年2月6日生，96年投保本件保險時業已高齡77歲，且其曾於95年4月14日及21日因慢性阻塞性肺病前往行政院國軍退除役官兵輔導委員會高雄榮民總醫院就醫，復於97年8月間至該院胸腔內科追蹤，嗣於97年9月29日因雙側嚴重肺炎入院，入院期間意識不清，而於97年10月6日因肺炎併敗血性休克併多重器官衰竭死亡，有台灣人壽掌握人生變額萬能壽險要保書、高雄榮民總醫院病歷資料函覆表及死亡證明書等資料附原處分卷為憑。足見胡○○於96年1月26日投保前，身體狀況即已不佳。再查，被繼承人胡○○生前為○○造機廠之負責人，復為○○企業股份有限公司之股東，擁有5筆土地及2棟房屋，並於高雄市第二信用合作社營業部、高雄市第三信用合作社三民分社、高雄九如二路郵局、第一商業銀行三民分行及陽信商業銀行五甲分行等金融機構擁有多筆存款，此為兩造所不爭，並有被告遺產稅核定通知書附原處分卷足稽，其家庭經濟堪稱富裕，倘發生不可預測事故，縱未投保任何保險，被繼承人之子女並無因其死亡而失去經濟來源致生活陷入困境之虞。是本件按被繼承人胡○○保費來源、投保動機、時程、年齡及健康狀況等因素綜合判斷，被繼承人死亡前向銀行借款並以躉繳25,000,000元保費方式投保，其目的顯係將貸得之款項透過投保方式轉換為免稅保險給付，既可使其繼承人為遺產稅申報時列報鉅額未償債務扣除額，並移轉因貸款取得之現金，藉以規避遺產稅，且使其繼承人經由身故保險金受益人之指定，仍可獲得與繼承財產相同之經濟利益，是其所為自屬租稅規避行為，而非合法之節稅行為，核與遺產及贈與稅法第16條第9款暨保險法第112條規定之立法意旨不符，自無前開規定之適用。從而，被告基於實質課稅原則，將系爭保單截至97年10月6日被繼承人死亡時止之保單分離帳戶價值14,772,000元核定為其他遺產，併入遺產總額課稅，並無違誤。原告主張依保險法第112條與遺產及贈與稅法第16條第9款規定，只要係人壽保險契約，不論是否為投資型保險契約，皆應免繳遺產稅，被告將系爭保單價值併入被繼承人遺產總額課稅，有違租稅法定主義及信賴保護原則云云，實無足取。

Chapter 10

從判決文看我國保險金實質課稅之案例及其參考特徵：序號9及序號10

● 圖10-1　財政部109年7月1日台財稅字第10900520520號函釋主旨中所稱之參考特徵以及函附例示中所稱之案例特徵或參考指標分類表之完整延伸表 ●

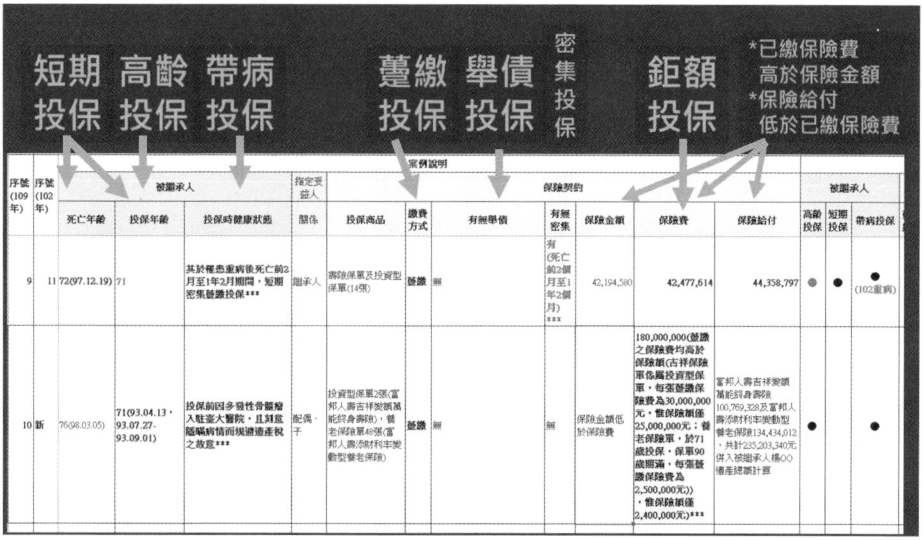

序號(109年)	序號(102年)	案例說明 被繼承人 死亡年齡	投保年齡	投保時健康狀態	指定受益人 關係	保險契約 投保商品	繳費方式	有無舉債	有無密集	保險金額	保險費	保險給付	被繼承人 高齡投保	短期投保	帶病投保
9	11	72(97.12.19)	71	其於罹患重病後死亡前2月至1年2月期間，短期密集躉繳投保***	繼承人	壽險保單及投資型保單(14張)	躉繳	無	有(死亡前2個月至1年2個月)***	42,194,580	42,477,614	44,358,797	●	●	●(102重病)
10	新	76(98.03.05)	71(93.04.13，93.07.27-93.09.01)	投保前因多發性骨髓瘤入駐臺大醫院，且刻意隱瞞病情而規避遺產稅之故意***	配偶、子	投資型保單2張(富邦人壽吉祥變額萬能終身壽險)，養老保險單48張(富邦人壽添財利率變動型養老保險)	躉繳	無	無	保險金額低於保險費	180,000,000(躉繳之保險費均高於保險額(吉祥保險單係屬投資型保單，每張躉繳保險費為30,000,000元，惟保險額僅25,000,000元；養老保險單，於71歲投保，保單90歲期滿，每張躉繳保險費為2,500,000元))，惟保險額僅2,400,000元)***	富邦人壽吉祥變額萬能終身壽險100,769,328及富邦人壽添財利率變動型養老保險134,434,012，共計235,203,340元併入被繼承人楊○○遺產總額計算	●		●

筆者參酌最高行政法院101年判字第201號判決（101判201），爰引判決文（可依照第五章所附之判決書查詢路徑下載）中相關內容來闡明有關被繼承人生前投保人壽保險案件，其死亡給付所涉遺產稅事宜，即實務上死亡人壽保險金之實質課稅原則核課遺產稅案例之案例特徵。本案經審理後，最高行政法院判決原告之訴駁回，其兩造意見及本案（含原審）判決理由，臚列如下：

首先是看**案例事實**：上訴人之夫蘇○○於民國（下同）97年12月19日死亡，繼承人即上訴人及蘇○○、蘇○○、蘇○○於98年6月9日辦理遺產稅申報，原申報遺產總額新臺幣（下同）104,448,286元；案經被上訴人依申報及查得資料，核定遺產總額為144,484,457元，遺產淨額為58,853,344元，應納遺產稅額17,999,171元。上訴人不服，就核定計入遺產總額之被繼承人生前投保14筆保單價值38,112,394元（詳如附表，此略）及汽車320,000元等2項，申請復查結果，獲准追減其他遺產——汽車320,000元及變更生存配偶剩餘財產差額分配請求權扣除額為70,771,129元，其餘維持原核定。上訴人就核定計入遺產總額之被繼承人生前投保14筆保單價值38,112,394元部分仍不服，提起訴願，遭決定駁回後，乃就核定計入遺產總額之被繼承人生前投保扣除編號9保單後之其餘13筆保單（下稱系爭保單）價值37,606,315元部分提起行政訴訟，經原審法院100年度訴字第142號判決（下稱原判決）駁回。上訴人猶不服，提起本件上訴，求為判決廢棄原判決，並撤銷訴願決定及原處分（含復查決定）關於計入遺產總額之被繼承人生前投保系爭保單價值37,606,315元部分，或發回原審法院。

接著看**上訴人（即原審原告）起訴主張**：

（一）系爭保單合計金額為37,606,315元，其中編號1至8保單均為壽險型保單，編號10至14保單均為投資型人壽保單（現改為「投資型人壽保險商品死亡給付對保單帳戶價值之最低比率規範」之投資型保單，下稱投資型保單）。系爭保單保險給付，依法均應免計入遺產。

（二）依保險法施行細則第14條、保險法第13條、保險法第112條、遺產及贈與稅法第16條規定及財政部99年7月26日台財稅字第09900210080號函釋（下稱財政部99年7月26日函釋）、行政院金融監督管理委員會（下稱金管會）99年5月12日金管保品字第09902525440號函釋可知，投資型保單就是保險契約，除非是帶病或高齡投保，否則不分保險或投資帳戶，受益人領取之保險給付都比照壽險保單享有免遺產稅之規定。系爭編號10至12保單，其投保日期分別為92年12月18日、94年4月20日、94年5月20日，與被繼承人死亡日期97年12月19日相去甚遠，顯非死亡前短期投保之保單，而系爭編號13保單係被繼承人93年2月18日投保統一安聯人壽保險股份有限公司，保單號碼PL00000000，於96年12月13日辦理解約，金額11,897,778元，再續保該保單，系爭編號14保單係被繼承人91年4月9日投保新光人壽保險股份有限公司（下稱新光人壽公司），保單號碼LBD06399，提前於97年2月1日解約，金額600,000元，再續保該保單，是以該2筆保單投保時期係連續性，亦非死亡前短期內投保。又被繼承人投保當時身體健康並無生病之情況，自無重病、高齡、短期投保之情況，依投保時保險法規及金管會解釋，可免徵遺產稅，而與臺北高等行政法院92年度訴字第1005號判決及財政部台財訴字第0930024324號訴願決定之實質課稅原則之情節不同，被上訴人引用實質課稅原則，違反憲法明定之租稅法律主義之信賴保護原則。另稅捐稽徵法第12條之1係於98年5月13日經立法院修正通過，本件被繼承人係於97年12月19日死亡，依實體從舊程序從新原則，本件並不適用該條規定。

（三）課稅是政府對人民財產權的強行權利，當法律規定免稅時，行政機關若認為不妥要課稅時，必須透過修法立法程序始可為之，否則其解釋函令違反法律部分，應屬無效。財政部94年7月11日台財稅字第09404550470號函釋（下稱財政部94年7月11日函釋）顯有違租稅法律原則，其所謂「被繼承人死亡前短期內或帶重病投保人壽保險」，其中「短期」或「重病」，非屬明確性法律概念，核與稅捐構成要件法定原則及稅捐構成要件明確性原則有悖，自不足採為上訴人應納遺產稅之法律依據。

（四）被上訴人查核結果認同被繼承人並非於重病期間投保，且投保之動機並非蓄意規劃以達移轉財產為目的，亦即無避稅動機，惟被上訴人僅依其投保之時程、金額及經濟狀況，以及其為理財規劃之目的，而依實質課稅原則，將受益人領取之死亡保險給付併入遺產課稅，違反實質課稅原則之基本精神，即必須有避稅行為以取得租稅利益之前提。

（五）系爭編號1及2保單係被繼承人於90年10月19日投保中國人壽保險股份有限公司（下稱中國人壽公司）「新永福養老保險」，保單號碼Z000000000於96年10月19日滿期領回，保險金額3,002,606元，再續保此2張保單，系爭編號4保單係被繼承人於92年1月21日投保富邦人壽保險股份有限公司（下稱富邦人壽公司）「吉祥變額萬能終身壽險」，保單號碼00000000000，於97年2月26日解約，金額3,955,960元，再續保該保單，該3筆保單投保時期係連續性的，並非死亡前短期內投保，亦非屬稅捐規避之行為，依實質課稅原則，不應併入遺產課稅等語，爰求為判決撤銷訴願決定及原處分（含復查決定）關於計入遺產總額之被繼承人生前投保系爭保單價值37,606,315元部分。

接著看**被上訴人（即原審被告）答辯**：

（一）行為時保險法之主管機關核准保險人販售系爭保單，僅係其依保險法令規定，就保險業銷售保險商品之行政管理，惟有關保險金給付得否依遺產及贈與稅法第16條第9款規定免併入遺產課稅，仍應由遺產稅稽徵機關視個案投保情節，審酌是否符合稅法立法目的而為具體判斷。而判斷保險給付應否併課遺產稅，「死亡前短期內」或「帶病」並非判斷之唯一指標，尚須綜合被繼承人投保行為、金額、繳費方式及經濟狀況等整體判斷，是否符合遺產及贈與稅法第16條第9款及保險法第112條之立法意旨（本院99年度判字第1079號判決及臺中高等行政法院96年度訴字第304號判決參照）。

（二）被繼承人蘇○○生前以其子女或上訴人等繼承人為身故受益人，向中國人壽公司等多家保險公司投保系爭保單，躉繳保費高達42,477,614元（系爭編號1至8保單為被繼承人死亡前短期內多次密集躉繳保費19,513,114元、系爭編號10至14保單為躉繳投資型保險商品），然受益人所獲得之保險給付僅為44,358,797元，保險理賠金實質上僅為返還已繳保險費及其利息而已，且被繼承人所躉繳之保險費42,477,614元，尚高於保險金額42,194,580元，與一般保險保障遺族生活之目的相違，顯見其投保行為欠缺與經濟實質之相當性，僅係基於減輕稅捐負擔目的所為之非常規交易安排，與保險法第1條規定之保險本旨有違，而與保單之合法性無涉。又綜合被繼承人投保行為、時程、金額、繳費方式（躉繳）及經濟狀況等整體觀之，被繼承人投保系爭保險與分散風險、消化損失之保險目的不符，亦與保險法第112條為避免被保險人因不可預料或不可抗力之事故死亡，致其家人生活陷於困境等立法意旨不相符合。且對被繼承人而言，以躉繳方式投保人壽保險，可立即減少其現有財產，迨其身故後，所減少之現有財產即轉換為對身故受益人之保險給付，基於實質課稅及公平正義原則，被上訴人核課遺產稅，自無不合。

（三）系爭編號1、2、4等3筆保單係以舊保單之解約金或滿期金投保，僅能證明該等保單之資金來源，而應否課徵遺產稅，應以被繼承人死亡時該等保單是否符合遺產及贈與稅法第16條第9款及保險法第112條之規定，與其投保之資金來源為何無涉。況上訴人所稱舊保單中，由富邦人壽公司之吉祥變額萬能終身壽險之要保書及重要事項告知通知書之內容以觀，足認為投資型保險商品；另中國人壽公司之新永福養老保險為6年期保險商品，由被繼承人繳納之保險費及滿期金以觀，足見其滿期金實質上僅為返還已繳保險費及其利息而已，亦與遺產及贈與稅法第16條第9款及保險法第112條規定之立法意旨不符。

（四）財政部94年7月11日函釋所指被繼承人死亡前短期內投保，何謂「短期內」？本件被繼承人投保（躉繳人壽保單）之日期為96年10月至97年10月間，距被繼承人死亡日（97年12月19日），相距2個月至1年2個月不等，參照本院99年度判字第1079號判決（於死亡前1年3個月投保）及臺北高等行政法院99年度訴字第2101號判決（於死亡前2年投保）意旨，自難謂非死亡前短期內投保等語，爰求為判決駁回上訴人在第一審之訴。

筆者參酌判決文中之原審斟酌全辯論意旨及調查證據之結果以及最高行政行政法院判決，透過八項案例特徵或參考指標之分類表可以發現（請讀者對照參考第六章之圖6-5及圖6-7），此判決案例在與被繼承人有關之三項特徵：高齡投保（該欄位中出現紅色實心圓圈表示此項案例特徵為109年重新檢討後之新增特徵）、短期投保及帶病投保均呈現顯性指標，而與投保之保險契約有關之特徵則在躉繳投保、鉅額投保、密集投保（該欄位中出現紅色實心圓圈表示此項案例特徵為109年重新檢討後之新增特徵）以及保險給付相當於已繳保險費加計利息金額此四項特徵呈現顯性指標，合計共有七項特徵為顯性指標。以下逐一說明此七項特徵為何呈現顯性指標的理由。

▶ **高齡投保**：被繼承人投保時約71歲，認定為高齡投保，此項案例特徵為109年重新檢討後之新增特徵。

▶ **短期投保**：本件被繼承人投保（躉繳人壽保單）之日期為96年10月至97年10月間，距被繼承人死亡日（97年12月19日），相距2個月至1年2個月不等，認定為短期投保。

▶ **帶病投保**：被繼承人於97年12月19日因肝癌死亡，惟其於罹患重病後死亡前2月至1年2月期間，分別向中國人壽等公司投保人身保險，認定為帶病投保。

▶ **躉繳投保**：被繼承人生前向中國人壽公司等多家保險公司投保系爭保單，躉繳保費高達42,477,614元，認定為躉繳投保。

▶ **鉅額投保**：被繼承人生前向中國人壽公司等多家保險公司投保系爭保單，躉繳保費高達42,477,614元，認定為鉅額投保。

▶ **密集投保**：被繼承人生前向中國人壽公司等多家保險公司投保系爭保單，躉繳保費高達42,477,614元（系爭編號1至8保單為被繼承人死亡前短期內多次密集躉繳保費19,513,114元、系爭編號10至14保單為躉繳投資型保險商品），認定為密集投保，此項案例特徵為109年重新檢討後之新增特徵。

▶ **保險給付相當於已繳保險費加計利息金額**：被繼承人生前向中國人壽公司等多家保險公司投保系爭保單，躉繳保費高達42,477,614元，然受益人所獲得之保險給付僅為44,358,797元，保險理賠金實質上僅為返還已繳保險費及其利息而已。

案例解析

原審為原判決時，業已斟酌全辯論意旨及調查證據之結果，依論理及經驗法則認定事實，且原判決就上訴人之夫蘇○○於97年12月19日因肝癌死亡，惟其於罹患重病後死亡前2月至1年2月期間，以其本人為被保險人及要保人，指定其繼承人即上訴人及蘇○○、蘇○○、蘇○○為身故受益人，分別向中國人壽等公司投保如附表（略）所示之人身保險，其中系爭編號1至8保單為躉繳壽險型保險商品，被繼承人死亡前短期內（即死亡前2月至1年2月）密集躉繳保險費19,513,114元；又系爭編號13及14保單雖為適用「投資型人壽保險商品死亡給付對保單帳戶價值之最低比率規範」之投資型保單，惟為被繼承人死亡前短期內（死亡前1年內）密集躉繳保險費美金350,000元及600,000元；且系爭編號1、2、4、13及14等5筆保單之給付或價值應否課徵遺產稅，應視被繼承人死亡時，系爭5筆保單是否符合遺產及贈與稅法第16條第9款及保險法第112條之規定而論，尚與系爭保單投保之資金來源是否屬被繼承人之舊保單到期或解約而來無涉；另系爭編號10及11保單之投資標的為保誠投信「威寶債券型基金」、編號12之投資標的為新臺幣保息帳戶（標的代號：NTDRTA2806）係以投資理財為主要目的，屬投資型保險商品，保險人給付之保險金額涉及投資結果，係躉繳保險費財產型態之轉變；是系爭保單均與上述遺產及贈與稅法第16條第9款及保險法第112條規定之立法意旨不符，自無上揭規定之適用。則被上訴人依財政部94年7月11日、98年5月8日及99年7月26日函釋意旨，依實質課稅原則，就系爭保單，或按被繼承人死亡時保險公司應給付之金額，或按截至繼承日之保單價值，合計37,606,315元，併入遺產總額課稅，於法並無不合。

按「個人之基本所得額，為依所得稅法規定計算之綜合所得淨額，加計下列各款金額後之合計數：……二、本條例施行後所訂立受益人與要保人非屬同一人之人壽保險及年金保險，受益人受領之保險給付。但死亡給付每一申報戶全年合計數在新臺幣三千萬元以下部分，免予計入。」固為所得基本稅額條例第12條第1項第2款所規定，且其立法理由為：「依保險法規定，人身保險包括人壽保險、年金保險、健康保險及傷害保險。受益人與要保人非屬同一人之人壽保險及年金保險，受益人受領之保險給付雖免納所得稅，仍應計入個人之基本所得額……；惟其中死亡給付每一申報戶全年合計數在新臺幣三千萬元以下部分免予計入，以兼顧一般家庭照顧遺屬生活之需要。另明定本條例施行後所訂立之保險契約始適用之。」惟按「核釋個人投資型保險所得課稅規定如下：……二、因保險事故發生，保險人自投資型保險契約投資資產之價值所為之各項給付，非屬所得稅法第4條第1項第7款規定之保險給付，免計入受益人之所得課稅，亦無所得基本稅額條例第12條第1項第2款規定之適用。……」為財政部98年11月6日台財稅字第09800542850號函釋所明釋。準此，本件保險事故於97年12月19日發生，保險人自投資型保險契約投資資產之價值所為之各項給付，非屬所得稅法第4條第1項第7款規定之保險給付，免計入受益人之所得課稅，亦無所得基本稅額條例第12條第1項第2款規定之適用。

上述內容闡明了序號9之判決案例的案例特徵，接下來要針對序號10之判決案例的案例特徵進行闡述。

筆者參酌臺北高等行政法院100年訴字第1517號判決（100訴1517），爰引判決文（可依照第五章所附之判決書查詢路徑下載）中相關內容來闡明有關被繼承人生前投保人壽保險案件，其死亡給付所涉遺產稅事宜，即實務上死亡人壽保險金之實質課稅原則核課遺產稅案例之案例特徵。本案經審理後，臺北高等行政法院判決上訴駁回，其兩造意見及本案（含原審）判決理由，臚列如下：

首先是看**案例事實**：緣被繼承人即原告之父楊○○在於98年3月5日死亡，繼承人辦理遺產稅申報，經被告核定遺產總額為新臺幣（下同）492,009,765元、遺產淨額為457,723,118元，應納稅額為44,932,311元。原告對遺產總額——其他（富邦人壽吉祥變額萬能終身壽險）100,769,328元及遺產總額——其他（富邦人壽添財利率變動型養老保險）134,434,012元部分不服，申請復查結果，未獲准變更，提起訴願，亦遭決定駁回，遂向本院提起行政訴訟。

接著看**上訴人（即原審原告）起訴主張**：

（一）保險法第112條明定：「保險金額約定於被保險人死亡時給付於其所指定之受益人者，其金額不得作為被保險人之遺產。」不計入遺產總額，惟被告逕自將上開保險價值計入被繼承人遺產總額，明顯違反保險法及遺產及贈與稅法之規定：

1. 按「保險金額約定於被保險人死亡時給付於其所指定之受益人者，其金額不得作為被保險人之遺產。」「死亡保險契約未指定受益人者，其保險金額作為被保險人遺產。」分別為保險法第112條所明定當保險給付屬指定受益人者，其給付金額即不得作為被保險人之遺產總額及同法第113條所明訂保險給付若未指定受益人者，其給付金額即為被保險人之遺產總額，由繼承人對該等給付金額享有權利。該等立法最早源於18年12月30日公布之保險法第68條：「受益人經指定後，要保人仍有以契約或遺囑處分其保險利益之權。但受益人已承諾受益時，不在此限。」第69條：「死亡保險契約無受益人者，其保險金額，作為被保險人之遺產。」及第70條：「保險金額，約定於被保險人死亡時，應給付於其所指定之受益人或其繼承人者，其金額不得視為被保險人之遺產。受益人對於保險金額直接享有其權利。其受益之承諾，雖在被保險人死亡之後，仍溯及於訂約之日，享受權利。」又我國有關遺產稅法之相關規定最早源於35年6月16日始公布之遺產稅法，可知保險法有關指定受益人之保險給付非屬被保險人之遺產其立法當時並無開徵遺產稅，其立法意旨乃係明確規範若保險給付已有指定受益人者，即非被保險人之遺產，繼承人對該等保險給付即不享有請求給付或分配之權利，實與該等保險給付是否須納入遺產課稅完全無涉，合先敘明。

2. 按「本法所稱保險，謂當事人約定，一方交付保險費於他方，他方對於因不可預料，或不可抗力之事故所致之損害，負擔賠償財物之行為。」「本法所稱主管機關為財政部，但保險合作社除其經營之業務，以財政部為主管機關外，其社務以合作主管機關為主管機關。」分別為行為時保險法第1條第1項及第12條所明定保險之意義及保險業務之主管機關。意即當一要保人與保險公司成立之保險契約係經保險業務主管機關所核准者，則保險公司於被保險人死亡時，給付於其所指定受益人之保險給付，即應按保險法第112條規定，在民事法律關係上，不得作為被保險人之遺產，故如有繼承人非受益人之情事者，該繼承人並未享有該保險金於法律上之任何權益。

3. 次按「凡經常居住中華民國境內之中華民國國民，死亡時遺有財產者，應就其在中華民國境內境外全部遺產，依本法規定，課徵遺產稅。」為遺產及贈與稅法（以下稱遺贈稅法）第1條所開宗明義規定遺產稅之課稅對象，故指定受益人之死亡保險給付按保險法第112條之規定其法律效果已非被保險人之遺產，自非遺贈稅法所規定之課稅範圍，灼然自明。又「左列各款不計入遺產總額：……九、約定於被繼承人死亡時，給付其所指定受益人之人壽保險金額、軍、公教人員、勞工或農民保險之保險金額及互助金。」為遺贈稅法第16條所補充規定，指定受益人之人壽保險給付不計入遺產總額，然無庸遺贈稅法第16條之補充規定，按保險法第112條及遺贈稅法第1條之規定，指定受益人之人壽保險給付已無須課稅。易言之，指定受益人之人壽保險給付無須納入遺產總額課稅係依據保險法第112條及遺贈稅法第1條所言明其非遺產稅課稅範圍，而非遺贈稅法第16條所稱其為被繼承人之遺產，再將其特別規定排除在遺產稅課稅範圍之外，兩者課稅效果雖相同，但法律效果卻截然不同，實有必要先加以釐清。故被告以有關保險給付不計入遺產總額之立法意旨，主要係考量被繼承人為保障並避免其家人因其死亡致失去經濟來源而投保，受益人領取之保險給付如再課予遺產稅，有違保險終極目的，並非鼓勵或容讓一般人利用此一方式規避應負擔之遺產稅，從而，對於與經濟實質顯不相當之保險，基於實質課稅之公平原則，自無免予課徵遺產稅規定之適用，顯係對指定受益人之保險給付無須納入遺產稅課稅之原因產生根本性之誤解。立法者絕對不會不知道訂定此法很容易將本應繳納遺產稅之資金導引至保險商品以獲取免稅待遇，從而，立法者如認有不應予以免稅待遇之保險，自應予以明示，如容認稽徵機關可任令納稅義務人購買立法明示免稅且經主管機關核准銷售之保險商品之免稅效果不存在，則政府威信不在。

（二）被告就系爭保單是否符合保險法第1條及第112條之立法目的乙事並無事務管轄權，惟其竟違背法規有關專屬管轄之規定，逕自認定系爭保單不符保險法第1條之立法目的，依行政程序法第111條第6款（註1）規定，顯屬違法自得應予撤銷：

1. 由財政部95年6月28日台財稅第9504540210號函（以下簡稱財政部95年6月28日函）釋意旨可知，遺贈稅法第16條第9款係配合保險法第112條而為之規定，非屬依保險法主管機關核准之保單不得享有遺贈稅法第16條第9款之權利，故保險法第112條配合遺贈稅法第16條規定之結果可確認其立法目的係確定指定受益人之保險給付民事法律關係，亦即將「指定受益人之死亡保險給付」一詞賦予一類型化之法律效力，也就是說立法者為求避免因法律解釋或事實認定之結果造成爭議，特將被繼承人指定自己以外之受益人之死亡保險給付不計入遺產總額，因此就行為時之法律環境觀察，除可用保險給付既非繼承人可繼承之財產，亦非被保險人債務人可請求執行債權之財產等情形來判斷其不可能為遺產外，更應從前揭法律之立法目的同時具有貫徹保險之功能，以避免保險給付仍可能透過解釋被擬制為被繼承人之遺產，致保險給付可能流入被繼承人所不欲給予之繼承人或債權人手中，進而喪失保險之意義；而遺贈稅法第16條第9款所規定者乃係遺產稅之稅基範圍，亦即保險法第112條既已明文規定指定受益人之保險給付不得作為被保險人之遺產，則該保險給付自無須納入遺產稅稅基計算遺產稅額。換言之，基於合法保險契約之民事法律上之效力保險法已有明定，指定受益人之保險給付是否應納入遺產總額，應視其是否符合保險法第112條而定，即系爭保單既經行為時中央保險最高主管機關「財政部保險司」，依據「保險商品銷售前程序作業準則」及「人身保險商品審查應注意事項」審查通過准予銷售，則系爭保險給付是否須計入遺產總額應直接適用保險法第112條之規定，而無任何以實質課稅原則判斷之空間，灼然自明。

2. 為維護法之安定性以及人民對國家一體性之信賴，行政處分對行政機關同樣具有拘束效力，其他機關有義務將該處分當作一個既定的構成要件效力，亦即原則上一個發布生效的既成的行政處分，對處分機關以外的其他或既成事實，應予以承認接受，並充作其自身管轄事務之決定基礎；惟如該行政處分係屬無效的行政處分，則不具有構成要件效力。系爭保險單中「吉祥變額萬能終身壽險保險單」係經財政部保險司92年07月23日台財保第920706020號函核准銷售、「利率變動型養老保險單」係經財政部保險司93年04月12日台財保字第930750711號核准銷售，系爭保單既經中央保險最高主管機關「財政部保險司」審查通過准予銷售，即具有「構成要件效力」，稅捐稽徵機關自應受其拘束，並以其作為核定遺產稅徵免之基礎事實。從而，被告就系爭保單是否符合保險法第1條及第112條之立法目的乙事並無事務管轄權，惟其竟違背法規有關專屬管轄之規定，逕自認定系爭保單不符保險法第1條之立法目的，依行政程序法第111條第6款規定，顯屬違法自得應予撤銷。

3. 訴願機關就被告錯誤之認定不僅未予糾正，而於訴願決定書略以：「有關人壽保險給付得否不計入被繼承人遺產總額課徵遺產稅，乃稽徵機關依據遺產及贈與稅法規定之事實認定職權，系爭保險之保單雖經行為時保險法之主管機關核准保險人販售，亦僅保險主管機關依保險法令規定，就保險業銷售商品之行政管理，雖應尊重其於私法上之效果，惟有關保險金給付得否依遺產及贈與稅法第16條第9款規定免併入遺產課稅，仍應由遺產稅稽徵機關視個案投保情節，審酌是否符合稅法立法目的而為具體判斷，並非形式上具有保險之外觀，即不得適用實質課稅原則。」顯見訴願決定機關亦認為指定受益人之人壽保險給付係被繼承人之遺產，再依據遺贈稅法第16條第9款之規定予以免予計入遺產總額課稅，惟指定受益人之人壽保險給付依據保險法已法定並非被繼承人之遺產，訴願決定機關卻將該等保險給付視為遺產，明顯適用法令錯誤，其具以作出之訴願決定自應予以撤銷。

（三）本案被繼承人所購買之保險契約皆係在身體健朗、意識清楚下所為之法律行為，絕無重病投保意圖規避稅捐之情事，被告在未能查明被繼承人購買保險契約之經濟目的情況下，便逕自將系爭保險給付調整計入遺產總額課稅，嚴重扭曲被繼承人購買保險之經濟實質意義，顯已違反實質課稅原則之意義：

1. 本案被繼承人於93年間選擇以躉繳方式購買保險，以避免因晚年投資不當或遭逢經濟變故等非預期因素，造成身故後下一代缺乏經濟援助之情形發生，故與保險公司簽定指定受益人之人壽保險，以達到照顧下一代之經濟目的，故系爭保險實屬正常之理財規劃，與規避租稅完全無涉，被告之認定顯屬武斷。

2. 被繼承人於投保時身體狀況堪稱健朗，相關健康狀況已並於要保申請書上均已清楚敘明，且由被繼承人親自簽名蓋章，保險公司經評估後亦同意承保，故整個保險契約係由保險公司與被繼承人所完成之民事法律行為，絕非被繼承人在重病不能視事之情況下，由他人所代為之法律行為，故此法律關係自始當然有效，與一般重病期間投保意圖藉由保險規避遺產稅稅負之情況截然不同。

3. 又何謂「高齡」、「帶重病」投保人壽保險？其保險是否有效？應由保險法主管機關「行政院金融監督管理委員會保險局」依職權解釋，被告絕無逕自解釋保險法之權限，如此，方符行政程序法第11條第1項（註2）之強行規定。被告不僅未能查明被繼承人購買保險契約之經濟目的，亦未正視投保行為時，保險業務主管機關業已承認該保險契約之法律效力，片面以被繼承人年事已大及保費繳納方式等理由，即逕自將系爭保險給付調整計入遺產課稅，已嚴重扭曲被繼承人購買保險之經濟實質意義，且被告片面認定被繼承人投保行為係為規避租稅，而不予承認該等保險契約，明顯違反租稅法定主義，自應予以撤銷，以維法益。

4. 另被繼承人生前雖罹患多發性骨髓瘤，惟遍查全卷，並無證據顯示其於投保時已知其罹患此症，且被繼承人於投保時，其身體仍非常健朗，意識狀態亦非常清楚，此觀其住院或化學治療前後期病歷之主訴僅為腰痛，並未有身體虛弱等情形即可知，於97年8月間甚至有出國旅遊之事實，故其於93年間購買系爭保險確實是在身體健朗及意識清楚下所為之法律行為，亦絕無自己將於當時將不久於人世之認知。

（四）本案被繼承人於93年間以自己為要保人及被保險人購買系爭保單，係為避免晚年投資不當或遭逢經濟變故等非預期因素，造成身故後下一代缺乏經濟援助所為之理財規劃，實與租稅規避無涉；況被繼承人係在購買保險5年以後始過世，復查決定卻稱被繼承人係運用私法自治契約自由原則，將應為其遺產之現金，透過投保方式轉換為保險給付，藉以規避遺產稅及移轉財產予繼承人，顯有違論理法則：按「行政機關為處分或其他行政行為，應斟酌全部陳述與調查事實及證據之結果，依論理及經驗法則判斷事實之真偽，並將其決定及理由告知當事人。」為行政程序法第43條（註3）所明定行政處分應符合論理法則，本案被繼承人為避免畢身辛苦累積之財富因晚年投資不當或遭逢經濟變故或遭不法人士詐騙等非預期因素而付之一炬，以致造成下一代缺乏經濟援助，遂於93年間以躉繳方式購置系爭保險，並以指定受益人之方式達到照顧下一代之經濟目的，惟復查決定竟以：「被繼承人顯係運用私法自治契約原則，將應為其遺產之現金，透過投保方式轉換為保險給付，藉以規避遺產稅及移轉財產予繼承人，……」為由，顯將系爭保險誤解為被繼承人規避稅負之手段，惟被繼承人若為規避遺產稅者，應係等到身體病危時再以手上之現金全數用以購買保險，惟本件被繼承人投保時間至死亡近逾5年期間，可見其與一般人投保目的相同，單純係為避免因不可預期之事故而使家人失去經濟來源所為之保險規劃，絕非租稅規避及違反經濟常情所作的迂迴法律安排，被告不可一律將所有老年人之投保均認為不合常情，未細究個案情形是否有病危之特殊情況；始得採取租稅規避防杜，本案絕非如被告所稱係以規避遺產稅為目的，自應與一般人有相同之租稅對待，又被繼承人遺產中計有銀行存款逾1億1,000餘萬元，若被繼承人欲藉由保險規避遺產稅者，自會於生前就財產為妥善規劃，不會遺留如此鉅額之現金遺產，況原告在被告未有任何課稅資料下，即已自行主動誠實申報被繼承人VICTORY ADVANCE LIMITED海外投資計47,224,004元，顯見被繼承人及原告絕無規避遺產稅之意圖，灼然自明，復查決定誤解系爭保險係被繼承人規避稅負之手段，顯有違論理法則。

（五）被告以被繼承人所購買之系爭保險係為規避遺產稅負而與經濟實質顯不相當之租稅規避行為，以實質課稅原則和租稅公平為由核定系爭保險給付之遺產稅，惟指定受益人之保險給付非遺產稅課稅範圍，此行政處分已違反租稅法定主義，自應予以撤銷：

1. 所謂稅捐規避乃是指利用私法自治、契約自由原則，選擇私經濟活動不符常規，欠缺合理交易方式，為通常所不使用之異常法形式，並於結果上實現所意圖之經濟目的或成果，且因不具備對應於通常使用之法形式之課稅要件，因而得以達到減輕或排除稅捐負擔之行為。因此稅捐規避與合法、未濫用的節稅行為不同，節稅乃是依據稅捐法規所預定方式，意圖減少稅捐負擔之行為，反之稅捐規避則是利用稅捐法規所未預定之異常或不相當的法形式，意圖減少稅捐負擔之行為。又租稅規避行為因違反租稅公平原則，故於效果上，應本於實質課稅原則，就其事實上予以規避，然卻與其經濟實質相當之法形式作為課稅之基礎。故而，納稅義務人不選擇稅法上所考量認為通常之交易形式，卻選擇與此不同之迂迴行為或多階段行為或其他異常的法形式，以達成與通常法形式之情形基本上相同之經濟效果，同時又能減輕或排除與通常法形式相連結之稅捐負擔者，即應認屬租稅規避，而非合法之節稅。然而，合法節稅與租稅規避之界限未必十分明確，舉例來說，國內的個人到所謂租稅天堂的國家或地區成立公司，再以國外公司名義回國投資，相對於最高邊際稅率40%之個人綜合所得稅稅率，藉以適用較低的就源扣繳率20%，此種迂迴且多階段之行為即屬租稅規避。另外，股東在股票除權、除息前夕出售持股選擇不參與除權、除息並非規避股利所得之綜合所得稅，而是單純合法節稅，或父母選擇贈與不動產給子女透過贈與價值計算係以建物評定標準價格及土地公告現值而非市價作為贈與價值來降低贈與稅負擔亦為合法節稅而非租稅規避。

2. 逃漏稅捐乃是對於滿足課稅要件之事實，全部或部分予以隱匿的行為，而稅捐規避則是迴避課稅要件之滿足之行為，也就是說逃漏稅捐行為乃以虛偽或其他不正當行為構成要件，在虛偽或其他不正當行為中，如包含帶有違法性之事實的虛構性詐欺行為時，即屬逃漏稅捐之行為，而稅捐規避行為與假裝行為不同，其乃係基於當事人之真意，而為私法上適法有效之行為，因此逃漏稅捐行為在其屬於違法，並非基於當事人之真意之點上，與稅捐規避行為乃是基於真意之適法行為比較，有基本上之差異。
3. 又納稅義務人在稅法上用心考慮使用私法上法形式，並不能與濫用法形式等量齊觀，雖然私法自治原則僅於民事法上受保障，故稅法可以為其目的採獨自法律上定性。然而根據憲法所保障之一般的行為自由，原則上納稅義務人得自由安排其事務，俾盡可能減少稅捐支出，亦即在多數相當的法律上形成中，可以選擇在稅捐上具有最有利於自己之稅法上效果之法的形式。

4. 因此，遺贈稅法第10條既明定土地係以公告土地現值或評定標準價格，房屋係以憑定標準價格作為財產價值之計算，則納稅義務人在財產類別之購置上，自然得選擇在遺產稅計算上較為有利之不動產為主以減少將來之遺產稅負，此為合法節稅安排，而非租稅規避範疇。同理，保險法第112條既已明定指定受益人之保險給付非被保險人之遺產，其自非遺贈稅法之課稅對象，則被繼承人在92、93年間身體健朗、意識清楚下購買系爭保險契約，且未透過迂迴行為或多階段行為之交易安排來購買保險契約，何來租稅規避？若被告認定被繼承人購買其保險給付非屬遺贈稅課稅範圍之保險契約即構成租稅規避要件者，則是否納稅義務人購買保險及不動產皆屬規避遺產稅之行為？

5. 另被告以被繼承人投保之保險額均低於保險費且吉祥保險單為投資型保險商品、養老保單自被繼承人90歲始滿期即認定不符保險立法意旨及有違一般人生經驗法則進而認定被繼承人之投保係屬規避遺產稅之行為，恣意將被繼承人之投保行為與規避遺產稅作不當連結，惟本案被繼承人於93年間選擇以躉繳方式購買保險，乃係避免因晚年投資不當或遭逢經濟變故等非預期因素，造成老年缺乏經濟援助及身故後下一代缺乏經濟援助之情形發生，核與保險意旨相符，其保額雖低於保險費，惟實際保險給付確實高於保險費，亦可證明被繼承人購買系爭保險契約並無任何不合一般常理之安排。再按財政部98年11月6日台財稅字第9800542850號函（以下簡稱財政部98年11月6日函）釋，對於投資型保單於被保險人死亡後保險金額之給付是否課徵遺產稅，仍未有明確規定。觀諸經濟日報99年8月2日新聞稿略以「財政部初步決定，投資型保單除非是帶病或高齡投保，否則不分保險或投資帳戶，受益人領取的保險給付，都比照壽險給付享有免稅待遇。」即財政部已認定投資型保單與一般保險無異，被告逕將系爭保單價值列入被繼承人遺產總額課稅，顯有違反租稅法律主義並生法律保留問題，殊有未洽。

6. 被告以實質課稅原則核定系爭保險給付為被繼承人之遺產乃係稅捐規避之否認，然而稅捐規避的前提之一乃係稅法必須直接或間接與稅法以外之法律形成可能性相連結。且稅法所考慮並不是其所指稱或把握之法律關係，而是想要把握與之相連結之經濟上事件或狀態。又立法者所考慮之經濟上事件或關係，必須未完全被法律所指稱或把握之法律關係所把握。舉例來說，因我國綜合所得稅採夫妻合併申報制，故甲男與乙女透過不具婚姻關係之同居方式共同生活，則稅捐稽徵機關不得以甲男與乙女係為規避稅捐而援引實質課稅原則及租稅公平原則強將甲男與乙女合併申報，蓋所得稅法係與民法上夫妻概念相連結，而非把握其經濟上生活共同體，若稽徵機關認定甲男與乙女係採同居方式規避綜所稅合併申報者，即必須透過立法程序，將所得稅法上夫妻概念擴大成經濟上生活共同體，而不得單憑個案方式採實質課稅原則判斷。同理，遺產稅法係與民法上之財產概念相連結，保險法第112條之規定既已將指定受益人之保險給付排除於被保險人之財產，其法律關係已臻明確，若稽徵機關認定躉繳保險係規避遺產稅者，即必須透過立法程序，將遺產稅上財產概念擴大成躉繳保險，而不得單憑個案方式採實質課稅原則判斷。

7. 有關指定受益人之保險給付既已法定非屬被繼承人之遺產，基於租稅法定主義，被告自不得以實質課稅之公平原則，憑空創造出一法律所不承認之遺產並予以強加課徵遺產稅，如此不僅與租稅法定主義相違亦有違信賴利益保護原則。被告基於實質課稅及租稅公平原則認定被繼承人有將應為其遺產之現金透過保險方式轉換為保險給付並非不可行，惟指定受益人之保險給付既然並被非繼承人之遺產，若稅捐機關要納入遺產課稅即應依照遺贈稅法第5條視同贈與或同法第15條視為遺產之贈與透過立法程序明定高齡投保或帶病投保或躉繳保險或有錢人投保之指定受益人保險給付應視同遺產納入遺產總額課稅，如此徵納雙方方有法令可供依循，惟目前稅捐稽徵機關既認定躉繳保險有規避遺產稅之虞者，即應立法明定，而非就個案以實質課稅原則或公平原則判斷之。

（六）謹就被繼承人93年至98年間於下列醫療院所就醫之情形簡略說明如下（此處筆者省略）：綜上可知，被繼承人雖於前述醫療機構有就診紀錄，惟多屬一般老年人之正常診療行為，並非醫治重大疾病，故前述醫療行為與本案被告將被繼承人指定受益人之人壽保險給付納入遺產課稅之核定無涉。

（七）現今保險觀念已普為社會大眾所接受，縱算原核定認定被繼承人藉由保險商品意圖規避稅賦者，尚不論其認定是否合理，惟其未考慮一般人基本合理保險需求，逕自將被繼承人全數保險給付納入遺產總額，亦與比例原則嚴重相悖：

1. 按「行政行為，非有正當理由，不得為差別待遇。」為行政程序法第6條所明定行政行為應符合公平原則，現今保險觀念已為社會大眾所接受，亦為一極為普遍之理財規劃，以98年為例，我國壽險業投保率為204.84%，亦即每人平均會購買2.0284件保險契約，而一般人之保險給付均無須納入遺產總額課稅，惟被告卻將被繼承人之保險給付全數納入遺產課稅，明顯有違公平原則。

2. 退步而言，依據94年12月28日公布之所得基本稅額條例第12條之規定，該條例施行後所訂立受益人與要保人非屬同一人之人壽保險及年金保險，受益人受領之保險給付須納入個人基本所得額課稅。但死亡給付每一申報戶全年合計數在3,000萬元以下部分，免予計入。觀其立法意旨在於受益人與要保人非屬同一人之人壽保險及年金保險，受益人受領之保險給付雖免納所得稅，仍應計入個人之基本所得額；惟其中死亡給付每一申報戶全年合計數在3,000萬元以下部分免予計入，以兼顧一般家庭照顧遺屬生活之需要，另明定該條例施行後所訂立之保險契約始適用之。可見每一申報戶全年合計數在3,000萬元以下之保險給付乃是一般家庭照顧遺屬生活所需之合理金額，被繼承人之保險契約雖早於95年1月1日，尚無所得基本稅額條例之適用，縱被告執意認定系爭保險理賠金額應併入遺產課稅，至少亦應審酌該條例之立法精神，應將一般家庭照顧遺屬生活所需之因素一併列入考慮，絕不可率斷悉數將被繼承人保險給付全數納入遺產總額課稅；並聲明求為判決撤銷訴願決定、復查決定及原處分。

接著看**被上訴人（即原審被告）答辯**：

（一）按「涉及租稅事項之法律，其解釋應本於租稅法律主義之精神，依各該法律之立法目的，衡酌經濟上之意義及實質課稅之公平原則為之。」「稅捐稽徵機關認定課徵租稅之構成要件事實時，應以實質經濟事實關係及其所生實質經濟利益之歸屬與享有為依據。」為稅捐稽徵法第12條之1第1項、第2項所明定。次按「凡經常居住中華民國境內之中華民國國民死亡時遺有財產者，應就其在中華民國境內境外全部遺產，依本法規定，課徵遺產稅。」「本法稱財產，指動產、不動產及其他一切有財產價值之權利。」「左列各款不計入遺產總額：一、……九、約定於被繼承人死亡時，給付其所指定受益人之人壽保險金額、軍、公教人員、勞工或農民保險之保險金額及互助金。」為遺產及贈與稅法第1條第1項、第4條第1項及第16條第9款所規定。另按「本法所稱保險，謂當事人約定，一方交付保險費於他方，他方對於因不可預料，或不可抗力之事故所致之損害，負擔賠償財物之行為。」及「保險金額約定於被保險人死亡時給付於其所指定之受益人者，其金額不得作為被保險人之遺產。」為保險法第1條第1項及第112條所規定。

（二）按「涉及租稅事項之法律，其解釋應本於租稅法律主義之精神，依各該法律之立法目的，衡酌經濟上之意義及實質課稅之公平原則為之。」經司法院大法官會議釋字第420號解釋意旨闡明在案。而此一解釋內容業於98年5月13日增訂為稅捐稽徵法第12條之1第1項規定。其立法意旨為：租稅法所重視者，係應為足以表徵納稅能力之經濟事實，非僅以形式外觀之法律行為或關係為依據。故在解釋適用稅法時，所應根據者為經濟事實，不僅止於形式上之公平，應就實質經濟利益之享受者予以課稅，始符實質課稅及公平課稅之原則。從而有關課徵租稅構成要件事實之判斷及認定，應以其實質上經濟事實關係及所產生實質經濟利益為準，而非以形式外觀為準，否則勢將造成鼓勵投機或規避稅法之適用，無以實現租稅公平之基本理念及要求。

（三）遺產及贈與稅法第16條第9款規定，約定於被繼承人死亡時，給付其所指定受益人之人壽保險金額不計入遺產總額之立法意旨，應指一般正常社會情況下，被保險人死亡時給付予其所指定之受益人者，其金額得不作為被保險人之遺產，乃係考量被繼承人為保障並避免其家人因其死亡致失去經濟來源，使生活陷於困境，受益人領取之保險給付如再課以遺產稅，有違保險終極目的。

（四）有關人壽保險給付得否不計入被繼承人遺產總額課徵遺產稅，乃稽徵機關依據遺產及贈與稅法規定之事實認定職權，系爭保險之保單雖經行為時保險法之主管機關核准保險人販售，亦僅保險主管機關依保險法令規定，就保險業銷售保險商品之行政管理，雖應尊重其於私法上之效果，惟有關保險金給付得否依遺產及贈與稅法第16條第9款規定免併入遺產課稅，仍應由遺產稅稽徵機關視個案投保情節，審酌是否符合稅法立法目的而為具體判斷，並非形式上具有保險之外觀，即不得適用實質課稅原則。

（五）保險法第112條與遺產及贈與稅法第16條第9款有關保險給付不計入遺產總額之立法意旨，並非鼓勵或容讓一般人利用此一方式任意規避原應負擔之遺產稅，倘納稅義務人在經濟上已具備課稅構成要件，竟利用避稅行為以取得租稅利益，基於量能平等負擔之實質課稅原則，自無保險法第112條與遺產及贈與稅法第16條第9款前段規定之適用。

（六）本件原告之父楊○○於98年3月5日死亡，其生前於93年4月13日向富邦保險公司投保吉祥保險單2張，另於93年7月27日至93年9月1日間向富邦保險公司投保養老保險單48張，而楊○○均係以躉繳方式購買系爭保單，並指定其子（即原告2人）及配偶為身故保險金受益人，且躉繳之保險費均高於保險額（吉祥保險單係屬投資型保單，每張躉繳保險費為30,000,000元，惟保險額僅25,000,000元；養老保險單，於71歲投保，保單90歲期滿，每張躉繳保險費為2,500,000元，惟保險額僅2,400,000元），顯係以投繳高額保險費，以達死亡時移轉財產之目的，與保險係為保障並避免被保險人因不可預料或不可抗力之事故死亡，致其家人失去經濟來源使生活陷於困境之宗旨不符。是綜觀被繼承人保單性質、投保時程及年齡等判斷，系爭保險顯然與分散風險消化損失之保險目的不符，違反保險之精神，亦與保險法第112條規定保險給付不計入遺產總額立法意旨，係為保障並避免被保險人因不可預料或不可抗力之事故死亡，致其家人失去經濟來源使生活陷於困境，並不相符；被繼承人投保系爭保險，顯係透過形式上合法卻反於保險原理及投保常態，以躉繳方式購買系爭保險單，藉以移動其所有財產，規避死亡時將之併入遺產總額所核算之遺產稅，使其繼承人經由保險契約受益人之指定，仍得獲得與將該財產併入遺產總額核課遺產稅相同之經濟實質，其所為自屬租稅規避，而非合法之節稅甚明，自無遺產及贈與稅法第16條第9款前段規定之適用。

（七）本件被繼承人楊○○於93年4月13日以匯款方式躉繳購買富邦人壽吉祥變額萬能終身壽險保單2筆（已繳保費、保險額、保險給付詳附表1，此略），又陸續於93年7月27日、93年8月18日及93年9月1日以匯款方式躉繳購買富邦人壽添財利率變動型養老保險計48筆（已繳保費、保險額、保險給付詳附表2，此略）。惟其既於投保前92年12月29日至93年2月14日及93年3月5日至93年3月9日間因多發性骨髓瘤入住於臺大醫院，是其在富邦人壽吉祥變額萬能終身壽險保單要保書中告知義務一欄「……6.過去5年內是否曾因受傷或生病住院治療七日以上？」，在『是』、『否』之空白欄中，在『否』一欄中打勾，而僅於下方加註「被保險人楊○○在於92年12月29日因腰痛至臺大醫院骨科檢查，經治療後，癒後良好，目前身體狀況正常」，足見當時楊○○係刻意隱瞞病情而投保，其有規避遺產稅之故意。

（八）再者，楊○○於死亡前躉繳鉅額保費投保系爭保險，依其投保之時程及其身體狀況整體觀之，其隱瞞病情投保富邦人壽吉祥變額萬能終身壽險，既已在先（於93年4月13日投保，躉繳保費100,000,000元），其為保障並避免因其突發事故，致其家人生活陷於困境之保險目的，即足已遂達，殊無於相隔3月餘後，再躉繳高額保險費120,000,000元之理。況系爭保險之投保金額均大於保險給付金額，所為核與一般保險保障遺族生活之目的相違，本難信其有人壽『保險』之性質，亦與保險之目的係在分散風險消化損失，係以較少之保費獲得較大之保障大相逕庭，即與保險之精神迥然不同。足見本件係以規劃投保系爭保險，即富邦人壽吉祥變額萬能終身壽險及富邦人壽添財利率變動型養老保險之方式，將即將成為遺產之現金，透過投保方式轉換為保險給付，藉以規避遺產稅及達到移轉財產之目的，清晰可見。是系爭2保險既與分散風險消化損失之保險目的不符，顯違保險之精神，亦與保險法第112條規定保險給付不計入遺產總額立法意旨不符，自無遺產及贈與稅法第16條第9款前段規定之適用。故本件被告以被繼承人死亡時，系爭保單價值併計遺產總額，課徵遺產稅，自無不合；並聲明求為判決駁回原告之訴。

筆者參酌判決文中之原審斟酌全辯論意旨及調查證據之結果以及臺北高等行政法院判決，透過八項案例特徵或參考指標之分類表可以發現（請讀者對照參考第六章之圖6-5及圖6-7），此判決案例在與被繼承人有關之兩項特徵：高齡投保及帶病投保均呈現顯性指標，而與投保之保險契約有關之特徵則在躉繳投保及鉅額投保此兩項特徵呈現顯性指標，合計共有四項特徵為顯性指標。以下逐一說明此四項特徵為何呈現顯性指標的理由。

▶ **高齡投保**：被繼承人投保時約71歲，認定為高齡投保。

▶ **帶病投保**：被繼承人投保前92年12月29日至93年2月14日及93年3月5日至93年3月9日間因多發性骨髓瘤入住於臺大醫院，認定為帶病投保。

▶ **躉繳投保**：本件被繼承人以躉繳方式繳納保險費，認定為躉繳投保。

▶ **鉅額投保**：本件被繼承人其隱瞞病情投保富邦人壽吉祥變額萬能終身壽險，（於93年4月13日投保，躉繳保費100,000,000元），其於相隔3月餘後，再躉繳高額保險費120,000,000元，認定為鉅額投保。

案例解析

經查，本件被繼承人楊○○於93年4月13日向富邦保險公司投保吉祥保險單2張前之92年12月29日已入住臺大醫院，嗣於93年1月13日業經臺大醫院診斷確定係罹患多發性骨髓瘤（即癌症）第三期，故其投保之系爭50張保單（即93年4月13日向富邦保險公司投保吉祥保險單2張，又於93年7月27日至93年9月1日間又向富邦保險公司投保養老保險單48張）係屬重病投保，且有刻意隱瞞病情投保、規避遺產稅之情形。

足見本件係以規劃投保系爭保險（單），即系爭「富邦人壽吉祥變額萬能終身壽險」及「富邦人壽添財利率變動型養老保險」之方式，將嗣後將成為遺產之現金財產，透過投保方式轉換為保險給付，藉以規避遺產稅及達到移轉財產之目的，清晰可見。是系爭50張保險（單）既與分散風險消化損失之保險目的不符，顯違保險之精神，亦與保險法第112條規定保險給付不計入遺產總額立法意旨不符，自無遺產及贈與稅法第16條第9款前段規定之適用，堪以確定。從而本件被繼承人楊○○透過與富邦保險公司所定系爭保險契約（即系爭50張保險單），將具有高度流通性之資金（共計180,000,000元）轉換為保險金，而於其身故後由受益人享受該經濟利益，顯係透過形式上合法卻反於保險原理及投保常態，且以（躉繳）高額保險費方式，移動其所有財產，藉以規避死亡時將之併入遺產總額所核算之遺產稅，並使其繼承人經由保險契約受益人之指定，仍得獲得與將該財產併入遺產總額核課遺產稅相同之經濟實質，徵諸前揭法院判決意旨及上開說明，其所為自屬租稅規避，而非合法之節稅。則被告依司法院大法官會議釋字第420號解釋及前述行政法院判決意旨，基於實質課稅原則，以被繼承人死亡時，保險公司應給付之金額計算遺產價值，所為核定，即非無憑。

Chapter 11

從判決文看我國保險金實質課稅之案例及其參考特徵：序號11及序號12

● 圖11-1 財政部109年7月1日台財稅字第10900520520號函釋主旨中所稱之參考特徵以及函附例示中所稱之案例特徵或參考指標分類表之完整延伸表 ●

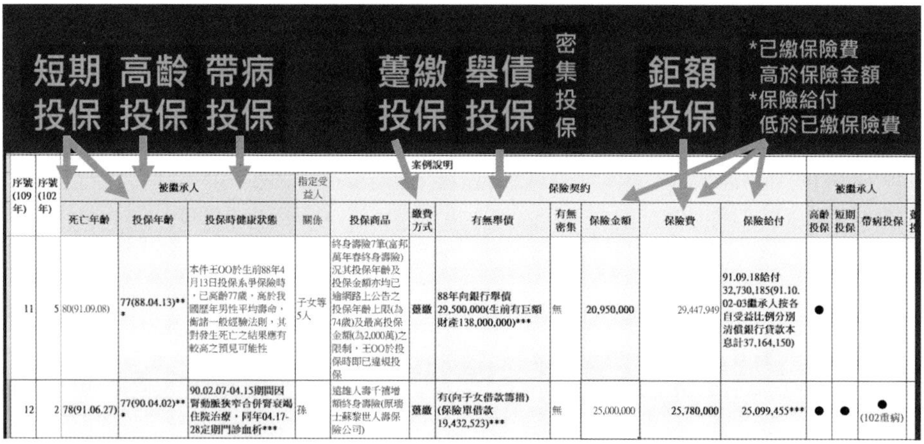

序號(109年)	序號(102年)	案例說明													
		被繼承人			指定受益人	保險契約							被繼承人		
		死亡年齡	投保年齡	投保時健康狀態	關係	投保商品	繳費方式	有無舉債	有無密集	保險金額	保險費	保險給付	高齡投保	短期投保	帶病投保
11	5	80(91.09.08)	77(88.04.13)***	本件王OO於生前88年4月13日投保系爭保險時，已高齡77歲，高於我國歷年男性平均壽命，衡諸一般經驗法則，其對發生死亡之結果應有較高之預見可能性	子女等5人	終身壽險7筆(富邦萬年春終身壽險)況其投保年齡及投保金額亦均已逾網路上公告之投保年齡上限(為74歲)及最高投保金額(為2,000萬)之限制，王OO於投保時即已違規投保	躉繳	88年向銀行舉債29,500,000(生前有巨額財產138,000,000)***	無	20,950,000	29,447,949	91.09.18給付32,730,185(91.10.02-03繼承人按各自受益比例分別清償銀行貸款本息計37,164,150)	●		
12	2	78(91.06.27)	77(90.04.02)***	90.02.07-04.15期間因腎動脈狹窄合併腎衰竭住院治療，同年04.17-28定期門診血析***	孫	遠雄人壽千禧增額終身壽險(原瑞士蘇黎世人壽保險公司)	躉繳	有(向子女借款籌措)(保險單借款19,432,523)***	無	25,000,000	25,780,000	25,099,455***	●	●	●(102重病)

筆者參酌最高行政法院97年判字第675號判決（97判675），爰引判決文（可依照第五章所附之判決書查詢路徑下載）中相關內容來闡明有關被繼承人生前投保人壽保險案件，其死亡給付所涉遺產稅事宜，即實務上死亡人壽保險金之實質課稅原則核課遺產稅案例之案例特徵。本案經審理後，最高行政法院判決原告之訴駁回，其兩造意見及本案（含原審）判決理由，臚列如下：

首先是看**案例事實**：上訴人之父王○○於民國91年9月8日死亡，由上訴人共同繼承遺產，並於92年3月6日依限辦理遺產稅申報，申報遺產總額新臺幣（下同）111,196,048元，經被上訴人查獲漏報銀行存款8筆計61,293元、投資5筆計142,085元、死亡前2年內贈與財產805,000元及其他財產29,447,949元，合計30,456,327元應申報遺產漏未合併列入申報，乃核定遺產總額141,652,375元，應納遺產稅額34,577,246元，並按所漏稅額12,541,195元處以1倍罰鍰計12,541,100元（計至百元止）。上訴人不服，就遺產總額部分之土地、死亡前2年內贈與財產、現金（躉繳保險費），扣除額部分之死亡前應納未納稅捐及罰鍰等項目，申請復查，獲追減遺產總額3,156,754元、扣抵贈與稅額44,300元、追認不計入遺產總額2,351,754元及註銷罰鍰12,541,100元，其餘復查駁回。上訴人仍表不服，復就遺產總額之其他財產（躉繳保險費現金）部分，提起訴願，遭決定駁回，遂就遺產總額之其他財產（躉繳保險費現金）部分提起本件行政訴訟。

接著看**上訴人（即原審原告）起訴主張**：系爭「躉繳保險費現金」，被繼承人王○○既於生前已繳納予保險公司，該部分現金自非死亡時遺有之財產，即無須列入遺產總額。且依遺產及贈與稅法第16條第9款及保險法第112條規範意旨，已指定受益人之人身保險死亡給付，亦無須計入遺產總額、核課遺產稅。又被繼承人係於91年9月8日死亡，而其係於88年4月13日向富邦人壽保險股份有限公司（下稱富邦人壽公司）投保，並於翌日以「躉繳」方式付清保險費，至其身故已逾3年有餘，則無論依現行或修正前遺產及贈與稅法第15條規定，系爭躉繳保險費現金部分，均不得再將其視為遺產。本件被繼承人投保之目的乃在於分散風險，且屬正當之理財行為，並非為規避遺產稅而將現金轉換為保險。退步言，縱認系爭躉繳保險費現金部分係脫法行為，其定性亦應為贈與行為，被繼承人係於88年4月14日即給付保險費予保險公司，迄今已逾7年，亦已不得再對上訴人核課贈與稅。另所謂「其他財產」應係為其他一切有財產價值之權利，得由權利人請求主張者，本件王○○暨上訴人並無法隨時請求前開保險費或保險金，故被上訴人謂王○○躉繳之保險費為其他財產權，顯有誤解。再者，系爭躉繳保險費雖係向彰化銀行虎尾分行借貸繳納之，惟上訴人並無不能證明其用途情事，且王○○簽署人壽保險契約時，非處於重病無法處理事務之情狀，並未符合「死亡前因重病無法處理事務期間舉債」之要件，被上訴人顯違反租稅法定主義暨遺產及贈與稅法施行細則第13條規定之意涵。又保險給付雖係個別給付，然其保險費用之計算基準係以保險契約之保險項目為主，故被上訴人以單一死亡給付之保險金額與保險費予以比較，顯屬不合理且有所偏頗，而依行政程序法第9條（註1）規定，被上訴人置當事人有利部分於不顧，業違法不當。且簽署保險契約之行為與一般商業行為有別，故要保人未必考量成本、獲利，故無法以經濟實質的相當性作為，被上訴人卻僅以違反社會常情及保險之立法意旨云云，逕論王○○及上訴人有規避遺產稅之情狀，顯以本位主義而為論斷，悖反禁止恣意及禁止不當聯結原則。又本件7份保險合約均屬財政部核准銷售之保單，上訴人當然信賴購買被上訴人之上級機關財政部核准銷售之保單應無任何違法可言，而有信賴保護原則之適用。況被上訴人徒以被繼承人生前借款有支付利息，即認以躉繳方式繳納保費，顯不合理，亦明顯忽略長期投資報酬率之經濟因素等語，求為判決訴願決定及原處分（復查決定不利上訴人部分）均撤銷。

接著看**被上訴人（即原審被告）答辯**：被繼承人生前本無負債，卻於77歲高齡向銀行舉債以躉繳保費方式投保鉅額保險，且其借款本息遠高於保險給付金額，絕難藉以達到保障生活之目的，與保險法第1條規定保險本旨不符，顯係利用私法自治、契約自由原則，選擇與經濟實質顯不相當的法律形成，以規避稅法之法定效果，該舉債投保行為除為規避原應負擔之遺產稅捐目的外，欠缺其他明顯的經濟目的，違反租稅公平正義及量能平等負擔實質課稅原則，此等濫用法律形成自由以取得租稅利益之行為，本質上為脫法避稅行為，無信賴保護原則適用。至上訴人另訴稱本件脫法隱藏之行為為「贈與行為」，應課徵贈與稅乙節，顯係著眼於核課期間之利益，圖以規避其原應負擔之納稅義務。又系爭7筆保險之身故受益人中，並無因被繼承人死亡而失去經濟來源使生活陷入困境之虞者。而系爭7筆保險之保險費計29,447,949元，被繼承人於投保時即已一次躉繳完畢，無「意外二、三級殘廢，免繳未到期保險費」之適用；且系爭保險除「生存保險金」及「身故保險金」外，並無其他給付項目，被繼承人於91年9月8日死亡，至其死亡日止，共領取生存年金1,047,500元，身故保險金32,730,185元，合計33,777,685元，尚不足以支付上開借款本息37,164,150元，是本件之舉債投保行為，若排除規避遺產稅利益，並無任何實益可言；另依「被保險人本人之主契約及附加契約身故、殘廢生活扶助、生存、滿期、解約、減額繳清保險金額表」表列各保單年度得領回之生存年金及身故（或一級殘廢）保險金暨上開借款應還本繳息等相關資料核算，被繼承人不論於表列保單年度第幾年身故（或一級殘廢），至其死亡（或一級殘廢）年度累計得領回之生存年金及身故（或一級殘廢）保險金之合計金額，亦均不足以清償上開借款本息金額。又系爭保險之招攬業務員陳○○及陳○○分別為被繼承人之女婿及外孫（受益人王○○之配偶及子），上開借款本息亦係由乙○○等5人按各自受益比例還本繳息，是該結果應為渠等所明知，是上訴人所述無一足採等語，資為抗辯，求為判決駁回上訴人之訴。

筆者參酌判決文中之原審斟酌全辯論意旨及調查證據之結果以及最高行政行政法院判決，透過八項案例特徵或參考指標之分類表可以發現（請讀者對照參考

第六章之圖6-5及圖6-7），此判決案例在與被繼承人有關之一項特徵：高齡投保呈現顯性指標，而與投保之保險契約有關之特徵則在躉繳投保、舉債投保以及保險費高於保險金額；保險給付相當於已繳保險費加計利息金額此三項特徵呈現顯性指標，合計共有四項特徵為顯性指標。以下逐一說明此四項特徵為何呈現顯性指標的理由。

- **高齡投保**：被繼承人投保時高齡77歲，認定為高齡投保。
- **躉繳投保**：被繼承人生前於77歲高齡向彰銀虎尾分行舉債以躉繳方式向富邦人壽公司投保「富邦萬年春終身壽險」7筆，認定為躉繳投保。
- **舉債投保**：被繼承人生前於77歲高齡向彰銀虎尾分行舉債以躉繳方式向富邦人壽公司投保「富邦萬年春終身壽險」7筆，認定為舉債投保。
- **保險費高於保險金額；保險給付相當於已繳保險費加計利息**：被繼承人於生前向富邦人壽公司投保「富邦萬年春終身壽險」7筆，繳納之保險費較保險金額多8,497,949元，約為保險金額之1.4倍（保險費29,447,949元／保險金額20,950,000元），認定為保險費高於保險金額；保險給付相當於已繳保險費加計利息。

案例解析

被繼承人於91年9月8日死亡，生前於77歲高齡向彰銀虎尾分行舉債以躉繳方式向富邦人壽公司投保「富邦萬年春終身壽險」7筆，指定身故保險金受益人為其子甲○○、乙○○及女王○○、庚○○、己○○等5人，躉繳保險費29,447,949元，保險金額20,950,000元，繳納之保險費較保險金額多8,497,949元，約為保險金額之1.4倍（29,447,949元/20,950,000元），投保之原因為「稅賦之規劃」，目的為「節稅」，該保險明顯有違社會常情及保險立法意旨。次查，被繼承人為投保系爭保險計向彰化銀行虎尾分行舉債29,500,000元，其借款利息每月將近20萬元，被繼承人於91年9月8日死亡，富邦人壽公司於同年月18日給付受益人甲○○等5人保險金計32,730,185元，甲○○等隨即於同年10月2日及3日按各自受益比例分別匯款清償上開借款本息，截至清償日止，渠等為投保系爭保險所支出之借款本息高達37,164,150元，遠較富邦人壽公司給付之保險金額多4,433,965元，有違社會常理，該舉債投保行為欠缺與經濟實質的相當性，僅係基於減輕稅捐負擔目的所進行之非常規交易安排，與保險法第1條規定之保險本旨、同法第112條及遺產及贈與稅法第16條第9款規定保險給付不計入遺產總額之立法意旨均不符，且有違保險之終極目的。

本件王○○於生前88年4月13日投保系爭保險時，已高齡77歲，高於我國歷年男性平均壽命，衡諸一般經驗法則，其對發生死亡之結果應有較高之預見可能性，且被繼承人本無負債，又有鉅額財產1億3,800多萬元，應無以舉債方式投保之理。況其投保年齡及投保金額亦均已逾網路上公告之投保年齡上限（為74歲）及最高投保金額（為2,000萬元）之限制，王○○於投保時即已違規投保。且系爭7筆保險之身故受益人中，應無因被繼承人死亡而失去經濟來源使生活陷入困境之虞。又系爭7筆保險之保險費計29,447,949元，被繼承人於投保時即已1次躉繳完畢，是並無「意外二、三級殘廢，免繳未到期保險費」之適用；且系爭保險除「生存保險金」及「身故保險金」外，並無其他給付項目，本件被繼承人於91年9月8日死亡，至其死亡日止，共領取生存年金1,047,500元，身故保險金32,730,185元，合計33,777,685元，尚不足以支付上開借款本息37,164,150元，是本件之舉債投保行為，若排除規避遺產稅利益，並無任何實益可言。另依「被保險人本人之主契約及附加契約身故、殘廢生活扶助、生存、滿期、解約、減額繳清保險金額表」表列各保單年度得領回之生存年金及身故（或一級殘廢）保險金暨上開借款應還本繳息等相關資料核算，被繼承人不論於表列保單年度第幾年身故（或一級殘廢），至其死亡（或一級殘廢）年度累計得領回之生存年金及身故（或一級殘廢）保險金之合計金額，亦均不足以清償上開借款本息金額。從而，被上訴人就躉繳保險費29,447,949元部分，列入遺產總額課徵遺產稅，核無違誤，復查決定及訴願決定就此部分遞予維持，亦無不合，因將訴願決定及原處分均予維持等由，而駁回上訴人之訴。

上述內容闡明了序號11之判決案例的案例特徵，接下來要針對序號12之判決案例的案例特徵進行闡述。

筆者參酌最高行政法院98年判字第1145號判決（98判1145），爰引判決文（可依照第五章所附之判決書查詢路徑下載）中相關內容來闡明有關被繼承人生前投保人壽保險案件，其死亡給付所涉遺產稅事宜，即實務上死亡人壽保險金之實質課稅原則核課遺產稅案例之案例特徵。本案經審理後，最高行政法院判決上訴駁回，其兩造意見及本案（含原審）判決理由，臚列如下：

首先是看**案例事實**：本件被繼承人蔡○○於民國91年6月27日死亡，繼承人原申報遺產總額新臺幣（下同）8,417萬2,834元，經被上訴人核定遺產總額為1億929萬6,300元，遺產淨額為5,191萬7,627元，應納遺產稅額1,305萬3,645元。繼承人蔡○○、蔡○○、蔡○○、蔡○○、蔡○○及蔡○○共6人不服，就遺產總額——其他財產（現金）及重度身心障礙扣除額部分申請復查，嗣繼承人蔡○○於95年5月29日死亡，由其繼承人甲○○及王○○承受復查程序。經被上訴人復查結果，未獲變更，循序提起行政訴訟，並選定上訴人為當事人，遭原審判決駁回，遂提起本件上訴。

接著看**上訴人（即原審原告）起訴主張**：

（一）本件被繼承人蔡○○生前於90年4月2日向原瑞士蘇黎世人壽保險公司（後由遠雄人壽保險事業股份有限公司概括承受，下稱遠雄保險公司）以躉繳方式投保千禧增額終身壽險，以本人為要保人及被保險人並有指定保險金受益人，依保險法第112條及遺產及贈與稅法第16條第9款規定，該保險金不得列入遺產。至被繼承人投保前雖已發病，但神智仍清楚，保險公司亦同意承保，被繼承人遺產總額既達1億餘元，僅投保當時資金不足，而向子女借款籌措，自無被上訴人所稱當時其無資力許其以躉繳方式簽訂保險契約之情。被上訴人無視被繼承人投保及核保程序均符合法定程序，又未斟酌被繼承人淨資產並未因而有所增減，而認舉債投保行為係基於減輕稅捐負擔，不當援引實質課稅原則，將該保險金列入遺產課稅，違背租稅法定主義、保險法第112條及遺產及贈與稅法第16條第9款規定暨司法院釋字第413號租稅法定主義之意旨。

（二）鑒於殘障者所需生活費用較一般人為高，為落實政府照顧殘障同胞之社會福利政策，爰訂繼承人為被繼承人之直系血親卑親屬者，每人得再加扣500萬元。依租稅負擔公平原則及實質課稅原則，縱使上訴人拋棄繼承，但仍為被繼承人之直系血親卑親屬，並為本件蔡○○遺產稅之納稅義務人，自應准予認列扣除額。又遺產及贈與稅法第17條第1款及第3款均規定被繼承人遺有父母或配偶且屬重度殘障者，不論是否繼承財產仍得扣除「重度殘障扣除額500萬元」，依同一法理（負扶養義務），被繼承人遺有重度殘障之子女（直系血親卑親屬）雖無繼承，仍得扣除殘障扣除額等語，求為判決訴願決定及原處分均撤銷。

接著看**被上訴人（即原審被告）答辯**：

（一）被繼承人因腎動脈狹窄合併慢性腎衰竭於90年2月7日至4月15日間住院治療，同年4月17日至28日定期門診血析，而被繼承人係於90年4月2日以躉繳方式投保系爭保險，指定蔡○○等6人為身故保險金受益人。又被繼承人係以舉債躉繳方式繳納保險費2,578萬元，身故保險理賠金2,509萬9,455元，被繼承人鉅額舉債投保，且保險理賠金尚不足所繳保險費，顯無經濟上實益且有違社會常情。並被繼承人投保時已77歲高齡且身罹疾病，其於身罹重病時投保並繳納鉅額保險費，顯係濫用私法自治契約自由原則，以規避稅法之法定效果，參照司法院釋字第420號解釋意旨，被上訴人復查決定認系爭躉繳保險費2,578萬元應予併計遺產總額課稅，並基於行政救濟不利益變更禁止原則，維持原核按2,509萬9,455元核定之處分，並無不合。

（二）依遺產及贈與稅法第17條第2項後段規定，繼承人中拋棄繼承權者，不適用同法條第1項第1款至第5款規定之扣除。上訴人雖為被繼承人之子，然已於91年7月23日向臺灣臺中地方法院聲請對被繼承人蔡○○之遺產拋棄繼承，基於權利義務不得割裂考量原則，被上訴人依前揭規定否准扣除系爭重度身心障礙扣除額，並無不合等語，資為抗辯，求為判決駁回上訴人在原審之訴。

筆者參酌判決文中之原審斟酌全辯論意旨及調查證據之結果以及臺北高等行政法院判決，透過八項案例特徵或參考指標之分類表可以發現（請讀者對照參考第六章之圖6-5及圖6-7），此判決案例在與被繼承人有關之三項特徵：高齡投保，短期投保及帶病投保均呈現顯性指標，而與投保之保險契約有關之特徵則在躉繳投保、舉債投保，鉅額投保及保險給付低於已繳保險費此四項特徵呈現顯性指標，合計共有七項特徵為顯性指標。以下逐一說明此七項特徵為何呈現顯性指標的理由。

- **高齡投保**：被繼承人投保時已77歲高齡且身罹疾病，其於身罹重病時投保並繳納鉅額保險費，認定為高齡投保。
- **短期投保**：被繼承人係於91年6月27日死亡，生前於90年4月2日以其本人為要保人及被保險人，向遠雄保險公司投保，投保後1年餘死亡，認定為短期投保。
- **帶病投保**：被繼承人因腎動脈狹窄合併慢性腎衰竭於90年2月7日至4月15日間住院治療，同年4月17日至28日定期門診血析，生前於90年4月2日以其本人為要保人及被保險人，向遠雄保險公司投保，認定為帶病投保。
- **躉繳投保**：被繼承人生前以舉債躉繳方式繳納保險費2,578萬元，向遠雄保險公司投保千禧增額終身壽險，認定為躉繳投保。
- **舉債投保**：被繼承人生前以舉債躉繳方式繳納保險費2,578萬元，向遠雄保險公司投保千禧增額終身壽險，認定為舉債投保。
- **鉅額投保**：被繼承人生前以舉債躉繳方式繳納保險費2,578萬元，向遠雄保險公司投保千禧增額終身壽險，認定為鉅額投保。
- **保險給付低於已繳保險費**：被繼承人以躉繳方式繳納保險費2,578萬元，且保險理賠金2,509萬9,455元低於其所繳納之保險費，認定為保險給付低於已繳保險費。

案例解析

本件被繼承人係於91年6月27日死亡，前因腎動脈狹窄合併慢性腎衰竭於90年2月7日至4月15日間住院治療，同年4月17日至28日定期門診血析，當時其已77歲，卻於90年4月2日以其本人為要保人及被保險人，以舉債躉繳方式繳納保險費2,578萬元，且保險理賠金2,509萬9,455元低於其所繳納之保險費，並其指定之身故保險金受益人為其孫即繼承人，因認系爭保險契約顯非以被保險人之身體健康為風險評估，為給付保險金額為意旨所訂立，而是利用投保以躉繳方式繳納保險費，俾達死亡時移轉財產之目的，使其繼承人獲得與繼承相當之所得等情，已經原審依調查證據之辯論結果詳予論斷在案。而依原審所確定被繼承人投保時已77歲，投保是在住院治療期間，且以躉繳並借貸之資金繳納高達2,578萬元之保險費，並於投保後1年餘死亡，受益人所獲保險給付金額復低於其所繳納之保險費等事實，則本件被繼承人所為投保行為，已與前述保險係就不可預料或不可抗力之事故，本於風險分散之原理，即付出較少代價（保費）卻能獲得較大保障之目的，有所不合。

並本件被繼承人以借貸之資金躉繳保險費，亦為通常私經濟活動所不使用之方式。而此等迂迴之安排，顯係透過形式上合法卻反於保險原理及投保常態之形式，使被繼承人經由資金躉繳高額之保險費，移動其所有財產，藉以規避死亡時將之併入遺產總額所核算之遺產稅，並因部分躉繳資金源自借貸，復可以死亡前未償債務自遺產總額中扣除〔本件之遺產稅申報，繼承人列報之被繼承人死亡前未償債務，包含被繼承人以系爭保單向遠雄保險公司（原為瑞士蘇黎世人壽保險公司）質借之本息1,943萬2,523元，並經被上訴人予以核定在案，有遺產稅申報書及核定書在原處分卷可按〕，減少遺產稅額，而其繼承人則經由保險受益人之指定，仍獲得遺產繼承之經濟實質，依上開所述，其所為核屬租稅規避，而非合法之節稅。

Chapter 12

從判決文看我國保險金實質課稅之案例及其參考特徵：序號13及序號14

圖12-1 財政部109年7月1日台財稅字第10900520520號函釋主旨中所稱之參考特徵以及函附例示中所稱之案例特徵或參考指標分類表之完整延伸表

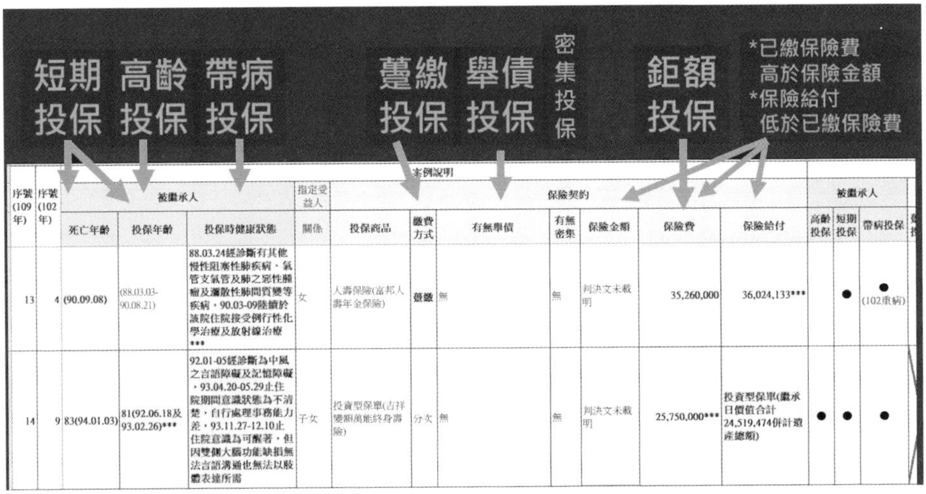

序號(109年)	序號(102年)	案例說明														
		被繼承人			指定受益人	保險契約								被繼承人		
		死亡年齡	投保年齡	投保時健康狀態	關係	投保商品	繳費方式	有無舉債	有無密集	保險金額	保險費	保險給付	高齡投保	短期投保	帶病投保
13	4	(90.09.08)	(88.03.03-90.08.21)	88.03.24經診斷有其他慢性阻塞性肺疾病、氣管支氣管及肺之惡性腫瘤及瀰散性肺間質變等疾病，90.03-09陸續於該院住院接受例行性化學治療及放射線治療***	女	人壽保險(富邦人壽年金保險)	躉繳	無	無	判決文未載明	35,260,000	36,024,133***		●	●(102重病)
14	9	83(94.01.03)	81(92.06.18及93.02.26)***	92.01-05經診斷為中風之言語障礙及記憶障礙，93.04.20-05.29止住院期間意識狀態為不清楚，自行處理事務能力差，93.11.27-12.10止住院意識為可醒著，但因雙側大腦功能缺損無法言語溝通也無法以肢體表達所需	子女	投資型保單(吉祥變額萬能終身壽險)	分次	無	無	判決文未載明	25,750,000***	投資型保單(繼承日價值合計24,519,474併計遺產總額)	●	●	●

筆者參酌最高行政法院97年判字第81號判決（97判81），爰引判決文（可依照第五章所附之判決書查詢路徑下載）中相關內容來闡明有關被繼承人生前投保人壽保險案件，其死亡給付所涉遺產稅事宜，即實務上死亡人壽保險金之實質課稅原則核課遺產稅案例之案例特徵。本案經審理後，最高行政法院判決原告之訴駁回，其兩造意見及本案（含原審）判決理由，臚列如下：

首先是看**案例事實**：本件上訴人之被繼承人吳○○於民國90年9月8日死亡，上訴人申報遺產總額為新臺幣（下同）1,890萬1,938元，經被上訴人所屬臺中縣分局查獲上訴人之被繼承人生前向富邦人壽保險股份有限公司（下稱富邦人壽）投保富邦遞延終身年金保險計5筆（下稱系爭保險），指定其女乙○○為身故受益人，上訴人之被繼承人身故後由受益人領取保險金合計3,602萬4,133元；又安泰人壽保險股份有限公司（下稱安泰人壽）於90年9月12日電匯醫療給付22萬3,358元入被繼承人帳戶及返還未到期保險金15萬1,974元，合計3,639萬9,465元，漏未申報，乃核定遺產總額為5,532萬4,807元，應納稅額1,168萬2,170元，並處以罰鍰1,121萬300元。上訴人不服，申經復查，獲追減罰鍰49萬8,500元，上訴人不服提起訴願，經財政部訴願決定將原處分（復查決定）關於罰鍰部分撤銷。上訴人對原處分將富邦人壽給付受益人乙○○保險金3,602萬4,133元併入遺產核課部分不服，提起行政訴訟，遭原審判決駁回，遂提起本件上訴。

接著看**上訴人（即原審原告）起訴主張**：上訴人之被繼承人投保之系爭保險乃年金保險，而年金保險屬生存險，目的在保障被保險人生存時之生活品質，是吳○○以躉繳之方式繳納保險費，並非意圖規避租稅。又吳○○並非於投保後短時間內死亡，且保險給付大於被保險人生前所躉繳之保險費，被上訴人實不應將此種保險類型歸類為規避遺產稅。況依保險法第112條、第135條之3及遺產及贈與稅法第16條第9款規定，該保險金不列入遺產。為此，訴請撤銷訴願決定及原處分關於將富邦人壽給付保險金3,602萬4,133元併入遺產稅部分等語。

接著看**被上訴人（即原審被告）答辯**：由上訴人之被繼承人投保當時之健康狀況、投保時機及投保動機等因素判斷，上訴人之被繼承人乃藉由保險之方式轉換型態規避遺產稅，與保險法第112條及遺產及贈與稅法第16條第9款之立法意旨不合，基於實質課稅及租稅正義，系爭保險金應計入遺產總額課稅等語，資為抗辯。

筆者參酌判決文中之原審斟酌全辯論意旨及調查證據之結果以及最高行政行政法院判決，透過八項案例特徵或參考指標之分類表可以發現（請讀者對照參考第六章之圖6-5及圖6-7），此判決案例在與被繼承人有關之兩項特徵：短期投保及帶病投保呈現顯性指標，而與投保之保險契約有關之特徵則在躉繳投保、鉅額投保以及保險給付相當於已繳保險費加計利息金額此三項特徵呈現顯性指標，合計共有五項特徵為顯性指標。以下逐一說明此五項特徵為何呈現顯性指標的理由。

▶ **短期投保**：被繼承人於90年9月8日死亡，其於89年3月3日起至90年8月21日陸續以躉繳方式投保人壽保險，認定為短期投保。

▶ **帶病投保**：被繼承人於90年9月8日死亡，於88年3月24日經診斷有其他慢性阻塞性肺疾病、氣管支氣管及肺之惡性腫瘤及瀰散性肺間質變等疾病，並於90年3月至9月間陸續於該院住院接受例行性化學治療及放射線治療，認定為帶病投保。

▶ **躉繳投保**：被繼承人生前以躉繳方式向富邦人壽公司投保富邦遞延終身年金保險計5筆，認定為躉繳投保。

▶ **鉅額投保**：被繼承人於生前向富邦人壽公司投保富邦遞延終身年金保險計5筆，其投保所繳納之保險費高達3,526萬元，認定為鉅額投保。

▶ **保險給付低於已繳保險費**：被繼承人於生前向富邦人壽公司投保富邦遞延終身年金保險計5筆，其投保所繳納之保險費高達3,526萬元，而所獲得保險給付僅3,602萬4,133元，是其所稱保險理賠，實質上為返還已繳保費及其利息而已，認定為保險給付相當於已繳保險費加計利息金額。

案例解析

經查，本件上訴人之被繼承人因於88年3月24日已經診斷有其他慢性阻塞性肺疾病、氣管支氣管及肺之惡性腫瘤及瀰散性肺間質變等疾病，並於90年3月至9月間陸續住院接受例行性化學治療及放射線治療，卻自89年3月3日起至90年8月21日間陸續以躉繳方式投保富邦人壽保險，指定其女即上訴人乙○○為受益人，且其投保所繳納之保險費高達3,526萬元，而所獲保險給付卻僅為3,602萬4,133元，即約已繳保費及利息金額，故認上訴人之被繼承人顯係利用投保以躉繳方式繳納保險費，俾達死亡時移轉財產之目的，使其繼承人獲得與繼承相當之所得等情，已經原審依調查證據之辯論結果詳予論斷在案，並就上訴人所為其被繼承人有投保習慣及為保障往後生活而投保之主張，何以不足採取，分別予以指駁甚明。

而保險因所擔當者為危險，即在客觀上係不可預料或不可抗力之事故，此觀保險法第1條規定自明；而依原審確定之事實，本件上訴人之被繼承人所投保之系爭保險固屬年金保險，年金保險依保險法第135條之3第1項規定，於被保險人生存期間之受益人固為被保險人，惟同條第2項復規定，其仍得約定於被保險人死亡後給付年金於指定之受益人，並有同法第112條保險金不得作為被保險人遺產規定之準用；則本件上訴人之被繼承人於其已知悉其已患有惡性腫瘤，陸續接受化學治療及放射線治療時，即以躉繳方式繳納高達

3,500餘萬元之保險費，且於投保後約1年間死亡，並其指定之受益人所獲保險給付，約即上訴人之被繼承人已繳保費及利息金額，又其所為係為保障往後生活而投保一節，復經原審判決認定不足採，是綜觀本件事實，上訴人之被繼承人所為，顯係透過形式上合法卻反於保險原理及投保常態，且以躉繳高額保險費方式，移動其所有財產，藉以規避死亡時將之併入遺產總額所核算之遺產稅，並使其繼承人經由年金保險契約受益人之指定，仍得獲得與將該財產併入遺產總額核課遺產稅相同之經濟實質，故依上開所述，其所為自屬租稅規避，而非合法之節稅甚明。

上述內容闡明了序號13之判決案例的案例特徵，接下來要針對序號14之判決案例的案例特徵進行闡述。

筆者參酌高雄高等行政法院95年訴字第1150號判決（95訴1150），爰引判決文（可依照第五章所附之判決書查詢路徑下載）中相關內容來闡明有關被繼承人生前投保人壽保險案件，其死亡給付所涉遺產稅事宜，即實務上死亡人壽保險金之實質課稅原則核課遺產稅案例之案例特徵。本案經審理後，高雄高等行政法院判決上訴駁回，其兩造意見及本案（含原審）判決理由，臚列如下：

首先是看**案例事實**：緣本件被繼承人王○○於民國（下同）94年1月3日死亡，原告於94年2月21日辦理遺產稅申報，列報遺產總額新臺幣（下同）29,454,016元，不計入遺產總額〔富邦人壽保險股份有限公司（下稱富邦人壽公司）人壽保險費〕25,750,000元，遺產淨額29,454,016元，經被告核定遺產總額為55,322,162元（含其他遺產──死亡前2年購買保險24,519,474元），遺產淨額20,320,602元，應納稅額3,871,688元。原告不服，就死亡前2年購買保險部分，申經復查，未獲變更，提起訴願，亦遭決定駁回，遂提起本件行政訴訟。

接著看**上訴人（即原審原告）起訴主張**：

（一）按現代租稅國家將生產工具歸私人所有，國家之財政收入則由私有財產之收益中一部分藉租稅負擔由國家分享。故私經濟自由性與積極性，為租稅國家之前提。而個人在私法上有權依財產存續狀態行使其自由使用、收益及處分之權能，並免於遭受公權力或第三人之侵害，俾能實現個人自由、發展人格及維護尊嚴（司法院釋字第400號解釋參照）。在稅法亦有權利藉此為法律上規劃，以減輕租稅負擔；非財政目的租稅，以創造租稅特權（租稅優惠）方式，引導人民行為方向，其立法目的之達成，即在納稅人具有經濟理性，而法律上亦保障其租稅規劃之權利。惟租稅規劃並非無法律上界限，例如：對私法自治，亦因公共利益之必要，在私法上予以限制，例如：物權、票據、親屬行為法定主義，從而限制了財產權自由。行政法更進一步藉由營業法、建築法、都市計畫法予以限制。惟在此法定限制之外，當事人有權依其偏好而為自由選擇，其中亦包括減輕稅捐負擔之動機在內，此即為合法之租稅規劃。故所謂合法節稅係指依據稅捐法規所預定之方式，意圖減少稅捐負擔之行為。

（二）次按稅捐乃公法人團體為獲收入之目的，對於所有滿足法律所定給付義務之構成要件之人，以高權所課徵無對待給付之金錢給付，因此稅法乃是侵害人民權利之法律，有關稅捐之核課與徵收，均必須有法律依據。亦即國家非根據法律不得核課徵收稅捐，亦不得要求國民繳納稅捐，而且僅於具體的經濟生活事件及行為可以被涵攝於法律的抽象構成要件前提之下時，國家的稅捐債權始可成立，此項原則，即稱為稅捐法定主義或租稅法定主義。

（三）然查遺產及贈與稅法及保險法並無死亡前2年購買保險，應併計遺產總額課稅之相關規定，且遺產及贈與稅法第16條第9款及保險法第112條，係明定人壽保險保金不計入遺產計算其總額，並未明定何時、何因或金額多少所投保之保險其人壽保險金應予排除，並將其保險金併入遺產計算，故縱被繼承人係於死亡前2年購買該終身壽險，惟其乃係依據稅捐法規所預定之方式，所為減少負擔之行為，即屬合法節稅，故被告核認被繼承人所得之淨值為遺產，應併入遺產總額顯無理由，更難謂合法。

（四）況查被繼承人於投保當時，仍有意識能力且中風並不等同於趨近死亡，中風後仍存活一、二十年者所在多有，而國人平均壽命逐年升高，故年齡與投資計畫無涉，被告以被繼承人已81歲投保，係為規避遺產稅而將之列入遺產，顯無理由。

接著看**被上訴人（即原審被告）答辯**：

（一）所謂「稅捐規避」乃是指利用私法自治契約自由原則，對於私法上法形式選擇之可能性，從私經濟活動交易之正常觀點來看，欠缺合理之理由，而選擇通常所不使用之法形式，於結果上實現所意圖之經濟目的或經濟成果，但因不具備對應於通常使用之法形式之課稅要件，因此減輕或排除稅捐負擔。因此稅捐規避與合法的（未濫用的）節稅不同，節稅乃是依據稅捐法規所預定之方式，意圖減少稅捐負擔之行為；反之，「稅捐規避」則是利用稅捐法規所未預定之異常的或不相當的法形式，意圖減少稅捐負擔之行為。故納稅義務人不選擇稅法上所考量認為通常之法形式（交易形式），卻選擇與此不同之迂迴行為或其他異常的法形式，以達成與選擇通常法形式之情形基本上相同之經濟效果，而同時卻能減輕或排除與通常法形式相連結之稅捐上負擔者，即應認屬「租稅規避」，而非合法之節稅。次查租稅法所重視者，應為足以表徵納稅能力之經濟事實，而非其外觀形式之法律行為，故在解釋適用稅法時，所應根據者為經濟事實，不僅止於形式上之公平，應就實質上經濟利益之享受者予以課稅，始符實質課稅及公平課稅之原則，司法院釋字第420、496及500號解釋可資參照，又量能課稅為法治國家稅法之基本原則，租稅負擔應依其經濟之給付能力來衡量，而定其適當的納稅義務，凡負有相同之負擔能力即應負擔相同之租稅，司法院釋字第565號解釋理由書可資參照，如利用避稅行為以取得租稅利益，其私法上效果依契約自由原則仍予尊重，但在稅法上則應依實質負擔能力予以調整，蓋避稅行為本質為脫法行為，稅法本身為強行法即有不容規避性。此外，再觀遺產及贈與稅法第16條第9款規定，保險給付不計入遺產總額立法意旨，應指一般正常社會情況下，被保險人死亡時給付予其所指定之受益人者，其金額得不作為被保險人之遺產，乃係考量被繼承人為保障並避免其家人因其死亡失去經濟來源，使生活陷於困境，受益人領取之保險給付如再課予遺產稅，有違保險終極目的，合先陳明。

（二）本件被繼承人王○○於94年1月3日死亡，其生前於92年1月至5月在臺南市立醫院門診追蹤症狀為中風後之言語障礙（失語症）和記憶障礙（容易忘記）；93年4月20日起至5月29日止住院期間意識狀態為不清楚，自行處理事務能力差；93年11月27日起至12月10日止及93年12月13日起至12月21日止住院意識為可醒著，但因雙側大腦功能缺損無法言語溝通也無法以肢體表達所需，應無自行處理事務能力等情，有臺南市立醫院94年7月5日南市醫字第0940000436號及94年12月2日南市醫字第0940000859號函可稽。被繼承人分別於92年6月18日及93年2月26日，以其本人為要保人及被保險人，向富邦人壽公司申購吉祥變額萬能終身壽險保單，指定受益人為丙○○、戊○○、己○○、乙○○及丁○○（均為被繼承人之子女）等5人，並分別於92年6月27日、12月24日及93年3月1日、4月27日、5月13日繳納保險費合計25,750,000元（3,090,000元＋3,090,000元＋12,360,000元＋3,090,000元＋4,120,000元），經查本件被繼承人高齡投保之原始動機，顯係以投繳鉅額保險費，以達死亡時移轉財產之目的，繼承人等於被繼承人死亡時可獲得與其繼承相當之財產，實質上因此受有經濟上利益。又該等保單屬投資型保險商品，繼承日價值合計24,519,474元｛〔（大聯國際醫療基金淨值美元130.48×基金單位數918.14452）＋（美林美國政府房貸債券基金淨值美元12.65×基金單位數9,385.77422）＋（美林美國優質債券基金淨值美元21.05×基金單位數7,590.56283）＋（大聯全球成長趨勢基金淨值美元46.99×基金單位數2,441.84212）＋（大聯國際醫療基金淨值美元130.48×基金單位數827.67625）＋（美林美國小型企業價值淨值美元24.52×基金單位數6,152.28299）〕×匯率31.765（因小數點取位略有差額）｝，有富邦人壽公司94年3月31日94富壽服發字第050號及94年5月16日94富壽服發字第081號函及附件可稽。綜上，被告依首揭規定，核定其他遺產——死亡前2年購買保險24,519,474元，併計遺產總額核課遺產稅，並無不合，原告所訴洵不足採。

筆者參酌判決文中之原審斟酌全辯論意旨及調查證據之結果以及臺北高等行政法院判決，透過八項案例特徵或參考指標之分類表可以發現（請讀者對照參考第六章之圖6-5及圖6-7），此判決案例在與被繼承人有關之三項特徵：高齡投保，短期投保及帶病投保均呈現顯性指標，而與投保之保險契約有關之特徵則在鉅額投保及保險給付相當於已繳保險費此兩項特徵呈現顯性指標（躉繳投保此項特徵於欄位中出現紅色打叉記號則表示該項特徵為109年重新檢討後刪除），合計共有五項特徵為顯性指標。以下逐一說明此五項特徵為何呈現顯性指標的理由。

▶ **高齡投保**：被繼承人投保時已將近81及82歲高齡，認定為高齡投保。

▶ **短期投保**：被繼承人於94年1月3日死亡，其生前分別於92年6月18日及93年2月26日，以其本人為要保人及被保險人，向富邦人壽公司申購吉祥變額萬能終身壽險保單，認定為短期投保。

▶ **帶病投保**：被繼承人於94年1月3日死亡，其生前於92年1月至5月在臺南市立醫院門診追蹤症狀為中風後之言語障礙（失語症）和記憶障礙（容易忘記）；93年4月20日起至5月29日止住院期間意識狀態為不清楚，自行處理事務能力差；93年11月27日起至12月10日止及93年12月13日起至12月21日止住院意識為可醒著，但因雙側大腦功能缺損無法言語溝通也無法以肢體表達所需，應無自行處理事務能力等情，被繼承人分別於92年6月18日及93年2月26日，以其本人為要保人及被保險人，向富邦人壽公司申購吉祥變額萬能終身壽險保單，認定為帶病投保。

▶ **鉅額投保**：被繼承人生前繳納保險費合計25,750,000元，認定為鉅額投保。

▶ **保險給付相當於已繳保險費**：被繼承人自92年6月27日起至93年5月13日止，繳納保險費計25,750,000元，又因該保單屬投資型保險商品，繼承日價值合計24,519,474元，認定為保險給付相當於已繳保險費。

案例解析

本件被繼承人王○○（11年12月30日生，有其除戶戶籍謄本一件附原處分卷可稽）於92年6月18日及93年2月26日分別向保險公司投保人身壽險時，其年紀已將近81及82歲之高齡，且其92年1月至5月在臺南市立醫院門診追蹤，症狀為中風後之言語障礙（失語症）和記憶障礙（容易忘記）；93年4月20日至93年5月29日住院期間意識狀態不清楚，自行處理事務能力差；93年11月27日起至12月10日止及93年12月13日起至12月21日止住院，診斷為癲癇症發作，意識為可醒著但因雙側大腦功能缺損無法言語溝通，也無法以肢體表達所需，應無自行處理事務能力等情，有臺南市立醫院94年7月5日南市醫字第0940000436號函及94年12月2日南市醫字第0940000859號函附原處分卷可參。

綜上以觀，就被繼承人王○○投保時之年齡、健康狀況、投保壽險種類、金額、時程等項判斷其投保動機，顯係以投繳鉅額保險費，以達死亡時移轉財產之目的，繼承人等於被繼承人死亡時可獲得與其繼承相當之財產，實質上因此受有經濟上利益，該項脫法行為規避遺產稅之強制規定甚明，核與保險法第112條立法意旨顯有不符，從而基於實質課稅及公平正義原則，被告按其繼承日計算該投資型保險之基金價值24,519,474元併計遺產總額，應無不合。原告主張遺產及贈與稅法、保險法均無死亡前2年購買保險，應併計遺產總額課稅之相關規定；本件被繼承人縱於死亡前2年購買終身壽險，然其投保當時仍有意識能力，且其乃依據稅捐法規所預定之方式，所為減少負擔之行為，即屬合法節稅，被告認定其為規避遺產稅而將之計入遺產總額，依法不合云云，顯有誤解，不足採取。

Chapter 13

從判決文看我國保險金實質課稅之案例及其參考特徵：序號15及序號16

● 圖13-1 財政部109年7月1日台財稅字第10900520520號函釋主旨中所稱之參考特徵以及函附例示中所稱之案例特徵或參考指標分類表之完整延伸表 ●

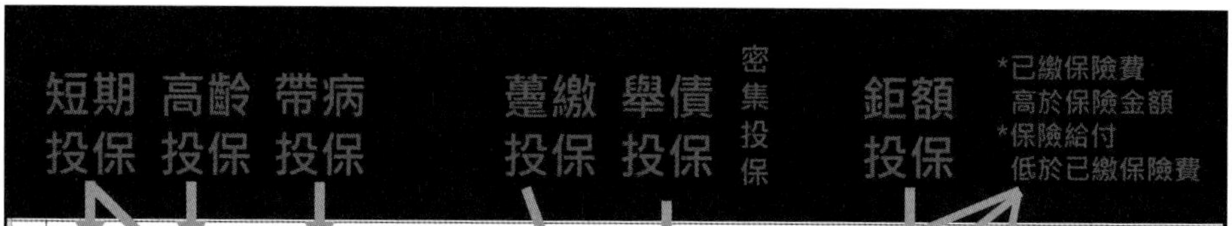

序號(109年)	序號(102年)	案例說明												被繼承人		
		被繼承人			指定受益人	保險契約										
		死亡年齡	投保年齡	投保時健康狀態	關係	投保商品	繳費方式	有無舉債	有無密集	保險金額	保險費	保險給付		高齡投保	短期投保	帶病投保
15	18	75(95.09.18)	72(92.12.08)	89年經診斷有肝炎、肝硬化及肝癌，並於89.05-95.09間住院6次治療(要保書上填載87年左右因健檢發現有肝硬化)***	子女	人壽保險(投資型保單)(富邦人壽公司投保吉祥變額萬能終身壽險(A型))***	躉繳	無	無	6,000,000	12000000(核定為其他遺產，併入遺產課稅)	12,085,845		●		●(102重病
16	19	73(94.04.11)	72(93.07.16)	93.05間經診斷罹患肺小細胞癌***	繼承人	人壽保險(統一安聯人壽公司躉繳投保紹優勢變額萬能壽險)***	躉繳	無	無	判決文未載明	30,000,000	29,707,690(系爭保單截至被繼承人死亡日為止之價值29,624,078元併計遺產總額)			●	●(102重病

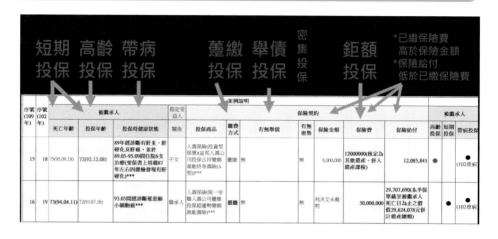

筆者參酌高雄高等行政法院97年訴字第771號判決（97訴771），爰引判決文（可依照第五章所附之判決書查詢路徑下載）中相關內容來闡明有關被繼承人生前投保人壽保險案件，其死亡給付所涉遺產稅事宜，即實務上死亡人壽保險金之實質課稅原則核課遺產稅案例之案例特徵。本案經審理後，高雄高等行政法院判決原告之訴駁回，其兩造意見及本案（含原審）判決理由，臚列如下：

首先是看**案例事實**：緣原告之祖母江○○於民國95年9月18日死亡，原告於96年1月2日辦理遺產稅申報，申報遺產總額新臺幣（下同）66,363,085元，不計入原告之祖母於92年12月8日向富邦人壽保險股份有限公司（以下簡稱富邦人壽公司）投保吉祥變額萬能終身壽險（A型）理賠金12,085,845元，經被告將躉繳保險費12,000,000元核定為其他遺產，併入遺產課稅，核定遺產總額84,949,278元，遺產淨額69,111,522元，應納遺產稅額22,167,339元。原告不服，就遺產總額之其他遺產——吉祥變額萬能終身壽險（A型）12,000,000元，申請復查，未獲變更，提起訴願，亦遭決定駁回，遂提起本件行政訴訟。

接著看**上訴人（即原審原告）起訴主張**：

（一）被告以被繼承人江○○於89年間診斷有肝炎、肝癌，仍於92年間投保，性質上不保障被保險人家屬日後生活之投資型保險。乃以江○○於92年投保時，已有肝臟疾病之病史，且其為要保人兼被保險人為由，推論其投保動機為藉由一次繳納保險費之方式，於江○○死亡時，將財產轉換為保險給付。江○○並於95年9月因肝癌及敗血性休克入高雄長庚醫院治療為由，認其有帶病投保之行為，而應課徵遺產稅。

（二）然自保險公司同意承保觀之，江○○於投保當時，生理上並無任何影響危險程度之情事：江○○向富邦人壽公司提出要保聲請時，曾同意富邦人壽公司逕向江○○所診療之醫院、診所或護理人員，查詢診療紀錄並索取診斷證明或病歷資料。可知富邦人壽公司於決定是否承保時，並非僅依據江○○個人之陳述，而尚參考其歷來之病歷資料。再者，對照富邦人壽公司向為國內人壽保險之經營者，因其常為是否承保之審核、事故發生時之理賠，必然具備相關醫學知識。今富邦人壽公司既已同意承保，必然係認定江○○之生理狀況，並無任何足以改變危險估計之情形。又江○○之病情，已於90年間受有控制。依江○○之病歷紀錄，其於90年2月28日之出院病歷摘要中載有：「7.住院治療經過：……No definite hypervascular tumorstains over both hepatic lobes.……」足證當時因入院治療之結果，已使江○○之病情受有控制，而不見有腫瘤細胞之存在。綜上，自富邦人壽公司已審核相關病歷資料並同意承保及江○○之病歷紀錄中，已記載腫瘤受有控制之情形下，實可認定江○○於投保當時，並無足以改變危險評估之情事。而自富邦人壽公司未曾質疑原告保險金領取之適法性觀之，更可證明此一投保行為顯與一般投保行為無異，本件並無任何帶病投保之情形。就本件是否承保、理賠保險金一事，對富邦人壽公司影響最深，而屬利害關係人。而富邦人壽公司本於其專業知識及其立場，所為之商業判斷，基於自利原則之考量應屬最為恰當，實不容被告機關加以忽視。今富邦人壽公司既已同意投保，並為保險金之支付，基於私法自治之原則，自無可能由他人否認其真實性。被告今以單方面之猜測，而未能考量契約當事人彼此間，以客觀表現於外之意思，猝然認定其無投保之真意，實有所不當。

（三）本件江○○之投保行為並無不當，且保險公司已對江○○生理狀況盡相當之調查，自無所謂帶病投保情形：江○○於投保當時，曾填寫要保書，同意訴外人富邦公司，查閱江○○之個人病歷資料，此見要保書內：「一、謹此聲明對本要保書，已作了明確的回答，並同意貴公司因業務需要，可逕向保險人所診療之醫院、診所或護理人員查詢診療紀錄並索取診斷證明及病歷資料」等語。換言之，保險公司於江○○投保時，既得以查閱江○○所有病歷資料，而仍同意承保，足見保險公司於當時已詳盡評估相關資料，而認投保當時，不存有足以升高或降低風險之事項。自江○○於死亡後，保險公司仍依契約內容支付保險金一事觀之，可證保險公司亦認定本案保險契約之投保，並無任何不當之處。

（四）江○○非因肝癌死亡，被告主張江○○係因肝病死亡，顯與事實不符：按稱保險契約者，謂當事人約定，一方交付保險費於他方，他方對於因不可預料，或不可抗力之事故所生之損害，負擔賠償財物之契約，保險法第1條訂有明文。換言之，保險契約所注重者，乃係因為不可預料的事故所導致的損害，應由保險人負責賠償。縱投保時被保險人患有傷病，若保險事故之發生與傷病本身無關，依前開法條意旨，自仍應屬不可抗力之事件，而應依約給付保險金。江○○於95年9月9日入院時，其乃係因疝氣入院而非肝癌，此見江○○出院病歷摘要即可自明。換言之，江○○之死因應為疝氣所生之併發症，而與本身之肝癌無關。因此，對江○○而言，縱其投保時患有肝病，惟疝氣本身與肝病間，實仍無相當之關連性，而屬江○○、保險公司或其他第三人所不可預料之事件，江○○亦無可能預知其將因罹患疝氣而死亡。自亦無所謂江○○知悉自己生理狀況，而欲藉由投保保險規避遺產稅之可能。

（五）又稱投資型保險者，係保險人將被保險人或要保人繳付之保險費，分為投資及保障兩部分，而於保險事故發生時，將投資所得及原先作為承擔危險對價之金額，全數充作保險金給付予受益人，其性質上仍屬於人身保險之一種。次依財政部保險局見解，其認定投資型保單無論為投資或保障之部分，均屬於保險給付，而不得課徵遺產稅，此見遺產及贈與稅法第16條：「左列各款不計入遺產總額……九、約定於被繼承人死亡時，給付其所指定受益人之人壽保險金額、軍、公教人員、勞工或農民保險之保險金額及互助金。」亦為相同規範，可資參照。基此，對於投資型保險保險金，不應列入遺產稅課徵對象一事，應屬一自明之理。被告未能釐清投資型保險之性質及運作方式，亦未能依循行政機關已公開表明之見解，徒以江○○死亡為由，課徵原告遺產稅，實有不當。此可傳喚富邦人壽公司核保人員到庭，證明富邦人壽公司已調查一切資訊，認定江○○無不能投保之情形。

（六）另按保險法第3條：「本法所稱要保人，指對保險標的具有保險利益，向保險人申請訂立保險契約，並負有交付保險費義務之人。」同法第4條：「本法所稱被保險人，指於保險事故發生時，遭受損害，享有賠償請求權之人；要保人亦得為被保險人。」可知無論要保人或被保險人，均指對於保險標的存有利益之人，二者間有可能相互為不同主體，亦有可能為相同之人。被告誤解保險法之意旨，以所謂要保人及被保險人相同為由，逕行推論其有規避稅捐之意圖，實有不當。依前所述，要保人及被保險人依法既非不能為同一法律上主體，而江○○所投保者，乃屬人身保險，對江○○而言，自屬有法律上之利益，而得同時為要保人及被保險人，此本屬事理之常。被告推論過程違背經驗法則及論理法則，實有違誤。乃聲明求為判決撤銷訴願決定及原處分等語。

接著看**被上訴人（即原審被告）答辯**：

（一）按「凡經常居住中華民國境內之中華民國國民死亡時遺有財產者，應就其在中華民國境內境外全部遺產，依本法規定，課徵遺產稅。」「本法稱財產，指動產、不動產及其他一切有財產價值之權利。」「左列各款不計入遺產總額：……九、約定於被繼承人死亡時，給付其所指定受益人之人壽保險金額……。」分別為遺產及贈與稅法第1條第1項、第4條第1項及第16條第9款所明定。

（二）被繼承人生前於92年12月8日向富邦人壽公司，躉繳購買吉祥變額萬能終身壽險（A型），一次繳交保費12,000,000元，系爭保險為投資型保險商品，全額投資花旗美元基金，被繼承人為要保人及被保險人，受益人為其子陳○○、壬○○及其女丁○○。依卷附資料所載，被繼承人於23年7月1日出生，95年9月18日死亡，又被繼承人於89年5月經財團法人長庚紀念醫院高雄分院（下稱高雄長庚醫院）診斷為慢性C型肝炎、肝硬化及肝癌，接受酒精注射和血管栓塞治療肝癌。95年9月9日因肝癌及敗血性休克等病症入高雄長庚醫院急診治療，95年9月18日因病情惡化，辦理病危出院。原告雖將系爭吉祥變額萬能終身壽險（A型）理賠金12,085,845元申報為不計入遺產總額之財產，惟被告原查以被繼承人係帶病投保及以繼承人為受益人，顯係不當規劃以規避遺產稅，乃將被繼承人躉繳之保險費12,000,000元核定為其他遺產，併入遺產課稅，核定遺產總額84,949,278元，遺產淨額69,111,522元，應納遺產稅額22,167,339元。

（三）被繼承人於89年5月即經診斷為慢性C型肝炎、肝硬化及肝癌，並於89年5月25日至89年5月31日、90年2月28日至90年3月3日、92年8月19日至92年8月25日、94年5月2日至94年5月5日、94年11月20日至94年11月24日及95年9月9日至95年9月18日共6次住院接受經肝動脈血管栓塞治療肝癌，此有高雄長庚醫院住院診療結果摘要報告1式附卷可稽。而被繼承人於92年12月8日向富邦人壽公司躉繳購買系爭保險時，尚於要保書上填載87年左右因健檢發現有肝硬化現象，於高雄長庚醫院治療，目前已痊癒等語；是被繼承人當時年近七旬，持續於高雄長庚醫院接受肝病治療，並帶病投保，而以其本人為要保人兼被保險人，實質上經濟利益之享受者為其子女，依投保動機，顯係將財產經由投保之方法一次繳納保險費，於被繼承人死亡後，轉換為保險給付。按司法院釋字第420號解釋及最高行政法院81年判字第2124號判決意旨：租稅法所重視者，應為足以表徵納稅能力之經濟事實，而非其外觀之法律行為，故在解釋適用稅法時，所應根據者為經濟事實，不僅只止於形式上之公平，應就事實上經濟利益之享受者予以課稅。原核定將系爭保費12,000,000元併入遺產總額課稅，乃根據經濟事實，並無割裂法律適用，亦未因財政部94年7月11日台財稅字第09404550470號函釋發布，而有不同之處理方式，原告主張無足採據，乃駁回其復查之申請。原告訴願略以：本案保險人（即富邦人壽公司）既已承保並於事故發生後依保險契約理賠在案，顯見並無被告所稱「帶病投保」之情事。本件核屬信賴行為時保險給付免稅之法令，所作合法且正當之保險規劃，並不涉「不當規劃或規避遺產稅」之情事。稅捐機關縱認投資型保單難免造成不公或易為取巧等疑慮，自應從修正稅法著手，不宜以行政命令或個案認定就現行稅法附加條件，假藉實質課稅之名行違反租稅法律主義之實。被告既與舉證責任及信賴保護原則不合，請撤銷原處分及復查決定等云云。然查，租稅法所重視者，應為足以表徵納稅能力之經濟，而非其外觀形式之法律行為，故在解釋適用稅法時，所應根據者為經濟實質，不僅止於形式上之公平，應就實質上經濟利益之享受者予以課稅，始符實質課稅及公平課稅之原則，司法院釋字第420號、第496號及第500號解釋可資參照。又量能課稅為法治國家稅法之基本原則，租稅負擔應依其經濟之給付能力來衡量，而定其適當的納稅義務，凡負有相同之負擔能力即應負擔相同之租稅，司法院釋字第565號解釋理由書亦可資參照，如利用避稅行為以取得租稅利益，稅法上則應依實質負擔能力予以調整，蓋避稅行為本質為脫法行為，稅法本身為強行法即有不容規避性。本件被繼承人江○○於89年5月經高雄長庚醫院住院診療結果為慢性C型肝炎、肝硬化及肝癌，並於89年5月25日至95年9月18日共6次住院接受經肝動脈血管栓塞治療肝癌，而被繼承人江○○卻於92年12月8日以躉繳購買方式向富邦人壽公司購買吉祥變額萬能終身壽險（A型），並指定子女3人為身故受益人，從而被告按其投保動機、時程、健康、躉繳保險費及事故發生所獲理賠金額等因素判斷，顯係透過保險轉換遺產型態以規避遺產稅，與遺產贈與稅法第16條第9款、保險法第1條及第112條立法意旨，係為保障並避免被保險人因不可預料或不可抗力之事故死亡，致其家人失去經濟來源使生活陷於困境，並不相符，核認系爭保險費應屬被繼承人江○○所遺之財產，將吉祥變額萬能終身壽險（A型）12,000,000元，併入遺產課稅，並無違誤。至原告起訴仍執江○○於投保時，病情已於90年間受有控制等云云，與卷附之高雄長庚醫院住院診療結果摘要報告不符，並經復查及訴願決定論駁甚詳在案。況且，被繼承人92年12月8日一次躉繳保費12,000,000元，迨至95年9月18日死亡，僅獲理賠金12,085,845元可知，系爭保險為投資型保險商品，與遺產贈與稅法第16條第9款、保險法第1條及第112條立法意旨不符，乃將被繼承人躉繳之保險費12,000,000元核定為其他遺產，併入遺產課稅，非僅因要保人與被保險人相同，即斷言有規避稅捐之意圖，前已論述綦詳，故推論過程無違經驗法則及論理法則，原告所訴，無足採據等語，資為抗辯，並聲明求為判決回原告之訴。

筆者參酌判決文中之原審斟酌全辯論意旨及調查證據之結果以及最高行政行政法院判決，透過八項案例特徵或參考指標之分類表可以發現（請讀者對照參考第六章之圖6-5及圖6-7），此判決案例在與被繼承人有關之兩項特徵：高齡投保（該欄位中出現紅色實心圓圈表示此項案例特徵為109年重新檢討後之新增特徵）及帶病投保呈現顯性指標，而與投保之保險契約有關之特徵則在鉅額投保以及保險給付相當於已繳保險費此兩項特徵呈現顯性指標，合計共有四項特徵為顯性指標。以下逐一說明此四項特徵為何呈現顯性指標的理由。

▶ **高齡投保**：被繼承人投保時72歲，認定為高齡投保，此項案例特徵為109年重新檢討後之新增特徵。

▶ **帶病投保**：繼承人於89年5月即經診斷為慢性C型肝炎、肝硬化及肝癌，並於89年5月至95年9月間住院6次接受經肝動脈血管栓塞治療肝癌，其於92年12月8日向富邦人壽公司躉繳購買系爭保險，認定為帶病投保。

▶ **鉅額投保**：繼承人於生前向富邦人壽公司投保，躉繳保險費12,000,000元，認定為鉅額投保。

▶ **保險給付相當於已繳保險費**：被繼承人92年12月8日一次躉繳保費12,000,000元，迨至95年9月18日死亡，僅獲理賠金12,085,845元，認定為保險給付相當於已繳保險費。

案例解析

本件被繼承人江○○於92年12月8日以躉繳保險費方式向富邦人壽公司投保吉祥變額萬能壽險，投保時，江○○已邁入70歲高齡，其投保前已經罹癌且持續在高雄長庚醫院接受化學治療，衡諸一般經驗法則，被保險人江○○之生存風險高於常人，其對死亡之結果較常人有顯著較高之預見可能性，且按其投保時年齡、健康狀況、投保壽險種類、金額、時程等項判斷綜合判斷，系爭保險契約顯非保險人以被保險人之身體健康為風險評估，而為給付保險金額為意旨所訂立之保險契約，顯係以投繳鉅額保險費，以達死亡時移轉財產之目的，繼承人等於被繼承人死亡時可獲得與其繼承相當之財產，實質上因此受有經濟上利益；且本件要保人即被繼承人江○○於92年12月15日一次繳足保險費1,200萬元，而江○○死亡時，繼承人申報之存款為8,169,609元，遠低於江○○之系爭保險費，此少留現金而多付保險費之理財方式，實非一般已達高齡且有病之人，為對自己有所保障者所會為之。足見系爭保險契約之要保人即被繼承人投保之原始動機，係欲將即成為遺產之現金，以一次繳清保險費1,200萬元方式將之轉換為俟其死亡即保單所稱之發生保險事故後，依保單所應付予其繼承人之保險給付，故系爭保險契約自非具有實質保險內容，揆諸首揭說明，該項脫法行為規避遺產稅之強制規定甚明。

況本件躉繳之保費與被繼承人領取之生存保險金及受益人領取身故保險金總額相當，核與保險分散風險消化損失之特性不符。是系爭保單之保險，已失其經濟實質之相當性，綜合被繼承人投保之時程、金額、年齡及身心狀況等判斷結果，足以顯示系爭保單之保險係被繼承人為規避遺產稅，而將其生前之現金轉換為保險，以一次給付保險費後，保險契約生效，於要保人死亡後，其受益人即繼承人領受之保險金，實係要保人所繳納保費之變形，因而獲致與繼承同額遺產相當之結果，與前述分散風險消化損失之保險目的不符，該保險顯然違反保險之精神，亦與首揭保險法第112條規定保險給付不計入遺產總額立法意旨顯有不符，自無遺產及贈與稅法第16條第9款前段規定之適用。從而，原告主張依財政部保險局之見解，投資型保單無論為投資或保障之部分，均屬於保險給付，不課徵遺產稅云云，無足採取。另本件躉繳保險顯係將應稅財產現金轉換為免稅保險給付，藉以規避遺產稅，有違保險精神，無遺產及贈與稅法第16條第9款前段規定之適用，基於實質課稅原則，被告按被繼承人規避稅賦所繳納之保險費1,200萬元併入遺產額課稅，即無違誤。

上述內容闡明了序號15之判決案例的案例特徵，接下來要針對序號16之判決案例的案例特徵進行闡述。

筆者參酌臺北高等行政法院97年訴字第2275號判決（97訴2275），爰引判決文（可依照第五章所附之判決書查詢路徑下載）中相關內容來闡明有關被繼承人生前投保人壽保險案件，其死亡給付所涉遺產稅事宜，即實務上死亡人壽保險金之實質課稅原則核課遺產稅案例之案例特徵。本案經審理後，臺北高等行政法院判決上訴駁回，其兩造意見及本案（含原審）判決理由，臚列如下：

首先是看**案例事實**：緣原告之母顧蘇○○於民國（下同）94年4月11日死亡，原告申報遺產稅後，經被告核定遺產總額新臺幣（下同）2,385,091元，應納稅額0元。嗣被告查獲被繼承人生前於93年7月16日向統一安聯人壽保險股份有限公司（以下簡稱統一安聯公司）躉繳投保「超優勢變額萬能壽險」（以下簡稱系爭保單）保費30,000,000元，乃以被繼承人係高齡且帶重病投保等由，將系爭保單價值29,624,078元併入遺產總額課稅，重行核定遺產總額為32,009,169元，補徵應納稅額4,956,025元，並按所漏稅額4,956,025元處1倍之罰鍰4,956,025元。原告就躉繳保單價值併入遺產總額課稅並處罰鍰部分不服，申請復查結果，獲准追減罰鍰25元，其餘復查駁回。原告不服，提起訴願遭決定原處分（復查決定）關於罰鍰部分撤銷，其餘訴願駁回，原告猶仍不服，遂提起本件行政訴訟。

接著看**上訴人（即原審原告）起訴主張**：

（一）被繼承人生前於93年7月16日躉繳投保「超優勢變額萬能壽險」（以下簡稱本保單又俗稱投資型保單）繳納保費30,000,000元，保單價值29,624,078元，本保單係經財政部核准（日期：93年4月2日文號：統總字第930167號修訂核備）（證據一）。

（二）據財政部95年6月28日台財稅字第09504540210號函釋內容認為：遺贈稅法第16條第9款免稅規定係為配合保險法第112條而規定，故應受保險法之約束。依此函釋本保單可免稅不列入遺產總額申報（證據二）。

（三）行政程序法第10條規定：行政機關行使裁量權，不得逾越法定之裁量範圍，並應符合法規授權目的；臺北市國稅局將本保單納入遺產核課，未依遺贈稅法第16條第9款規定辦理，顯然逾越法定之裁量範圍（證據三）。

（四）經濟日報96年12月11日及12月12日標題〈投資型保單課稅？官方各說各話〉及〈投資型保單稅事攻防〉金管會派人與財政部溝通雙方討論「投資型保單本質」到底是保險還是投資，尚無具體結論（證據四）。

（五）工商時報96年12月6日標題〈投資型保單課遺產稅？金管會財政部各說各話〉金管會副主委張秀蓮表示：投資型保單是提供保戶保障的人身保險商品，依所得稅法規定免納所得稅，再依保險法第112 條規定，不得作為被保險人之遺產，目前這些法令都依舊存在，並未有新的論證（證據五）。

接著看**被上訴人（即原審被告）答辯**：

（一）「凡經常居住中華民國境內之中華民國國民死亡時遺有財產者，應就其在中華民國境內境外全部遺產，依本法規定，課徵遺產稅。」「左列各款不計入遺產總額……九、約定於被繼承人死亡時，給付其所指定受益人之人壽保險金額、軍、公教人員、勞工或農民保險之保險金額及互助金。」為遺產及贈與稅法第1條第1項及第16條第9款所明定。次按「本法所稱保險，謂當事人約定，一方交付保費於他方，他方對於因不可預料，或不可抗力之事故所致之損害，負擔賠償財物之行為。」「人身保險，包括人壽保險、健康保險、傷害保險及年金保險。」「保險金額約定於被保險人死亡時給付於其所指定之受益人者，其金額不得作為被保險人之遺產。」為保險法第1條第1項、第13條第3項及第112條所規定。又「涉及租稅事項之法律，其解釋應本於租稅法律主義之精神，依各該法律之立法目的，衡酌經濟上之意義及實質課稅之公平原則為之。」為司法院大法官議決釋字第420號所解釋。再按「租稅法所重視者，應為足以表徵納稅能力之經濟事實，而非其外觀之法律行為，故在解釋適用稅法時，所應根據者為經濟事實，不僅止於形式上之公平，應就實質上經濟利益之享受者予以課稅，始符實質課稅及公平課稅之原則。」「有關課徵租稅構成要件事實之判斷及認定，自亦應以其實質上經濟事實關係及所產生之實質經濟利益為準，而非以形式外觀為準，否則勢將造成鼓勵投機或規避稅法之適用，無以實現租稅公平之基本理念及要求。」行政法院81年度判字第2124號判例及82年度判字第2410號判決可資參照。

（二）原告申報遺產稅，經被告查獲被繼承人生前於93年7月16日躉繳保費30,000,000元投保統一安聯公司「超優勢變額萬能壽險」1筆（保單編號：PL00000000，以下簡稱系爭保單），乃將被繼承人死亡日為止之系爭保單價值29,624,078元以「債權」併入遺產總額課稅。原告主張被繼承人生前投保系爭保單，依稅法及保險法規定，非屬被繼承人遺產，自不應課徵遺產稅云云。申經被告復查決定以被繼承人帶病投保時已高齡72歲，且其死亡時距投保日期僅間隔8個月餘，衡諸一般經驗法則其對死亡果結果較常人有顯著較高之預見可能性，該死亡結果自難認係「不可預料或不可抗力之事故」，況被繼承人一次躉繳保費30,000,000元卻僅獲得身故保險給付合計29,707,690元，此舉與保險制度在於以小額資金集中眾人力量，以預防少數人因突發事故所難以承擔之危險為目的不符，有違保險之終極目的，顯係透過投保方式轉換為保險給付，藉以規避遺產稅及移轉財產，被告乃按系爭保單所產生之實質經濟利益併入遺產課稅，駁回其復查。原告仍未甘服，提起訴願亦遭駁回決定，遂向大院提起行政訴訟。

（三）按租稅負擔公平之原則，乃為稅制基本原則之一，而所謂負擔公平之原則，不僅止於形式上之公平，更應就實質上使其實現，即所謂核實課稅之原則。又租稅法所重視者，應為足以表徵納稅能力之經濟事實，而非其外觀之法律行為，故在解釋適用稅法時，所應根據者為經濟事實，不僅止於形式上之公平，應就實質上經濟利益之享受者予以課稅，始符實質課稅及公平課稅之原則（最高行政法院75年度判字第2443號及81年度判字第2124號判決意旨參照），如利用避稅行為以取得租稅利益，稅法上則應依實質負擔能力予以調整，蓋避稅行為本質為脫法行為，稅法本身為強行法即有不容規避性，合先敘明。次按遺產及贈與稅法第16條第9款及保險法第112條規定之立法意旨，係為保障並避免被保險人因不可預料或不可抗力之事故死亡致其家人失去經濟來源，使生活陷於困境，借保險方法集中群體力量，使突發事故者能獲得保障，故予以免徵遺產稅，惟並非鼓勵或容讓一般人利用此一方式任意規避原應負擔之遺產稅負，合先敘明。

（四）查被繼承人於93年5月間經診斷罹患肺小細胞癌，隨即於同年7月16日以自己為要保人及被保險人，自其合作金庫銀行0000000000000號帳戶存款躉繳保險費30,000,000元向統一安聯公司購買系爭保單，並指定原告等繼承人（附表一──審查報告第284頁）為身故保險金受益人，有行政院國軍退除役官兵輔導委員會臺北榮民總醫院（以下簡稱榮總醫院）94年11月24日北總企字第0940045910號回函、合作金庫銀行明細表、統一安聯公司95年8月8日統總字第950582號回函及系爭保單要保書可稽（證物一──審查報告第277、112、64至66頁）。按遺產及贈與稅法第16條第9款、保險法第1條及第112條之立法意旨，係為保障並避免被保險人（即被繼承人）因不可預料或不可抗力之事故致其家人失去經濟來源，使生活限於困境，而被繼承人投保時已高齡72歲，其死亡時（94年4月11日）距投保日期僅間隔8個月餘，且投保時已經罹癌且在榮總醫院接受化學治療，衡諸一般經驗法則其對死亡結果較常人有顯著較高之預見可能性，該死亡結果自難認係「不可預料或不可抗力之事故」，況被繼承人一次躉繳保費30,000,000元卻僅獲得身故保險給付合計29,707,690元，有統一安聯公司96年11月16日安總字第961316號回函（證物二──審查報告第274頁）可稽，此舉與保險制度在於以小額資金集中眾人力量，以預防少數人因突發事故所難以承擔之危險為目的不符，有違保險之終極目的，顯與前揭遺產及贈與稅法第16條第9款、保險法第1條及第112條規定之立法意旨不符。按其投保動機、時程、金額及健康等因素判斷，顯係基於減輕稅捐負擔目的，濫用私法自治契約自由原則，選擇與經濟實質顯不相當之法律形成，將應為被繼承人遺產之現金（應稅財產），利用投保方式轉換為保險給付（免稅財產），藉以規避遺產稅及移轉財產，依首揭司法院大法官解釋及行政法院判決意旨之實質課稅及公平正義原則，應按系爭保單所產生之實質經濟利益併入遺產課稅，原核定以系爭保單截至被繼承人死亡日為止之價值29,624,078元併計遺產總額並無不合。

（五）至主張系爭保單係經財政部核准販賣商品，且投資型保單應否課稅尚無定論，被告將系爭保單價值併入遺產課稅不符遺產及贈與稅法第16條及行政程序法第10條規定乙節，查被繼承人生前帶病躉繳保費投保顯係濫用保險機制藉以規避遺產稅，於稅法上自應否認其合致性已如前述，蓋系爭保單雖係財政部核准販賣商品，但仍不得被濫用作為規避稅負之工具，否則將有違保險精神及租稅公平原則，被告衡酌保險制度設計目的，不論被繼承人所投保保單種類，凡足認顯然違背保險精神及濫用保險機制者，即應在稅法上否認其合致性並掌握其經濟實質加以調整，以符合實質課稅原則及租稅公平原則。另主張應適用財政部台財稅字第09504540210號函釋（附件一）一節，查該函釋僅係揭明境外保單無免課遺產稅規定之適用，其目的在解決購買國外保單可否免納遺產稅之問題，核與本案無涉，原告所訴純屬法令誤解，要不足採。

（六）基上論述，本件原處分、訴願決定均無違誤，為此請求判決駁回原告之訴。

筆者參酌判決文中之原審斟酌全辯論意旨及調查證據之結果以及臺北高等行政法院判決，透過八項案例特徵或參考指標之分類表可以發現（請讀者對照參考第六章之圖6-5及圖6-7），此判決案例在與被繼承人有關之兩項特徵：短期投保及帶病投保均呈現顯性指標，而與投保之保險契約有關之特徵則在躉繳投保、鉅額投保及保險給付低於已繳保險費此三項特徵呈現顯性指標，合計共有五項特徵為顯性指標。以下逐一說明此五項特徵為何呈現顯性指標的理由。

▶ **短期投保**：被繼承人帶病投保時已高齡72歲，且其死亡時距投保日期僅間隔8 個月餘，認定為短期投保。

▶ **帶病投保**：被繼承人於93年5月間經診斷罹患肺小細胞癌，隨即於同年7月16日以自己為要保人及被保險人，自其合作金庫銀行0000000000000號帳戶存款躉繳保險費30,000,000元向統一安聯公司購買系爭保單，認定為帶病投保。

▶ **躉繳投保**：被繼承人生前於93年7月16日躉繳保費30,000,000元投保統一安聯公司「超優勢變額萬能壽險」1筆，認定為躉繳投保。

▶ **鉅額投保**：被繼承人生前躉繳保費30,000,000元投保統一安聯公司「超優勢變額萬能壽險」1筆，認定為鉅額投保。

▶ **保險給付低於已繳保險費**：被繼承人一次躉繳保費30,000,000元卻僅獲得身故保險給付合計29,707,690元，認定為保險給付相當於已繳保險費。

案例解析

查被繼承人顧蘇○○投保時年齡為72歲，其死亡時（94年4月11日）距投保日期僅間隔8個月餘，且投保時已經罹癌且在榮總醫院接受化學治療，衡諸經驗法則，其對死亡果結果較諸常人有顯著的預見可能性，該死亡結果自難認係「不可預料或不可抗力之事故」，何況被繼承人一次躉繳保費30,000,000元卻僅獲得身故保險給付合計29,707,690元，有統一安聯公司96年11月16日安總字第961316號回函（見原處分卷審查報告第274頁）可稽，其參加本件保險，核與保險制度在於以小額資金集中眾人力量，以預防少數人因突發事故遭鄉遇難以承擔之危險為目的不符，有違保險之終極目的，顯與前揭遺產及贈與稅法第16條第9款、保險法第1條及第112條規定之立法意旨不符。綜觀其投保動機、時程、金額及健康等因素判斷，顯係基於減輕稅捐負擔目的，濫用私法自治契約自由原則，選擇與經濟實質顯不相當之法律形成，將應為被繼承人遺產之現金（應稅財產），利用投保方式轉換為保險給付（免稅財產），藉以規避遺產稅及移轉財產，要無疑義，揆諸首揭司法院大法官解釋及行政法院判決意旨之實質課稅及公平正義原則，應按系爭保單所產生之實質經濟利益併入遺產課稅，被告原核定以系爭保單截至被繼承人死亡日為止之價值29,624,078元併計遺產總額，核無不合。

原告主張系爭保單係經財政部核准販賣商品，且投資型保單應否課稅尚無定論，被告將系爭保單價值併入遺產課稅不符遺產及贈與稅法第16條及行政程序法第10條規定云云。但查原告之被繼承人生前帶病躉繳保費投保，顯係濫用保險機制藉以規避遺產稅，於稅法上自應否認其合致性，已如前述。次查系爭保單雖係財政部核准販賣商品，此為財政部基於保險業務主管機關對保險契約審核之職能所為私法契約之監督管制，但此種監督管理機制，不得被執為規避稅負之工具，否則將有違保險精神及租稅公平原則，被告衡酌保險制度設計目的，不論被繼承人所投保保單種類，凡足認顯然違背保險精神及濫用保險機制者，即應在稅法上否認其合致性並掌握其經濟實質加以調整，以符合實質課稅原則及租稅公平原則。易言之，被告系爭處分係在對系爭保險契約之性質作事實之認定，非行使裁量權，無行政程序法第10條之適用；且本件保險契約既係用以規避稅負，亦無遺產及贈與稅法第16條第9款之適用餘地，原告此項主張，洵不足採。

第三篇

保險稅法之應用篇

Chapter 14

貧富差距與財富傳承

本書於前文詳實分析了關於財政部公告的保單實質課稅八大樣態與眾多案例分析，也提到了臺灣保險業蓬勃發展的狀況。本章我們將更為宏觀地從現代經濟發展與貨幣政策的角度，討論近年來全球經濟的重要議題之一：「貧富差距」。依據法國學者托瑪斯・皮凱提（Thomas Piketty）在其廣為世人關注探討的《二十一世紀資本論》一書提到「現今出生的世代可能會有將近六分之一的人，透過繼承得到的財富，比薪資水準排在後50%的人工作一輩子的勞務所得還要多」，顯見財富分配不均的事實，同時六分之一占據不少的人口比例，財富順利能否傳承，也是被繼承者與繼承者必須嚴謹思考的問題。

以本書的主題「保單能不能節稅？」來說，能夠購買大額保單作為資產傳承的民眾顯然是相對高資產族群。而我們所處的時代，正是人類有史以來高資產族群數量規模最為龐大的時代，奠基於資本主義的自由競爭與私有財產制度，以及二戰過後的戰後嬰兒潮（一般係指二次世界大戰結束後，1946～1965年出生的民眾）所創造的史上最大人口成長與經濟成長。在擁有大部分財富主控權的嬰兒潮世代民眾逐漸邁入中老年之際，「家族財富傳承」顯然成為目前財富管理領域的一個最重要的議題。

14-1 資本主義與貧富差距

資本主義存在著二大元素，一是自由競爭機制；一是私人財產制度。而這二個元素與貪婪自私的人性結合起來，必然使人的思維與行為，一切往利益最大化的方向發展。

自由競爭產生的優勝劣敗，會讓財富集中化，進而造成貧富差距逐漸拉大。而私有財產制再加上財富的世襲，又使得貧者與富者之間的財富，隨著時間愈長；差距愈大。而財富實力懸殊，將直接造成有形與無形的社會階級，這已是現在進行式。

在法國經濟學家皮凱提著作的《二十一世紀資本論》（註1）（*Le Capital au XXIe siècle*）所提到論點：2010至2020年間出生的世代，可能會有將近六分之一的人，透過繼承得到的財富，比薪資水準排在後50%的人工作一輩子的勞務所得還要多。

在過往歷史上，嚴重的貧富差距往往引起重大的政治動亂。例如：1789年的法國大革命發生的時空背景，即是平民對於教廷與貴族的壓榨產生強烈的不滿，進而引發動亂，推翻了封建君主制，也成為了民主時代的開端，然而無論是封建君主時代，或是民主政治時代，人類社會終究擺脫不了物競天擇、優勝劣敗，伴隨著資產複利增值而造就的貧富差距。

一般容易把「高所得」與「高資產」人士混為一談，但其實「高所得」與「高資產」是二種不同族群。富裕人士通常指的通常是高資產族群，高所得者不一定能晉身為高資產族群。而二者的稅率也差距極大，臺灣高所得稅率「一年一次」可達40%，對於高資產者的遺產稅卻僅「一生一次」不過10～20%，而勉強可稱為年度資產稅的房地持有稅，實質更是低於1%。因此稅制對於「高資產」族群顯然是有利許多的，如果再搭配合理的財富傳承規劃，富過三代是合理的常態。

圖14-1 遺產繼承已成為貧富差距的主因

現今出生的世代可能會有將近六分之一的人，透過繼承得到的財富，比薪資水準排在後50%的人工作一輩子的勞務所得還要多。

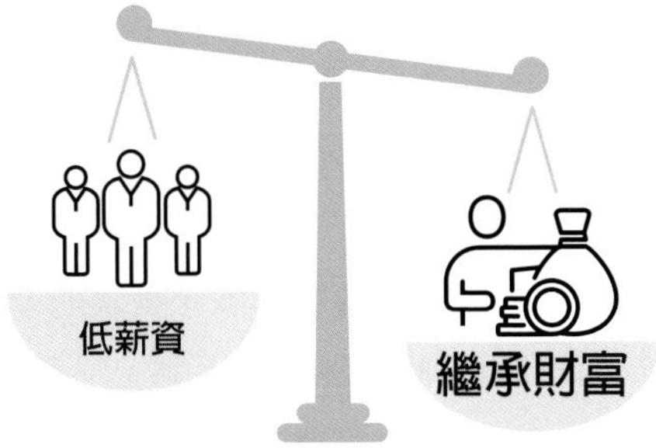

圖14-2 人口紅利是20世紀經濟高成長的主因

戰後嬰兒潮（一般係指二次世界大戰結束後，1946～1965年出生的民眾）所創造的史上最大人口成長與經濟成長。

嬰兒潮（1946～1965）	
出生	嬰幼兒用品、食品業
上學	教育產業、零售業
工作	交通、服飾、餐飲
結婚	房地產、投資理財
生子	教育、醫療、托嬰
年老	醫療、旅遊、理財

圖14-3 高所得人士不一定能成為富裕人士

所得稅率「一年一次」可達40%，對於高資產者的遺產稅卻僅「一生一次」不過10～20%。

	高所得人士	最高所得稅率	40%	一年一次
	高資產人士	最高遺產稅率	20%	一生一次

14-2 貨幣寬鬆政策擴大貧富差距

2008年美國金融海嘯以來的貨幣寬鬆政策QE（Quantitative Easing，量化寬鬆）：是一種貨幣政策，央行運用政策挹注資金到銀行體系，維持利率在低水準，藉以刺激企業借貸與民眾借貸，提高投資，達到重振經濟，也支撐房市榮景，以避免通貨緊縮。同時也有助於現今債臺高築的世界各主要國家，能以印鈔緩解其龐大的債務。美國聯準會從至2009年開始QE，到日本2012年起的安倍經濟學，以至於歐洲央行2015年的QE，甚至部分歐洲國家開始出現「負利率」。直到COVID-19疫情蔓延2020年，以美國為首的央行再度祭出「無限QE」。

一般俗稱央行的「印鈔票」，並非真的印出實體鈔票，而是在資本市場上增加流動性（貨幣供給），一般有降息、降準（存款準備金率）與公開市場操作（央行收購公債、公司債、股權）等方式。

1930年代的經濟大蕭條，當時美國因為股市崩盤，進而導致通貨緊縮，金融體系失衡，演變成失業率大幅增加，根據統計，當時美國失業率高達25%以上，失業導致消費緊縮，百業蕭條，民眾還不起貸款，進而演變為銀行呆帳上升，造成銀行倒閉等連鎖效應。蔓延至全球性的經濟蕭條也引發了貿易與關稅壁壘。而歷史上經濟蕭條也常引起政治動盪、執政更迭頻繁，甚而民粹主義興起。

例如：當時的德國，也因為經濟大蕭條與第一次世界大戰後的負債造成民不聊生，而當時的總理在競選連任時，採取撙節緊縮政府財政支出的政策，使得希特勒的政黨獲勝，間接引發了第二次大戰。同時期的美國，當時的胡佛總統則在大選中，敗給了主張擴張政府支出的小羅斯福總統。整個二十世紀最嚴重的經濟大蕭條，從1929年起揭開序幕，一直持續到第二次大戰結束時的1945年。

以史為鑑，為了避免重蹈1930年代經濟大蕭條覆轍，2008年當時的美國聯準會（Fed）主席柏南克（Ben Bernanke），正是研究美國經濟大蕭條的學者。而從2008年到2014年為止，美國政府的量化寬鬆政策的確相當程度地避免重演1930年代的大蕭條。但是透過QE想要克服的經濟問題並沒有真正解決，反而造成另外的副作用就是資產價格的膨脹。道瓊工業指數從2008年的低於7,000點，漲到2020年2月COVID-19疫情擴大前的超越29,000點。而全球的房地產自量化寬鬆以來，也因為資金氾濫而再度大幅的上漲。

與此同時，大部分的工薪階層的薪資並沒有太多成長，而貨幣寬鬆政策下過低的借貸利率，使得企業得以用成本更低廉的資金，撬動更大的槓桿操作與更多的套利空間。所有的大企業手中持有的現金，幾乎都是史上新高，而閒置或成本低廉的現金又用來買進自家企業的股票和其他資產，進而推高資產與股市的價格，高漲的房價也讓大部分民眾更買不起房子。貧富差距益形擴大的同時，間接影響了民眾的生育率，老年化與少子化社會帶來的人口結構失衡，也會造成國家財政與社會福利制度的衝擊。

而2020年開始的「無限QE」貨幣寬鬆政策，讓全球股市、房市再創歷史新高，又更進一步加劇貧富差距。

圖14-4　如何QE（貨幣寬鬆、印鈔票？）

「印鈔票」，並非真的印出實體鈔票，而是在資本市場上增加流動性（貨幣供給），一般有降息、降準（存款準備金率）與公開市場操作（央行收購公債、公司債、股權）等方式。

1　降　息

調降重貼現率、貸款利率、存款利率（減少借貸成本、增加資本與消費支出）

2　降　準

調降存款準備率、放大貨幣乘數
（讓更多錢投入市場）

3　公開市場操作

央行收購公債與企業債、股權
（讓更多錢投入市場）

圖14-5　為什麼要QE之1

1930年代的經濟大蕭條，因為股市崩盤，進而導致通貨緊縮，金融體系失衡，演變成失業率大幅增加，失業導致消費緊縮、百業蕭條，民眾還不起貸款，進而演變為銀行呆帳上升，造成銀行倒閉等連鎖效應。

股票重挫——企業與個人資產大減

- 企業支出與個人消費——減少
- 消費減少＝企業營收減少＝國家稅收減少
- GDP與EPS下跌……經濟衰退……蕭條
- 企業與個人財務危機（貸款＝呆帳）
- 金融體系崩盤……惡性循環

圖14-6　為什麼要QE之2

救經濟	避免更多企業倒閉、消費不振、金融體系壞帳
救退休基金	政府退休基金大部分投資股票、債券等風險性資產
救政治局勢	收入減少，民怨四起，政治動盪……
零利率會走很久	執政者騎虎難下，低利率難以退場，恐成常態

圖14-7　2009～2020年全球貨幣寬鬆政策影響股票市場

道瓊工業指數從2008年的低於7,000點，漲到2020年2月COVID-19疫情擴大前超越29,000點。

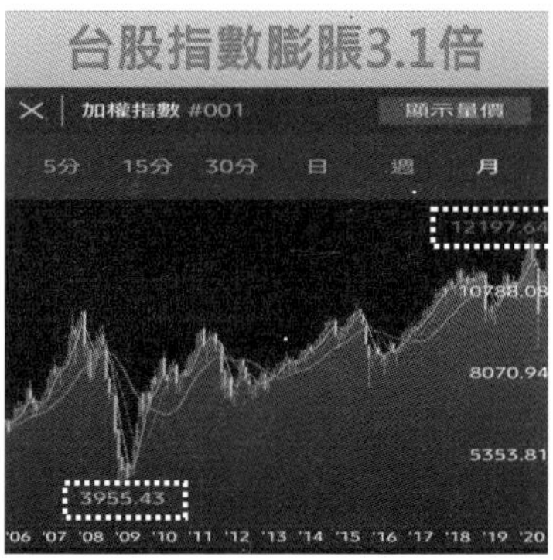

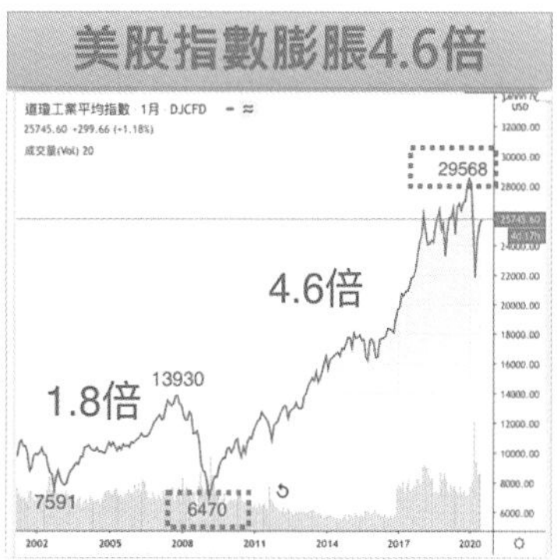

14-3 人口紅利與經濟成長

目前全球各主要已開發國家大多面臨經濟成長放緩與政府債臺高築的現象，政府舉債等於預支下一代人的財富。此一現象我們可以從上一世紀人類經濟的大幅度成長談起。從二次大戰（WW2）結束後的嬰兒潮世代（1946～1965出生；baby boom）所創造的經濟成長率，在1970～1980年代創下高峰。人類歷史在醫學精進前，人口一直沒有大幅成長，隨著二戰後的嬰兒潮帶來人口大幅成長，進而創造全球主要國家的GDP大幅成長。

而目前各國的政府退休基金大部分都投資在股票、債券等風險性資產，此資產的成長必須奠基於經濟的正成長。現今全球主要國家退休金制度，亦建立於過去人口與經濟大幅度成長的年代，以目前來看，顯然過於樂觀。水能載舟亦能覆舟，人口紅利造就上一世紀的經濟成長紅利，隨著戰後嬰兒潮民眾邁入退休階段，伴隨著少子化現象，目前全球政府正在避免退休金制度的崩潰。

另一方面，全球目前面對的是供給過剩而需求不足的時代，目前的QE與負利率，是試圖以貨幣政策扭轉經濟成長率疲軟，但顯然效果有限，而且還造成了貧富差距拉大與世代剝奪的後遺症——真正的問題或許正因為人口結構的失衡所造成的需求不振。

然而另一方面，為了避免資產泡沫的破滅，導致提早戳破過於樂觀的退休金制度，此將引發老年危機與社會問題，進而引發政治問題與危機，執政者之騎虎難下處境可見一斑。貨幣寬鬆政策難以退場恐成常態，進而不斷重演經濟成長疲軟，但資產膨脹的矛盾狀況。

圖14-8　全球產出總體成長率的演變，西元元年至2100年

隨著二戰後的嬰兒潮帶來人口大幅成長，進而創造全球主要國家的GDP大幅成長率。

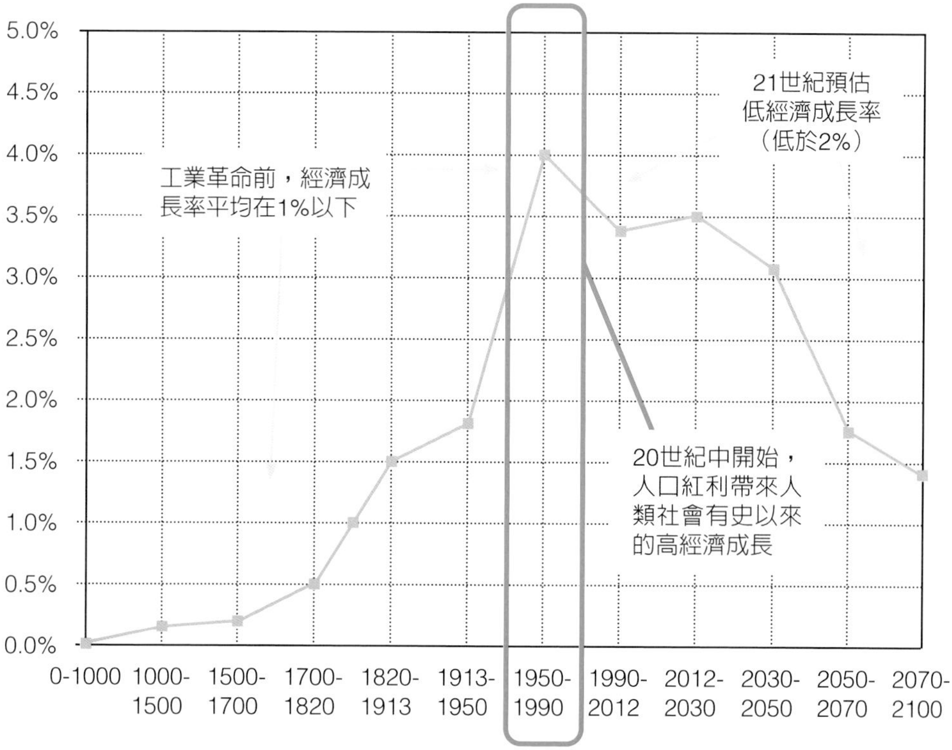

資料與圖片來源：《二十一世紀資本論》。

圖14-9 1960年代0～14歲幼年人口占45.4%，平均21名青壯年人口負擔1名老人

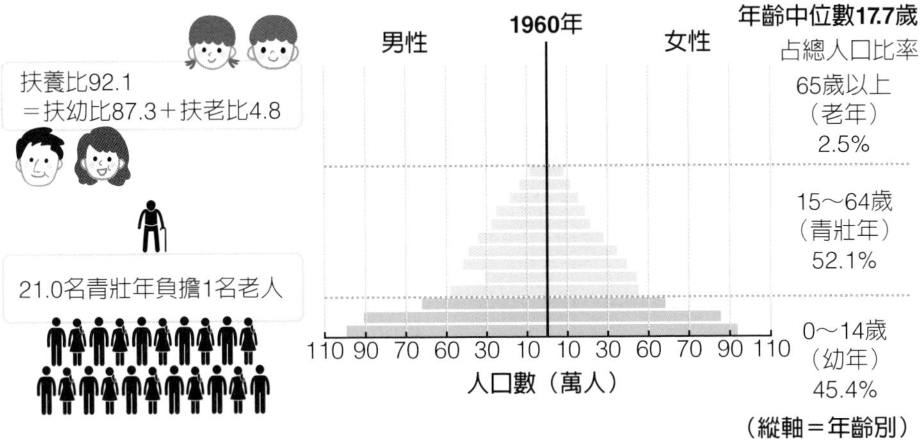

圖14-10 2030年代0～14歲幼年人口僅占11.5%，平均2.7名青壯年人口負擔1名老人

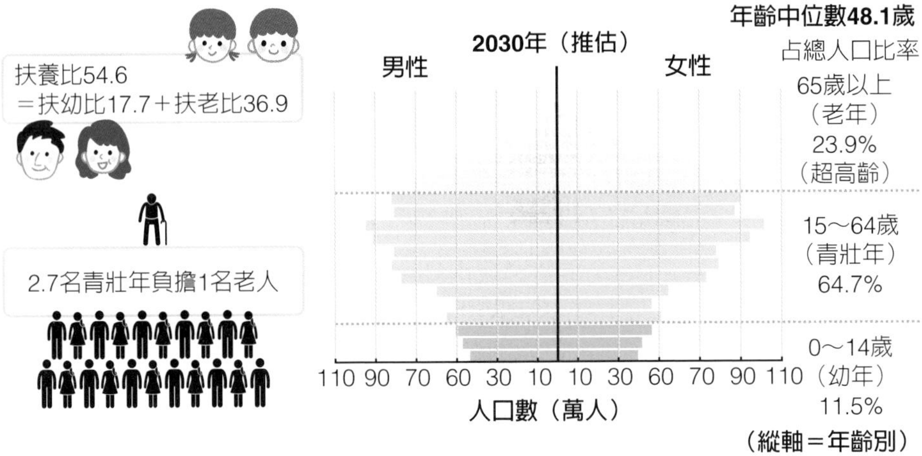

戰後嬰兒潮民眾邁入高齡退休階段，伴隨著少子化現象，目前全球政府正在避免退休金制度的崩潰。

14-4 嬰兒潮世代的財富傳承

目前正是人類有史以來高資產族群的數量與規模最為龐大的時代，始源於二戰過後的「戰後嬰兒潮」所創造的史上最大人口成長與經濟成長。在擁有大部分財富主控權的「嬰兒潮世代」民眾逐漸邁入中老年之際，「家族財富傳承」顯然成為目前財富管理領域的一個最重要的議題。

法國小說家巴爾札克（Honoré de Balzac）的小說《高老頭》（*Le Père Goriot*）在1835年出版，是描寫法國大革命之後的十九世紀初，一位靠著作生意致富的單親爸爸高老頭，勤儉持家住在破舊的出租公寓裡，一心一意為兩個女兒奉獻的父親，期待女兒能嫁入巴黎的上流社會豪門。而當高老頭的女兒們在上流社會成功站穩腳步後，開始對爸爸的出身感到羞恥，在得到父親所有財富後，對於父親避不見面。可憐的高老頭最終淪為孤苦無依的獨居老人，死時只有一位外地來到巴黎攻讀法律的窮大學生（拉斯蒂涅）一個人參加他的葬禮。

經過此事件的大學生拉斯蒂涅彷彿接受了人性無情的震撼教育，他發現當時紙醉金迷的巴黎社會已使得人們淪為金錢的奴隸，同時與拉斯蒂涅同住一棟公寓的房客也提醒他：「在貧富差距如此大的社會，努力讀書與工作不可能替人帶來舒適優雅的生活，最實際的作法就是迎娶愛慕他的富家女，以獲得她所繼承的財產」，這讓拉斯蒂涅在社會現實與道德兩難之間舉棋不定，此書也成功地描述了拜金主義的社會下，如何受到財富侵蝕的人性弱點。

當然小說的內容傾向描述戲劇化的一面，大部分人仍然重視勤勉向學、遵守社會道德規範，並追求職業生涯的成長與成就。但是人性難免有許多弱點。有句俗諺說：「不是我們有多麼清高；只是沒有機會墮落」，在財富的誘惑下，許多人們聽從了內心的原罪，一步步踏入了罪惡的深淵。 在資本主義與消費主義的社會，金錢的成功與物質的享受是被鼓勵的，每個人都執著於對追求金錢的道路上。求之既得，由儉入奢易，便追求生活上的享受與物欲的滿足。然而欲壑難填，金錢的追求往往永無止境，彼此攀比難得滿足，於是又產生了嫉妒與貪婪。而許多巨富過世後，繼承者們因爭產分配不均，以致親人反目的案例所在多有。

來自於德國心理治療大師伯特・海寧格（Anton Hellinger）：「繼承遺產也許是一種詛咒；而非祝福。當至親子女對遺產有期待時，不正是期待他們的繼承對象死去，此時他們之間剩下何種關係呢？雙親的榮耀在哪裡？子女對他們的感激與愛又在哪裡？它還值得嗎？」一語道破在財富的誘惑下，親情可能面臨的考驗。

因此，「財富傳承」是一種智慧，拼搏一生若是晚景不佳或是身後家人因遺產失和，都難稱是成功的人生。追求財富與報酬率的同時；必須同時兼顧生前與身後的財富風險，如此才能稱得上是創造財富、享受財富與傳承財富的智慧思維。接下來的章節，我們將探討保單規劃如何具備有遺囑與信託功能，成為家族跨世代創富與傳承的資產形式。

圖14-11 積極規劃生前與身後的財富

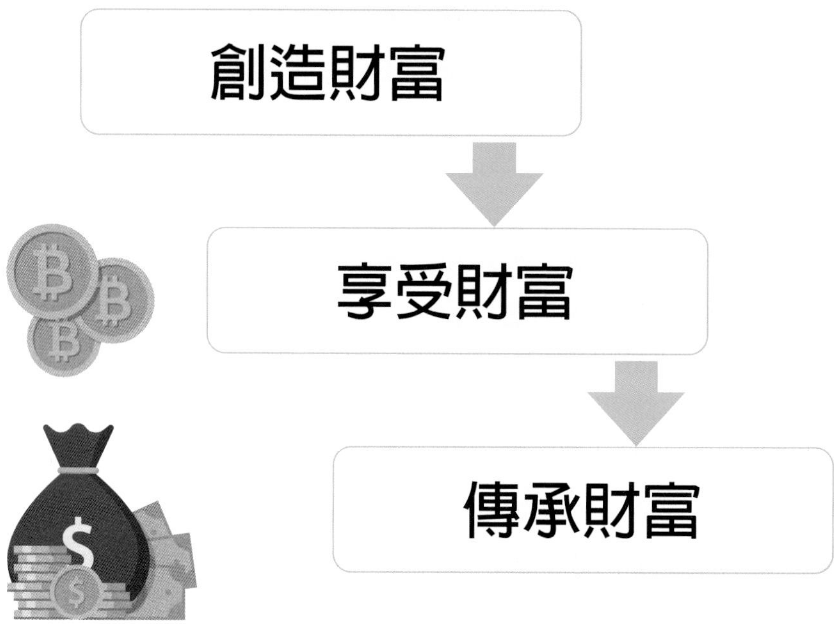

Chapter 15

房地產與保單資產的分析

15-1 房地產在臺灣民眾內心的重量

房地產是全世界富裕人士都喜愛的財富配置，除了考量居住舒適之外，也是彰顯身分地位的表徵，尤其在上一章提到的過去百年來是人類歷史人口與經濟成長最迅速的時代，因此，無論是作為自住或是投資，房地產都是保值甚至增值的重要資產。

對於大部分的民眾而言，拼搏一輩子大多也是貢獻在孩子與房子身上。但面臨人口結構快速老化的未來，全球房地產雖然在過去十數年因為寬鬆的貨幣政策，再度走出大多頭行情，但在不可預測的未來，房地產是否仍能延續過去經濟成長加上貨幣政策加持的黃金年代，其實仍有疑慮。隨著房價高漲，未來中產有房階級會不會「窮得只剩下房子」，是值得考慮的風險。而在國人退休金普遍準備不足的情況下，青壯年時所購置的唯一房產，未來退休之後，為了養老需求，不是抵押貸款，就是出售求現（或以房養老），也可能增加未來的房屋供給。

房地產的居住功能與剛性需求無庸置疑，至於是不是能夠對抗通膨、穩賺不賠則不一定。如前述，掌握大部分國民財富的嬰兒潮世代民眾，前半生經歷的是人口紅利造就的經濟成長，而後半生經歷的則是貨幣寬鬆政策帶來的資產價格膨脹。也因此，大部分民眾堅信房地產只漲不跌。

圖15-1　窮得只剩下房子

15-2 房地產只漲不跌？

過去全球七十多年來「人口紅利」與「和平紅利」造就的經濟成長，加上近十餘年「貨幣寬鬆政策」帶來的房地產價格膨脹，總讓我們這一代人陷入房地產只漲不跌的判斷。但相對人類漫長歷史，如此的小樣本數據極容易讓人錯判形勢。

以日本1991年以來的房價走勢為例，日本在1980年的泡沫經濟時代，從1985年到1991年間房價漲幅高達二倍，意即1,000萬的房子，六年之間平均可以漲到3,000萬，然而從1991年高點泡沫破裂後，價格迅速下滑，至1999年間短短八年，房價跌回原點，也就是說，從3,000萬又跌回1,000萬。從高點到低點，跌幅接近七成，此後一路再跌至2005年。日本因為經濟走緩，加上人口紅利不再，人口結構老化，印證房地產價格還是回歸供需問題，沒有只漲不跌的神話。

另外，政府不斷地開發新的重劃區並搭配著公共建設的鋪陳，把原本的荒僻市郊變成價格高昂的重劃區住宅，似乎已是挹注財政收入的重要來源，以臺中市為例：從三十多年前迄今，自臺中火車站起，沿中正路到臺灣大道（過去的中港路），從繼光街、自由路的曾經繁華，至科博館、美術館的房市榮景，延伸到現在的七期、八期重劃區豪宅林立，以至現在的單元一、二、三……等，一路往市郊與環線道路發展。而舊市區繁華落盡，價格甚至還低於三十年前。一般認為房地產只漲不跌，可以對抗通膨的理論，在臺灣就可以找到反證，顯見不是絕對的事實。

圖15-2　日本房地產狀況

日本因高齡化與少子化嚴重，鄉村老屋曾出現乏人問津；甚至免費贈屋的現象。

圖15-3 地球人口增加示意圖

二十世紀人口紅利造就的經濟成長，進而帶來的資產價格膨脹。

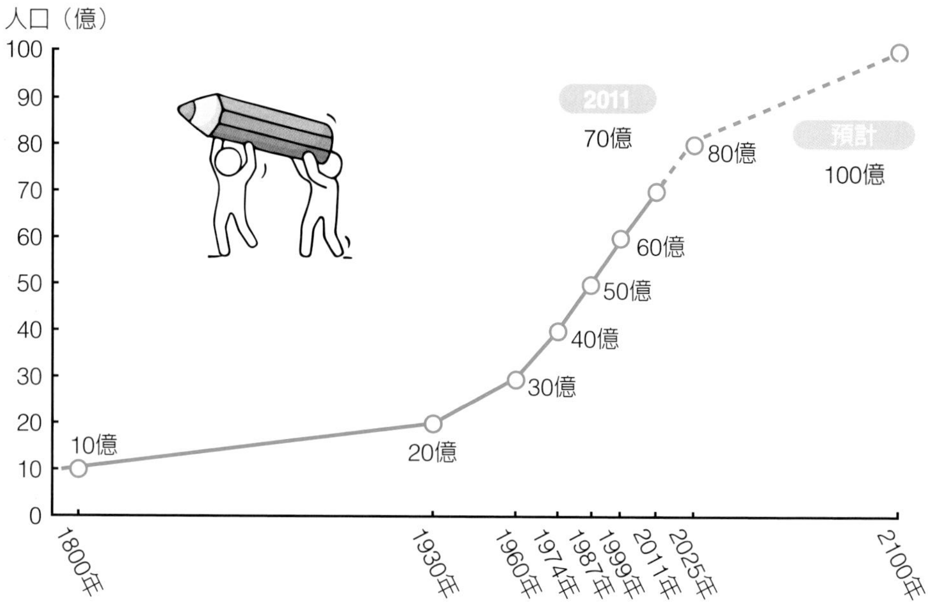

資料來源：聯合國人口基金會。

圖15-4 日本房地產泡沫化的過程

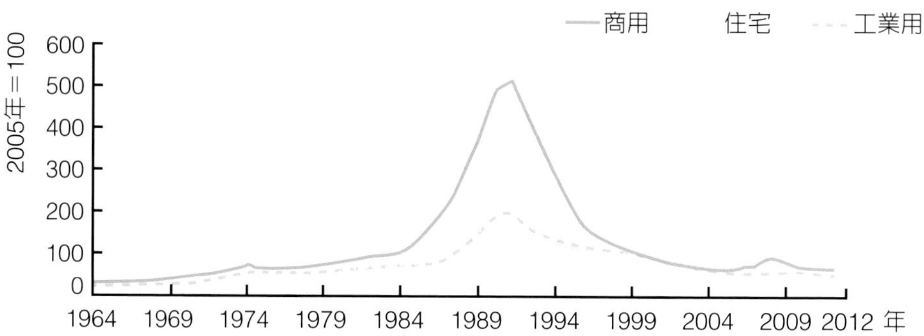

資料來源：日本土地總合研究所。

15-3 稅制導致市中心房屋閒置的現象

市中心閒置老屋也是一個有趣的議題，當建商不斷地向市郊擴張購地開發並炒高市郊房價，機能良好的市中心反而經常是老屋閒置，此並不符合常理。可能原因有：市中心房產通常由富裕人士持有，因為不缺錢而閒置，另外就算想移轉也因為土增稅等稅賦較高，不如留待百年後繼承時稅賦較低。因此很多無效率的房地運用就在我們的城市中心，導致許多籌碼集中在少數人手中閒置。提高持有稅，盡可能讓房屋成為居住工具而非資產，應是合理方向。

隨著2016年房地合一稅與2021年的房地合一稅2.0上路，短期交易所得稅負加重，致令房地產短期投資炒作價值降低。實價登錄實施，加上土地公告現值逐漸提高趨近於市價。對於高資產者，過去房地產擁有「壓縮應稅資產」合法節稅的功能消失。而房地產持有稅加重，也會讓囤房多屋者持有成本上升。此外，在全球政府為了選票承諾，不得不打壓貧富差距的氛圍下，臺灣也於2017年修法提高遺贈稅率由10%調升到最高20%，當然這稅率並不算高，猶記得2008年臺灣的遺贈稅最高稅率，大舉從50%降至10%，而其實許多先進國家的最高遺產稅率平均約在50%上下。

圖15-5　臺灣遺產稅率演進

98年1月22日以前的遺產稅最高稅率為50%，98年1月23日以後到106年5月11日調降到10%的單一稅率，106年5月12日以後遺產稅改為10%、15%及20%三級累進稅率。

98年1月23日　　106年5月12日

2～50%　　**10%**　　**10～20%**

15-4 房地產投資客

其實每個人都是投資客，只要你懷抱著投資房產致富的想法。筆者曾經在街頭調查發現，彰化市中心的許多「三角窗店面大樓」，皆是醫院或診所，這個現象在彰化市非常明顯，顯示彰化市過去的自然人「房產投資客」以高收入醫師族群為大宗。在傳統臺灣社會，除了世襲的地主或資本家之外，醫師族群是能夠擁有高收入並且有能力累積高資產者。傳統臺灣社會中，醫師的社會與經濟地位都是金字塔的頂端，但這也代表平民老百姓，是有機會藉由努力讀書與學習來翻轉人生。

然而前面所述「高所得人士」一年一次最高稅率達40%，而坐擁資產的「高資產人士」一般稅負極低（例如：股票交易的資本利得免所得稅；而房地產投資若留待繼承則無增值稅問題；僅有遺產稅一生一次最高稅率20%，另外擁有多筆房產的高資產人士，其租金收益可直接扣除43%的費用後才課所得稅），凡此種種，稅制對「高資產人士」顯然較「高所得人士」優惠許多。也讓現代的高所得人士要轉換成高資產族群難度愈來愈高。

未來的臺灣社會有錢與否，將取決於繼承遺產的多寡，一個月薪5萬者，工作四十年，很難存到500萬退休金，但繼承遺產者，經常擁有數倍於此的金額。

圖15-6　房地產投資可以累積高額財富

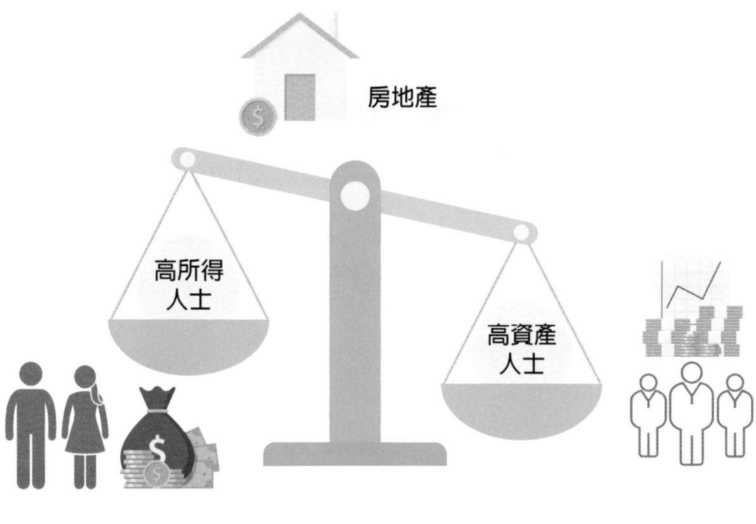

15-5 房地產占民眾財富的比重

根據行政院主計總處110年4月編印的《國富統計報告》分析：

1. 全體家庭部門淨值為135.27兆元，如按資產項目觀察，房地產為47.78兆元，占35.3%最多，人壽保險準備及退休基金準備28.82兆元，占21.3%，有價證券18.10兆元，占15.8%。
2. 平均每戶淨值（不含人壽保險準備及退休基金準備）為1,205萬元，其中房地產為541萬元，另因近年國人保險及理財規劃意識提升，人壽保險準備及退休基金準備占326萬元，漸呈增加趨勢。若予以併計，平均每戶淨值則提升為1,532萬元。
3. 平均每人淨值（不含人壽保險準備及退休基金準備）則為451萬元，其中房地產為203萬元，若併計人壽保險準備及退休基金準備122萬元，則每人淨值為573萬元。

意即臺灣的家庭平均財富淨值為1,532萬，其中房地產541萬占國人資產35.3%，房地產為排名第一的國人資產項目。另外，人壽保險與退休金準備326萬元占率21.3%，且有逐年提升的趨勢。

而在其他國家，依照《二十一世紀資本論》一書描述目前歐洲的中產階級，每個人擁有的財富介於10萬歐元到40萬歐元之間（約350～1,360萬臺幣，臺灣目前個人資產淨值平均則為573萬），主要為擁有一棟房子再加上購買該不動產的理財方式，偶爾還會在房子之外擁有一定數量的存款，等到所有房貸清償之後，淨財富可能提高到30萬歐元的水準（約1,000萬臺幣），如果投資理財有所收穫的話，淨財富還會再高一點，這就是中層階級典型的人生財富軌跡。

圖15-7　家庭財富淨值的分配比例

臺灣的家庭平均財富淨值為1,532萬，其中房地產541萬占國人資產35.3%，房地產為排名第一的國人資產項目。另外人壽保險與退休金準備326萬元占率21.3%，且有逐年提升的趨勢。

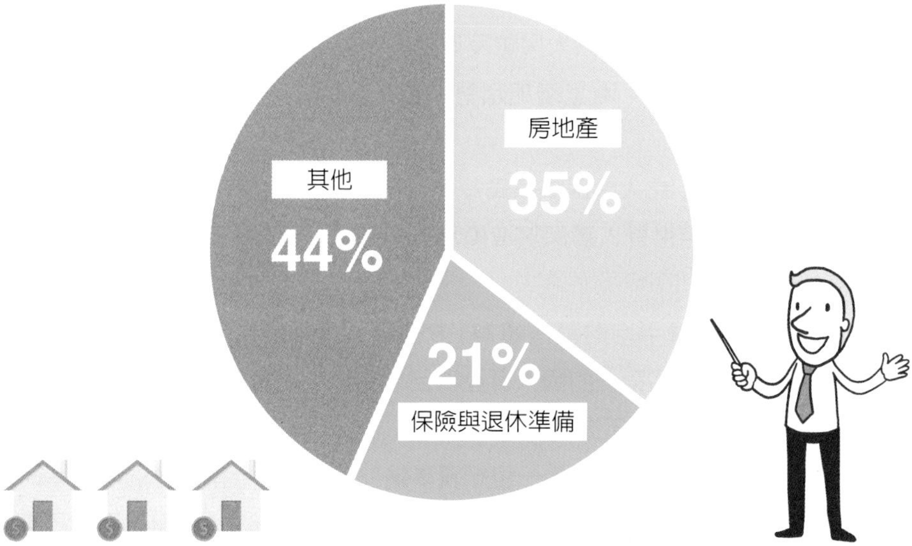

15-6 房地產與保單資產的異同

「房地產」與「保單資產」作為臺灣民眾主要的資產項目，兩者有許多相似的地方，概述如下：

1. 兩者都是長期持有的資產

房地產除非是以投資為目的，否則作為家庭居住之用，一般民眾不太會短期頻繁搬家。房地產平均持有期間少則數年、長則數十年甚至百年以上。同樣地，保單作為資產形式，繳費年期通常在6～20年之間，而終身壽險保單的有效期間通常是投保日起到身故為止，平均長達數十年。

2. 經常能傳承給下一代

因為都屬於長期資產，房地產與保單也經常是家族資產傳承的工具，房地產經由民法規範的順位傳承，或者經由遺囑指定傳承，而保單經由指定身故受益人傳承。而保單與房地產都是國人留給下一代常見的資產項目。

3. 期待能夠持續增值

雖說房地產的基本功能是家庭居住之用，但不可諱言，受過去百年來因為人口紅利與貨幣寬鬆政策造成的房地產長期上漲的影響，每一位房產持有者對於房地產擁有抗通膨與增值的功能堅信不移。但同樣地，保單資產也有預定利率或宣告利率的固定增值功能，差別在於房產增值隨社會經濟與地段價格成長與否來決定，有其不確定的風險，而保單資產的增值雖無大幅上漲的幻想空間，但其固定複利增值的功能，是房地產與其他風險性資產所沒有的。

4. 必要時能質押貸款

房地產在必要時有融資功能；同樣地，大額保單同樣有保單借款的功能，比較兩者的差別，一般房產貸款成數約在6～7成；保單貸款成數可達8～9成，一般房屋貸款從送件、鑑價、核定、對保到匯款時間可能需要二週左右；而保單貸款時間當日或隔日即可匯款，時效上快速許多，而還款也僅需要網路銀行操作可以即時還款，整個貸款、還款過程也不需要地政規費、手續費與服務費等。在融資貸款利率方面，房屋貸款利率（目前約2%上下）則會較保單貸款利率（現行銷售的保單貸款利率約4%上下）低廉。以上綜合分析，保單貸款在資金靈活運用上更勝房地產，很適合經常需要短期周轉且手續簡便的民眾。

除了上述兩種資產的相似之處外，保單資產還擁有一些不同於房地產的功能：

1. 法令上的優惠
   - 遺贈稅法第16條第9款：「約定於被繼承人死亡時，給付其所指定受益人之人壽保險金，不計入遺產總額。」
   - 保險法第112條規定：「保險金額約定於被保險人死亡時給付於其所指定之受益人者，其金額不得作為被保險人之遺產。」
   - 所得稅法第4條第7款：「人身保險、勞工保險，及軍、公、教保險之保險給付，免納所得稅。」
   - 所得基本稅額條例第12條第1項第2款：「受益人與要保人非屬同一人之人壽保險及年金保險給付併入個人基本稅額課稅，但死亡給付每一申報戶全年合計數在新臺幣3,000萬元以下部分，免予計入。」
2. 保單資產易於指定身故受益人，可按順位與比例分配給數位受益人，除了類似遺囑功能之外，也比房地產容易分配（容易分割的概念）。
3. 確保第一代老年尊嚴，不用急於過戶給下一代。
4. 保單資產擁有固定增值功能，減少資產漲跌風險，亦無房產的持有與售出成本（如房屋稅、地價稅、房地合一稅、修繕暨管理費等）。

後面章節，我們將再詳述保單作為資產傳承的優點。

圖15-8 房地產與保單資產的相同點

1
兩者都是長期持有的資產
2
經常能傳承給下一代
3
期待能夠持續增值
4
必要時能質押貸款

Chapter 16

具備遺囑功能的資產

16-1 遺產繼承的觀念與法令

清朝名吏林則徐掛在書房的一副對聯寫道：「子孫若如我，留錢做什麼，賢而多財，則損其志；子孫不如我，留錢做什麼，愚而多財，益增其過。」意思是說 ：子孫要是如我有才能與智慧，那麼我留下過多的財富給子女，反而可能減少其奮鬥的動機，抑制其發展潛力。而若是我的子女不如我，甚至是愚蠢怠惰，那麼我留愈多的財產，恐怕更增加其一事無成只求揮霍的可能性。林則徐身為晚清知名的政治家與思想家，其對待遺產的思維也發人省思。

現代知名的億萬富翁投資人巴菲特（Warren Buffett），則是把其近千億美元的龐大資產捐給慈善機構。根據巴菲特在給股東的備忘錄中提到：「長期觀察全球頂級富豪的家庭與其後代，建議留給子女的錢要適度足夠即可，但不應該讓他們因為繼承遺產而什麼也不做。」

東西方兩位知名人士對於財富傳承的見解顯然有其相似之處，但是對於大部分人而言，確保自身的血緣與後代能夠安全無虞進而開枝散葉，的確也是人類基因中自私的本能。另外，對於繼承者來說，遺產就像是天上掉下來的禮物，鮮少有人能夠對這不勞而獲之財視而不見。因此，鮮少有人如同林則徐理性灑脫地看待財富傳承，而後代子女對於遺產則更是難以拒絕。所以若是分配不均，儘管是骨肉至親也難免為爭產而傷了感情。

因此，從國家法律的角度，民法第五編繼承編的第一章即明定法定繼承人及其順序如下：

民法第1138條

遺產繼承人，除配偶外，依左列順序定之：

一、直系血親卑親屬。

二、父母。

三、兄弟姊妹。

四、祖父母。

另外，民法第1144條則明定比例（應繼分）如下：

配偶有相互繼承遺產之權，其應繼分，依左列各款定之：

一、與第一千一百三十八條所定第一順序之繼承人同為繼承時，其應繼分與他繼承人平均。
二、與第一千一百三十八條所定第二順序或第三順序之繼承人同為繼承時，其應繼分為遺產二分之一。
三、與第一千一百三十八條所定第四順序之繼承人同為繼承時，其應繼分為遺產三分之二。
四、無第一千一百三十八條所定第一順序至第四順序之繼承人時，其應繼分為遺產全部。

以上兩條法令規範了繼承的順序與比例，為方便讀者理解，舉一個簡單而常見的案例說明：

1. 順序

當某甲（被繼承人）身故，身後遺有配偶與二位子女，依照民法第1138條順位規範：則配偶為當然繼承人，二位子女為第一順位繼承人，由三位共同繼承。

2. 比例

依民法第1144條規範：「配偶有相互繼承遺產之權，其應繼分，依左列各款定之：與第一千一百三十八條所定第一順序之繼承人同為繼承時，其應繼分與他繼承人平均。」以上述為例，由配偶與二位子女平分，各得三分之一遺產。

如同法學家耶林內克（Georg Jellinek）所說：「法律是最低限度的道德」，因此民法所定的繼承順位與比例，僅作為一般民眾在繼承事實發生時，依照血緣親疏遠近分配遺產的大致原則。但個體有其特殊性，家家有本難唸的經，所以如果民眾不想依照民法「應繼分」的規範來分配遺產時，就可以在生前依照自己的意志來「預立遺囑」決定身後遺產的分配。

圖16-1 遺產繼承人，除配偶外，依下列順序定之

繼承順位	配偶為當然繼承人	應繼分	特留分
第一順位	直系血親卑親屬（親等近者為先）	配偶與直系血親卑親屬均分	應繼分的1/2
第二順位	父母	配偶1/2；父母合得1/2	應繼分的1/2
第三順位	兄弟姊妹	配偶1/2；兄弟姊妹合得1/2	配偶應繼分的1/2；兄弟姊妹應繼分的1/3
第四順位	祖父母	配偶2/3；祖父母合得1/3	配偶應繼分的1/2；祖父母應繼分的1/3

圖16-2 實例說明繼承的順序與比例

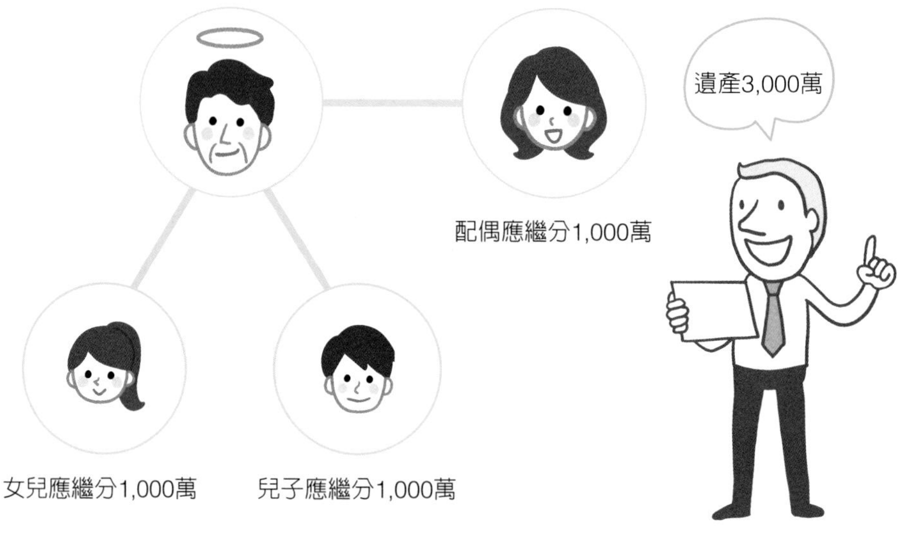

16-2 關於遺囑的民法相關法令

第1187條

遺囑人於不違反關於特留分規定之範圍內，得以遺囑自由處分遺產。

第1189條（註1）

遺囑應依左列方式之一為之：

一、自書遺囑。

二、公證遺囑。

三、密封遺囑。

四、代筆遺囑。

五、口授遺囑。

上述五種遺囑訂定方式，分別在民法第1190～1197條會另外敘述，惟遺囑分配尚須考量「特留分」規範，如民法第1223條所述如下：

第1223條

繼承人之特留分，依左列各款之規定：

一、直系血親卑親屬之特留分，為其應繼分二分之一。

二、父母之特留分，為其應繼分二分之一。

三、配偶之特留分，為其應繼分二分之一。

四、兄弟姊妹之特留分，為其應繼分三分之一。

五、祖父母之特留分，為其應繼分三分之一。

承上一節所舉常見的案例，當某甲（被繼承人）身故，身後遺有配偶與二位子女，依照民法1138條與民法第1144條規範，則配偶與二位子女合計三位繼承人共同繼承。其「應繼分」由三位平分，各得三分之一遺產。

而「特留分」依照民法第 1223 條規範，則三位繼承人，其特留分各為六分之一，此六分之一的遺產是「遺囑指定」不能侵害繼承人權益的部分。

圖16-3 五種遺囑形式

16-3 保險「指定身故受益人」具備遺囑功能

具備死亡保險功能的保單，都需要指定身故受益人，而身故受益人「不以親屬為限」，也可以「指定順序與比例」，也「不限人數」。以上三點對於被繼承人而言，提供了更為靈活彈性且可以完全依照被繼承人意志的遺產分配功能。

舉例來說：某甲有3,000萬的死亡保險金，同樣有三位繼承人，則其身故受益人指定有無限種可能的分配方式，可以3,000萬（100%）都給同一人（不受特留分限制），也可以各得三分之一或是50%；25%；25%分配等多種比例指定身故受益人，在現今家庭觀念日趨淡薄的時代，許多民眾晚年的陪伴與照顧者，不一定是至親家人，而運用保單的資產形式，對於被繼承人想要把財產留給自己想要給的人，的確提供了比其他資產更為彈性的功能。除此之外，許多民眾沒有預立遺囑的習慣，一旦繼承事實發生時，遺留的資產經常以房地產為主，這將造成子女日後繼承時，協議分割遺產的困擾，而保單身故受益人的順位與比例指定簡便，日後也隨時可以變更，資產仍掌握在被繼承人手裡，對於被繼承人來說，更能維護老年尊嚴。

預立遺囑在國內一直無法普遍，除了國人避諱談身後事之外，遺囑訂定有其一定的複雜度。另外，遺囑訂立之後，若要變更內容，手續也相對繁雜，身故後的遺囑執行亦須指定遺囑執行人或親屬會議選定，凡此種種，常需仰賴專業人士協助，就算是大型企業主預立遺囑也難以避免身後子女爭產訴訟，相關實例屢見不鮮。

因此保單指定身故受益人的功能，相當程度等同一般人預立遺囑的功能，既能簡化程序，契約訂立與事後變更內容又相對方便許多。

據聞英國稅法是全世界最複雜的，有一千萬字，將近二萬一千頁，因此要研究如此一部龐大的英國稅法，顯然是難如登天，知名科學家愛因斯坦（Albert Einstein）曾經說過一句名言：「全世界最難懂的就是所得稅了。」複雜的稅法讓民眾與企業更需仰賴專業稅務人員來協助他們報稅或避免觸法，對於國家與社會都必須花費龐大的時間與金錢成本。而香港的稅法卻僅僅二百七十六頁，內容只有英國稅法的1.5%，類似像香港或新加坡等地區相對簡單而不複雜的稅法，反而讓這些國家與地區的經濟蓬勃發展，也減少許多民眾稅務申報的時間與金錢成本，因此複雜未必更好，簡單未必不周全。

本章我們談到保險資產作為遺產分配的各種好處，包括：身故受益人不以親屬為限；可以指定順序與比例（不受特留分限制）；也不限人數。此外，事後變更受益人的手續也簡便。以上四點對於被繼承人而言，提供了更為靈活彈性且可以完全依照被繼承人意志的遺產分配功能。儘管保單指定受益人並不能完全取代預立遺囑的功能，但是對於大部分民眾而言，不失為簡單、彈性而有效率的遺產分配規劃。

表16-1 保險資產作為遺產分配的優點

項　目	遺　囑	保　險
繼承人	依民法規範	不受限親屬
順序與比例	依民法，有特留分規範	自由指定
變更內容複雜度	需支付公證等費用，手續複雜	要保人提出申請，手續簡便
繼承遺產時程	時間較長	時間較短
遺產規劃彈性	依民法規範	彈性大

Chapter 17

具備信託功能的資產

17-1 信託的概念

如同上一章所述，人類具有傳宗接代並讓子孫綿延不絕的本能動機，既是基因使然，也是所有物種之所以能夠透過億萬年自然演化而能存續下來的主要原因，因此前章談及「遺囑」功能是對於身故時遺產分配，並依照自身意願就繼承人的順位與比例作合理的安排，通常較針對身故當時的財產分配。而「信託」的功能，則是更進一步地考量下一代繼承遺產後的風險來進行管理，以避免子女揮霍無度或是旁人的惡意覬覦。

依信託法第1條說明信託的定義如下：「稱信託者，謂委託人將財產權移轉或為其他處分，使受託人依信託本旨， 為受益人之利益或為特定之目的，管理或處分信託財產之關係。」

另外，依信託法第2條：「信託，除法律另有規定外，應以契約或遺囑為之。」此說明信託訂定方式：

「信託」可以根據委託人的個人意志來設計並訂定契約，包括信託的期間（通常長達數十年）、財產的收益、分配方式等，均可以依據不同的家庭狀況來量身定做。確保信託資產能夠按照委託人的意志執行。也因為「信託」具備身後安排遺產與繼承人不能任意變更信託內容的功能性，常被稱為「伸出墳墓的手」。

一個有名的案例即是香港知名女藝人過世時留下數億資產，生前為了年輕的女兒所訂定的信託契約，規範女兒在35歲前僅能月領數萬元生活費，避免女兒涉世未深而揮霍的風險，母親對於女兒的愛，透過信託契約表露無遺，既令逝者安息，也讓愛女感恩母親的用心良苦。

17-2 信託的關係人

信託關係人大致為「委託人」、「受託人」與「受益人」三者，如有必要才會增設「監察人」。以下說明信託關係人之權利義務：

1. 委託人：即財產原所有權人，交付信託財產者。
2. 受託人：以善良管理人之責，受託管理信託財產者。一般為信託業或銀行信託部。受託人除信託行為另有訂定外，非經委託人及受益人之同意，不得辭任。
3. 受益人：享有信託利益者，受益人因信託成立而享有信託利益。
4. 監察人：信託契約得選定監察人，以保護受益人之利益，如有必要時，法院經利害關係人或檢察官之聲請，選任一人或數人為信託監察人。

舉一簡單案例如下：單親父親因為病重，僅有一位未成年兒子，父親為確保兒子未來生活無虞，生前即將大部分財產交付銀行信託，並約定提供其子固定生活費。此案例中，父親即為「委託人」、銀行即為「受託人」，未成年子女為「受益人」，如圖所示：

圖17-1　資產信託圖示

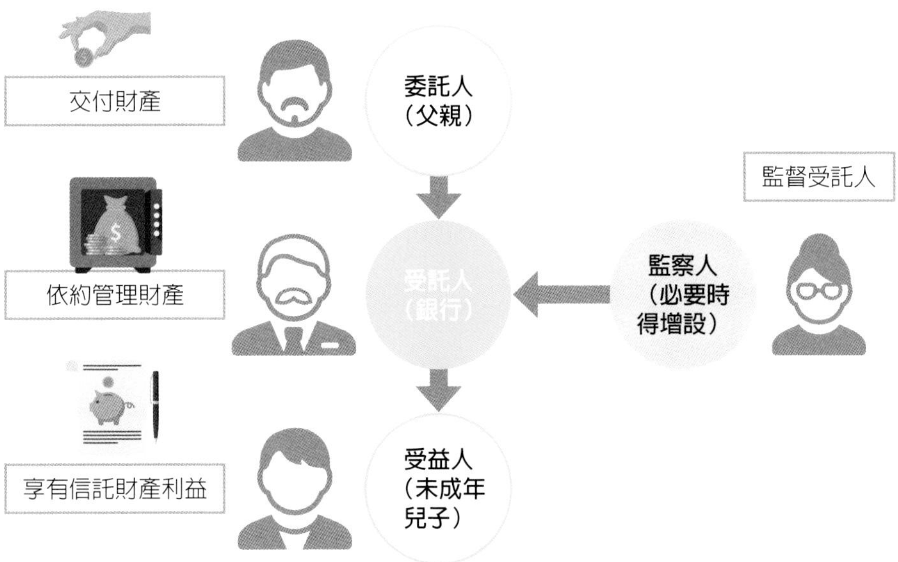

17-3 信託的類型

1. 依信託法第2條規定的信託行為，有「契約信託」（較常見）與「遺囑信託」（以遺囑形式而成立之信託）二種方式。
2. 依「委託人」與「受益人」是否為同一人，可分為「自益信託」及「他益信託」。
3. 依「委託人」是法人或自然人，可分為「法人信託」或「個人信託」。
4. 依「信託目的」不同，可分為「個人退休安養信託」、「子女教養信託」……等。
5. 依「信託財產」不同，可分為「金錢信託」、「不動產信託」、「有價證券信託」、「保險金信託」……等。

表17-1　信託的幾種分類

項　目	類　型
依信託行為	分為「契約信託」與「遺囑信託」
依委託與受益人是否同一人	分為「自益信託」與「他益信託」
依委託人是法人或自然人	分為「法人信託」與「個人信託」
依委託目的	分為「退休安養信託」與「子女教養信託」……等
依信託財產種類	分為「金錢信託」、「不動產信託」、「保險金信託」……等

17-4 身故保險金信託

顧名思義，即是保險加上信託，通常父母親為了照顧子女的家庭責任而投保保險，但若擔心自己不幸發生事故時，子女尚年幼無法獨自面對理財問題，或是保險金被其他親屬或配偶侵占及不當運用，不能真正照顧到子女。此時「保險金信託」就可以派上用場，在身故保險理賠之後由受託人（銀行），將身故保險金成立信託財產，並依照信託契約管理，交付信託利益給受益人（年幼子女），「保險金信託」契約成立當下就可規劃身後保險理賠金之運用方式，讓保險更保險。透過相對可信賴的的信託金融機構擔任善良管理人的角色，以確保身故保險金受益人能受到妥善的照顧。

圖17-2　資產信託圖示

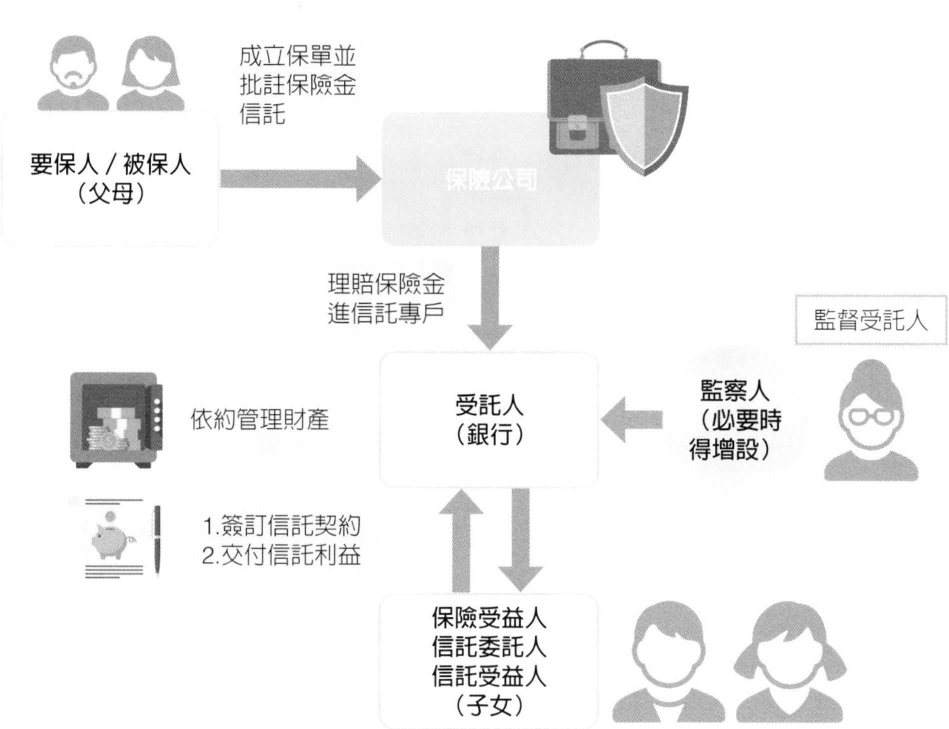

17-5 保險「身故保險金分期給付」的類信託功能

「保險」、「遺囑」、「信託」是三種資產傳承重要的工具，各有其重要功能。在資產傳承過程中，「保險」提供了資產形式的轉換功能（不動產轉換成保單：具有容易分割的彈性與固定報酬的確定性。現金存款轉換成保單：身故保險金指定受益人等同預立遺囑，可以照顧到想要照顧的親人。另外，在不涉及實質課稅狀況下，把應稅的資產轉換成具稅賦優惠的保險給付……）。

「遺囑」功能則是對於自身的財富分配，並依照個人意願做合理的安排與分配並避免子女身後爭產的憾事發生，也是必要的未雨綢繆。而「信託」的功能，則是更進一步地管理下一代繼承遺產後的風險，既避免子女缺乏自制地揮霍；也避免旁人覬覦的風險。

圖17-3　保險、遺囑、信託是資產傳承的重要工具

以上三種工具並行，可以更周全地保全資產、傳承資產，但並不是高資產族群才需要預立遺囑或信託，其實大部分中產階級民眾也一樣需要遺囑與信託的規劃。

而信託在歐美等先進國家已歷經數百年歷史，制度成熟且普及率高。而我國隨著經濟發展與民眾財富成長，資產傳承與信託的需求也隨之增加，但是信託法直到民國85年才公布施行，也因此臺灣的信託普及率仍在起步階段。

有鑑於民眾對於「信託」的需求逐漸增加，惟一方面民眾對於信託契約訂立手續的陌生；另一方面信託的目的多為老人安養、子女教養信託，並非以投資理財為目的，而一般金錢信託通常以穩健保守的銀行活期及定期存款為主，較不具

風險也能保本，但是因為現在臺灣1年期定存利率已低於1%以下，而每年的信託管理費大致上是每年收取信託財產價值的0.2%至0.6%之間，意即信託資產的每年投報率低於1%以內，除非有特殊的子女教養需求，否則這也是民眾對於信託接受度不高的原因之一。

近年來，保險公司的新形態保單已經提供了「身故保險金分期給付」的類信託功能，將本來一次給付身故保險金，依契約可分5、10、15、20、25、30年給付。此外，保險公司還會依照保單預定利率加計利息給付每年的分期保險金，且一旦開始給付後即不能變更或終止契約（如圖17-2說明）。雖然不能完全取代信託契約的量身定做與靈活運用，但對於沒有特殊信託需求的民眾而言，相當程度也能避免子女的揮霍與一次給付大額金錢的風險，既不需額外訂立信託契約，也不需負擔每年的信託管理費。

本章我們談到新形態的「身故保險金分期給付」保單，具有「類信託」的功能，這類保單除了具有指定身故受益人可避免遺產繼承爭議之外，也可直接替身故受益人（通常是子女）選擇給付年期，可分為5、10、15、20、25、30年期，讓身故受益人每年領取固定金額，可具有類似信託的功能，也省去信託簽約與管理費用。此外，也可以約定部分身故保險金一次給付，另一部分身故保險金分期給付，相當有彈性。而當被保人身故，保險金開始給付之後，受益人即不能解約或質借，可充分體現信託的功能。

儘管「身故保險金分期給付」保單並不能完全取代信託的靈活設計或是針對特殊教養需求的子女照顧，以及增設監察人的功能，但是對於大部分民眾而言，如無特殊需求，此類保單不失為簡單而有效率的信託功能規劃。

表17-2　保險金給付釋例

以某壽險公司身故保險金3,000萬，分30年給付，預定利率2%為例

身故保險金3,000萬	總領取金額	優　點	缺　點	類信託功能
一次給付	3,000萬	整筆領取，受益人可自由運用	受益人的理財風險（如揮霍、旁人覬覦）	無
分期給付（以30年為例）	每年131萬×30年＝3,930萬	類信託功能，防止受益人理財風險，總領金額更多	不能整筆運用，且分期給付後，受益人不能變更給付方式或解約	有

表17-3 保險金分期給付、保險金信託與信託比較

項目	身故保險金分期給付	身故保險金信託	信託
承辦機構	保險公司	保險公司＋銀行信託部	銀行信託部
訂定契約者	要保人	要保人投保並批註＋受益人（同時是委託人）簽訂信託契約	委託人
信託簽約費用	無	簽約費與每年管理費	簽約費與每年管理費
手續複雜度	簡易	較複雜	較複雜
給付期間	5～30年（每年給付）	依信託契約內容（每月、季、年等）	依信託契約內容（每月、季、年等）
給付期間資產投報率	表17-2為2%	以目前存款利率減去管理費，約當0.5%	以目前存款利率減去管理費，約當0.5%
特色	1. 避免一次鉅額領取的風險 2. 手續簡單，不須另定信託契約 3. 適合無特殊教養需求的類信託功能 4.不需負擔每年信託管理費	1. 保險加信託，避免一次鉅額領取的風險 2. 須另訂信託契約，具備信託應有的功能 3. 惟若無監察人，受益人得以中途解約 4. 需負擔每年信託管理費	1. 避免一次鉅額領取的風險 2. 須訂立信託契約，具備信託應有的功能 3. 需負擔每年信託管理費

Chapter 18

保單作爲資產配置的價值

18-1 常見的資產項目

18-2 常見的理財偏誤

18-3 多功能的資產

18-4 儲蓄保險作為資產配置的功能

18-1 常見的資產項目

民眾經常持有的主要資產，包括股票、債券、保險、現金以及不動產。另外，根據行政院主計總處的《國富統計報告》顯示，人壽保險準備及退休基金已經占臺灣民眾資產達21.3%。以上這五類資產又可分為積極型（成長）與保守型（防禦）資產。例如：股票與不動產一般屬於積極成長型的資產，而投資等級債或政府公債、現金存款與保險，則屬於保守型的防禦資產。

不同資產有不同的風險、需求與存在價值，沒有好壞分別，主要取決於人生不同階段的財務目標與每個人的風險偏好程度。例如：年輕時沒有家累，風險承受度高，對於高風險高報酬的接受度會比較高，而隨著年齡增長、成家立業，除了繼續追逐積極報酬之外，也會開始顧慮家庭財務風險，對於防禦型資產（如固定收益、保險）的需求隨之增加，等到接近退休之際，累計一定資產後，風險承受度低，會特別在意保本與固定收益的資產，如果資產更豐厚，則必須妥善安排資產傳承與保全，此時，資產報酬率就不是最重要的需求了。

圖18-1 民眾經常持有的主要資產

18-2 常見的理財偏誤

居住是人類最基本的需求之一，因此購買房地產作為自住是大部分民眾的必要需求，但如果是以投資為目的購買房產，則可以進一步檢視此種投資行為的風險與合理性。

舉例來說，以投資動機購買非自住房產：

1. 如果是1,000萬全額現金購屋，以目前的稅前租金收益率2%上下，但必須承擔20～30%的漲跌風險，則風險波動度太高而固定收益率太低，顯然不是理想的投資。更不用說房地產的風險波動度可能大於上述水準，大多頭時期倍數成長所在多有，而空頭時期房價腰斬也並不少見。對於大部分中產階級來說，很少有人會把1,000萬投資於單一股票，但卻有許多人願意把同樣金額單押一棟房產，除非是自住需求，否則其實是高風險的投資。
2. 如果1,000萬購屋，自備本金300萬；銀行貸款700萬，則如同融資買進單一股票，風險更大，等於使用300萬本金操作1,000萬現貨，如果房價上漲30%，則本金獲利高達100%；反之，如果房價下跌30%，則本金虧損100%，等於血本無歸。對於大部分中產階級民眾而言，300萬可能要累積數年到數十年。而如此可能短時間血本無歸的高風險、高槓桿投資行為，在臺灣並不少見。
3. 引導民眾投入高風險房產投資的因素：從2008年金融危機以來，以至於2020年起受到新冠肺炎影響，全球主要國家實施的貨幣寬鬆政策「QE」，導致十多年來的股票與房地產大幅度上漲，很容易令人陷入「小數法則」的心理偏差，我們觀察的時間並不夠久，把有限的短期數據視為長期必然的原則，認定房地產長期抗通膨，而且必定上漲。

另一方面以目前各國政府債臺高築的情況，政府對於國債也需要貨幣貶值來作為緩衝，而風險性資產維持高點也能避免退休基金或社會福利破產。但儘管如此，我們還是必須顧慮當通貨膨脹過於嚴重的時候，各國央行還是會採取QE退場的動作，資金如潮水，資產有「水漲船高」的過程，也可能會有「水降船低」的回歸，這正是每個民眾持有風險性資產必須面臨的問題，也因此凸顯資產合理配置的重要性股票投資是另一個全民運動。理論上，投資股票應先判斷此公司的產業遠景與趨勢，進而研究公司的基本面，諸如經營治理能力與財務狀況等，並瞭解目前全球經濟景氣榮枯與貨幣政策影響……等因素。專業的股票投資需要做的功課很多，但絕大部分投資人更多的是關注媒體的消息面或周遭朋友推薦，顯然風險過高，接近賭博。

正因為國人投資股票的習性接近賭博，以至於能夠善用長期的投資創造優渥的生活，並進而傳富給下一代的人並不多。許多投資人終其一生不僅無法累積資產，還歷經巨大的風險與心理波動，這樣的一個投資理財或許僅只能稱為刺激性的賭博行為吧。

舉一個有趣的案例來說明高波動率的投資，如果今年投資報酬率獲利100%，而明年投資報酬率虧損50%，如此循環經過30年之後，這一筆資產的投報率會是多少呢？答案是零。如果期初投資100萬，經過30年之後還是只有100萬。反觀假設某一筆資產年複利3%，經過30年後，總報酬率約143%，亦即若期初投資100萬，經過30年之後的本利和為243萬。

圖18-2　投資應考慮的因素

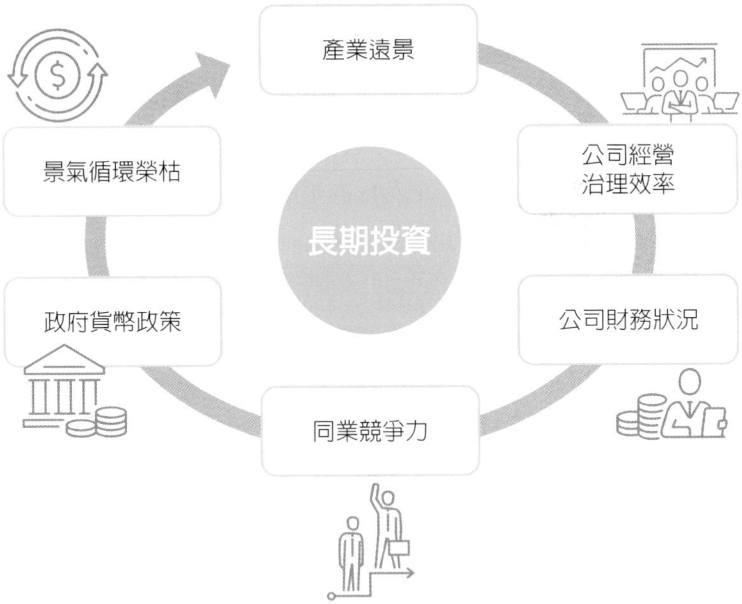

除了上述把股票當成賭博的一種投資心理，在投資的領域尚有許多誤區，深受非理性的心理決策影響。例如：前述所提到的「小數法則」，投資者很容易在多年的股市上漲的時期，認為手中股票會持續地上漲，而認為過去的經驗也可以作為未來投資的依據。

此外，人們對於「沉沒成本」（已虧損的部位）也很難釋懷，經常會讓人無法適度的停損而導致更巨大的虧損。還有一種心理學上的「鎖定效應」，例如：長期股價100元的股票當跌到80元，許多投資人因為對於100元股價先入為主的印象，即認為80元股價相對便宜，進而作出買進的決定，而忽略其基本面的分析。凡此種種，人們要作出理性的決策並不容易，大部分投資人往往過於高估自己在投資領域的能力。

圖18-3　投資心態名詞

小數法則

基於統計樣本數不夠多的觀察結果，即妄下定論，認為是規律的通則。

沉沒成本

已經付出而不可回收的成本，經常會讓我們捨不得放棄而持續下去，例如：不願停損而賣出股票，導致損失擴大，或是不甘輸錢的賭徒，離不開賭桌。

錨定效應

最一開始接觸到的資訊（稱為錨點），容易對我們的決策產生先入為主的影響。

18-3 多功能的資產

1. 智慧型手機取代了許多事物

自從智慧型手機普及以來，歷經了短短不過十多年左右的時間，其綜合性的功能已取代了過去許多我們常使用的事物，諸如智慧型手機具備相機的功能，而現在除了專業用途外，一般民眾幾乎均使用手機取代相機，相機與沖印店也逐漸淡出我們的生活。智慧型手機相當程度也取代了CD播放器、手錶、鬧鐘、計算機、地圖、車輛導航系統……，甚至取代了大部分個人電腦的功能。

2. 保險如同智慧型手機，是具備多功能的資產

正如同前兩章我們提到：在臺灣，遺囑與信託業務雖然一直未能普及，但是因為保險本身就具備有「指定身故受益人」的財產分配，等同「遺囑」功能，而近來的「身故保險金分期給付」的新型態保險，進一步具備了身後財產安排的「信託」功能。儘管不能完全等同遺囑與信託具備量身定做的細膩功能。但是對於一般民眾而言，保險作為具備有遺囑與信託功能的資產，其靈活運用的方便性不言可喻。而民眾購買儲蓄保險，不僅類似於零存整付的存款；也如同購買債券擁有的固定收益；或類似買房當包租公的租金收益；也適合作為保守穩健的退休規劃；而身故留給下一代，則是經過指定受益人的合理分配、避免爭產糾紛。

圖18-4　智慧型手機取代了許多事物

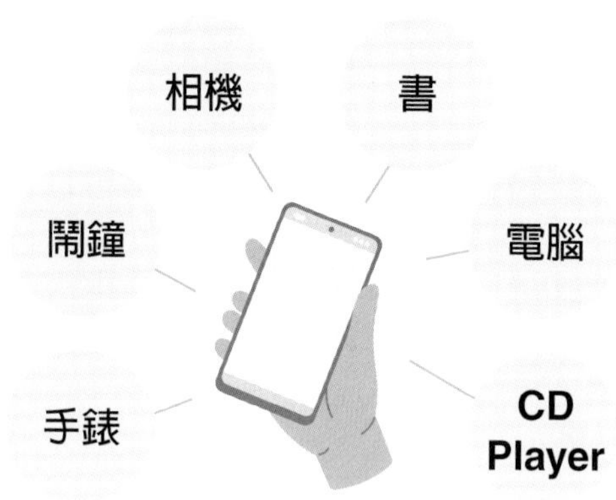

凡此種種，就像是具備多功能的智慧型手機，能滿足照相、音樂影片播放、手錶與個人電腦……等功能一樣，保險也足以滿足許多常見的理財與資產傳承需求。雖然每一種資產都有其優缺點，但臺灣保險業所設計的儲蓄險保單確實也集合各種優點於一身，重要的是契約訂立與修改方便，要找到專業的服務人員解說也容易。

臺灣的保險滲透率、保險密度與總保費收入，在全球兩百多個國家能夠名列前茅，也顯見臺灣民眾運用保險來作多元理財的功能已成常態。以致於近年來保險銷售逐漸成為銀行個人理財部門的主要業務。

市場是最終的仲裁者，保險的價值除了基本的風險保障與財務損失的移轉功能之外，本章將就儲蓄保險（生死合險）在臺灣能夠成為民眾的主要理財工具的原因與作為資產配置的價值與功能再作詳述。

圖18-5　保單是多功能的資產

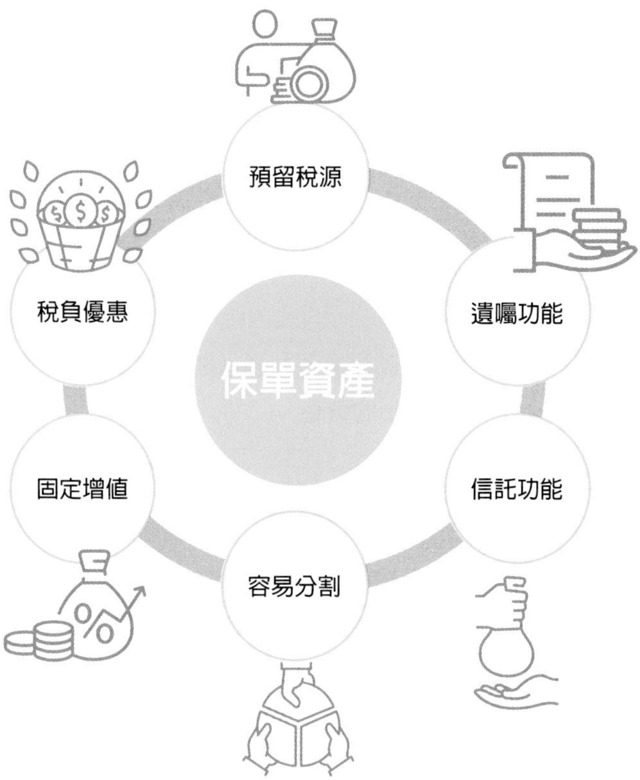

18-4 儲蓄保險作為資產配置的功能

無論是醫療保險、意外保險或是人壽保險……等，其本質與功能都是彌補風險發生時所造成的財務損失，但實務上俗稱「儲蓄保險」的終身型人壽保險（兼具保障與儲蓄的生死合險），在臺灣的保險業歷史一直是總保費收入占率過半的主流商品，也是造就臺灣保險滲透度與保險密度名列世界前列的主要因素。

以下就針對儲蓄保險作為資產配置的功能再做整合與複習：

1. 稅賦優惠

遺贈稅法第16條第9款：約定於被繼承人死亡時，給付其所指定受益人之人壽保險金，不計入遺產總額。

所得稅法第4條第7款：人身保險、勞工保險，及軍、公、教保險之保險給付，免納所得稅。

所得基本稅額條例第12條第1項第2款：受益人與要保人非屬同一人之人壽保險及年金保險給付併入個人基本稅額課稅，但死亡給付每一申報戶全年合計數在新臺幣3,000萬元以下部分免予計入。

因此，從「法律」的角度，只要符合要件，保險金是可以免稅的。而從政府稅務機關的角度，保險的目的是人身風險保障，如果作為資產功能而有規避稅負之嫌，則應課稅（由實質課稅原則認定）。

2. 固定收益

保險有固定的預定利率與浮動的宣告利率（額外的增值），屬於保守而長期的理財工具，也是安全而不需費心的資產。

3. 預留稅源

臺灣民眾資產有相當大的比例是不動產，當被繼承人身故時，子女或繼承人必須繳完遺產稅才能順利繼承過戶，有足夠的現金來繳稅對於順利繼承，的確非常重要，而保險給付即是現金給付，可以避免因為缺少現金無法繳納稅款，而造成繼承財產的困難。

4. 容易分割

保單作為資產配置的項目，身故保險金的給付順位與比例可以任意指定，如果是房地產，在財產或遺產的分割上就相對複雜，而不容易公平。

5. 遺囑功能

保單指定身故受益人功能，可以依照比例、順序來指定，而過程中如果要變更受益人也只是簡單的書面變更。相較於遺囑，更為簡單，而且不受限於民法的繼承特留分限制。

6. 信託功能

保險身故保險金分期給付的功能，意即整筆的保險金可以依要保人生前的決定，從5年到30年分期（一般為5年、10年、15年、20年、25年、30年等選項）給付給指定的身故受益人，而且還加計利息，相當於信託的功能。

創造財富是一種能力，享受財富與傳承財富則需要智慧，財富應該帶來安心與快樂，而非帶來困擾與紛爭。本章討論保險作為資產配置的功能，也提醒財富的理念並非一味追求高報酬，更重要的是財富能夠安全、穩健的成長，甚至能妥善安排財富的傳承。

圖18-6　保障與儲蓄兼具，同時有信託與遺囑功能的資產

依據目前保險公司之7年美元利率變動型終身險為例：數據依現行宣告利率3.2%示意，詳細仍請參閱各公司保險單條款

49～55歲
7年期總繳保費
3,491萬

→ 60歲
現金價值3,995萬
身故保障6,006萬

→ 70歲
現金價值5,159萬
身故保障6,767萬

→ 80歲
現金價值6,477萬
身故保障7,624萬

→ 90歲
現金價值7,903萬
身故保障8,591萬

分20年總領1億300萬（約515萬×20年）

1. 身故受益人指定（遺囑功能）
2. 身故保險金分期給付（類信託功能）

Chapter 19

結　論

1. 新冠疫情的風險省思及風險因應

全球新冠疫情引發近代最大規模的全球隔離行動，導致2020年全球經濟成長萎縮超過3%，嚴峻程度遠高於2008年金融海嘯期間全球經濟衰退的1.7%。對保險而言，分析新冠疫情之主要影響有二項，第一項是驅動消費者風險意識的升高，有效帶動了民眾的保險需求及投保意願。而新冠疫情促成了全球數位化的使用也大幅成長，對保險的第二項主要影響則是促使消費者很快能適應線上保險通路，加速保險線上數位交易的需求。

在保險監理方面，2021年新冠疫情警戒提升至第三級，主管機關金融監督管理委員會（下稱金管會）適度放寬了保險業現行親晤親簽的規定，確保了保險服務不中斷，並且，更進一步訂定了「保險業辦理遠距投保及保險服務業務應注意事項」（註1），排除親晤親簽之限制；並於2021年12月21日新聞稿宣布開放設立純網路保險公司（註2）。

根據金管會2022年1月25日新聞稿（註3）所公布的資料，壽險業2021年截至11月底（累計），外幣保險商品新契約保費收入折合約新臺幣5,470.38億元，其中投資型保險折合約新臺幣2,634.66億元（占比約48%）、傳統型保險折合約新臺幣2,835.72億元（占比約52%）。幣別部分，主要為美元、澳幣及人民幣保險商品新契約，其中美元保險商品新契約保費收入約193.68億美元，其中投資型保險約92.09億美元（占比約48%）、傳統型保險約101.59億美元（占比約52%）。

財團法人保險事業發展中心（下稱保發中心） 2022年1月26日也在新聞報導中預期2021年全年美元保單新契約保費可達5,964億元，將占整體新契約保費的56.9%，其中美元傳統型3,165億元、美元投資型亦逾2,799億元。

金管會表示，保險業銷售該等外幣保單時，應瞭解及評估消費者對匯率等相關風險承受能力，並落實招攬人員管理、商品資訊揭露及商品適合度政策，以利本項業務穩健經營及維護消費者權益。

圖19-1　新契約保費收入比較表（2020 → 2021）

外幣保險商品	2021年1月至11月	增減率	2020年1月至11月
投資型	新臺幣2,634.66億元	97%	新臺幣1,339.54億元
傳統型	新臺幣2,835.72億元	-11%	新臺幣3,173.17億元
總　計	新臺幣5,470.38億元	21%	新臺幣4,512.71億元

資料來源：金管會新聞稿。

圖19-2　近年美元保單新契約保費

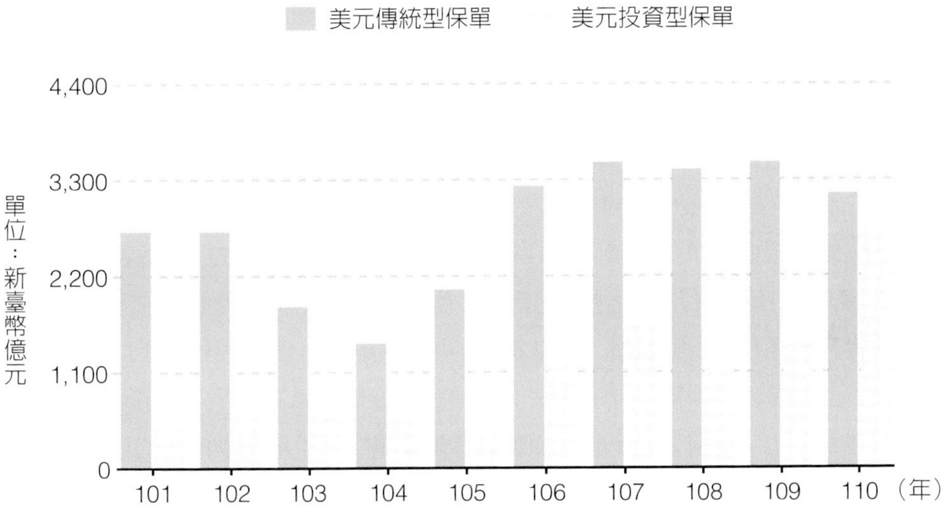

資料來源：保發中心。

2. 賦稅人權的實現與納稅者權利保護官

我國自2017年12月28日開始施行納稅者權利保護法，該法是為了確保納稅者（註4）的權利，實現課稅公平以及貫徹正當法律程序而制訂，該法的施行也使我國的「賦稅人權」保障向前邁進一大步（筆者在第五章我國實質課稅原則的演進與保險金實質課稅的函釋中，有詳細說明）。納稅者既有此一良法所設的措施，運用「納稅者權利保護官」自應注意其相關規定。依納稅者權利保護官辦理納稅者權利保護事項作業要點（註5）的規定，「納稅者權利保護官」及「納稅者」於互動時，應遵循前述要點的規定。納稅者如果是申請「納稅者權利保護官」協助尋求救濟，可以申請「納稅者權利保護官」為下述的諮詢與協助：⑴行政救濟相關書狀例稿，⑵行政救濟相關法令及案例資料，⑶有關救濟方式、期間及其受理機關等程序事項，⑷行政救濟所需相關資料搜尋方式，⑸其他與行政救濟法令及程序相關事項。筆者一直以來和民眾分享「法律是保護知道法律的人」觀念，納稅者為了維護自己的賦稅權益，自應懂得運用「納稅者權利保護官」。

3. 將實質課稅原則的概念明確化之納稅者權利保護法

實質課稅原則一向是稅捐稽徵機關（註6）向人民課稅的最大利器，在我國實質課稅原則未予法律明文化之前，相當程度不但違反了租稅法律主義，更讓人民往往無所適從，故為保障納稅義務人權益，自有必要將實質課稅原則予以明文規定之必要，始能讓徵納雙方有所依據。2009年（民國98年）4月28日立法院雖然三讀通過增訂稅捐稽徵法第12條之1（民國110年12月17日刪除稅捐稽徵法第12條之1）有關實質課稅原則之規定，惟因該法條之文義仍過於抽象，不足以解決實務上存在之相關爭議。根據當時司法院的統計，我國租稅的爭訟案件，有90%以上就是因為「實質課稅原則」徵納雙方沒有共識，法界人士質疑實質課稅原則雖然入法，但沒有規範適用的範圍，無疑是擴張稅捐稽徵機關的權限，且納稅義務人負協力義務之範圍仍未獲釐清，徒有法規卻仍窒礙難行，在援引實質課稅原則時，應依據其實際之經濟活動為考量，並符合租稅法律主義之比例原則，才不會偏離實際之狀況。

實質課稅原則的重點在於透過經濟考察（觀察）法，看透納稅義務人欲以不同的形式來包裝具有相同經濟實質的內容，而課以相同之租稅，其目的在於維持租稅之中立性與公平性，以求租稅不過度干預市場機制的運作。其制度目的與公平性的要求，在學理上皆有充足之說明。然而於具體案件中，如何課稅才是符合實質課稅的要求？關於租稅規避適用爭議，由於稅捐規避行為內涵過於抽象，而認定結果容易發生不一致。租稅規避應否處罰？在納稅者權利保護法第7條第3項前段規定中，詳細說明了租稅規避之定義，納稅者基於獲得租稅利益，違背稅法之立法目的，濫用法律形式，以非常規交易規避租稅構成要件之該當，以達成與交易常規相當之經濟效果，為租稅規避（筆者在本書第二篇保險稅法之實戰篇中第六章至第十三章，從判決文看我國保險金實質課稅之案例及其參考特徵，有詳細說明）。

本次納稅者權利保護法之立法，對於納稅義務人基本權之保障確實有頗大助益，已非如當初民國98年稅捐稽徵法所新增之部分條文，其實質意義有限；可足見本次立法確屬我國落實賦稅人權的一大步。

最後，關於本書第三篇保險稅法之應用篇中，第十四章至第十八章，探討涉及貧富差距與財富傳承、房地產與保單資產的分析、具備遺囑功能的資產、具備信託功能的資產以及保單作為資產配置的價值，在在都是具備高度學習及實務價值的精髓。

附　錄

▶案例說明及案例特徵或參考指標——完整表

序號（109年）	序號（102年）	案例說明			
		被繼承人			指定受益人
		死亡年齡	投保年齡	投保時健康狀態	關係
1	新	72（88.08.02）	71（87.12.24）	84年已患有冠心症、心肌梗塞、中風及糖尿病等病症（足證被繼承人有帶重病投保之情事）***	配偶
2	17	85（94.06.29）	81（91.07.23投保，91.08.08、91.10.14繳保費）***	91年間腦部已有退化跡象，對個人人生係採消極態度（面對醫生猶「不肯起身動」，為醫生認「下次可能住院」）***	長子、三媳、肆子
3	13	（94.09.03）	（90.03.09）	89.03.15診斷罹患帕金森氏症，93.08致死亡日止係處於臥病狀態而無自行處理事務之能力***	判決文未載明
4	1	86（95.03.06）	84（93.12.14）***	饒○○醫師身體健康且非帶病投保，簽約期間被繼承人無重大疾病	配偶、子
5	16	75（95.12.03）	75（95.02及95.06）	94.05.23智能檢查呈現疑似極早期失智症狀，然後追蹤並確認有記憶障礙，惟併有憂鬱症及曾罹患腦中風；至95.11.10有脊髓肌肉萎縮症併頸椎病變及神經根病變，四肢肌肉萎縮等無法治癒症狀***	繼承人
6	15	84（96.06.08）	81（93.01-94.03）	高血壓、糖尿病及前列腺癌服藥控制***	子女
7	新	76（96.11.19）	72（92-95）***	95.02.23因腸阻塞、低血鉀症及膽結石住院治療（復於96年8月14日因急性意識不清入院，併有泌尿道感染，嗣於96年9月11日因泌尿道感染及敗血性休克住院，並於96年9月15日轉入國立成功大學醫學院附設醫院治療，住院期間意識不清，而於96年11月19日病危死亡）	子、孫

▶ 案例說明及案例特徵或參考指標——完整表（續）

序號（109年）	序號（102年）	案例說明			
		被繼承人			指定受益人
		死亡年齡	投保年齡	投保時健康狀態	關係
8	新	78（97.10.06）	77（96.01.26）***	95.04.14及04.21因慢性阻塞性肺病前往高雄榮總就醫（復於97年8月間至該院胸腔內科追蹤，嗣於97年9月29日因雙側嚴重肺炎入院，入院期間意識不清）	判決文未載明
9	11	72（97.12.19）	71	其於罹患重病後死亡前2月至1年2月期間，短期密集躉繳投保***	繼承人
10	新	76（98.03.05）	71（93.04.13，93.07.27-93.09.01）	投保前因多發性骨髓瘤入住臺大醫院，且刻意隱瞞病情而規避遺產稅之故意***	配偶、子
11	5	80（91.09.08）	77（88.04.13）***	本件王○○於生前88年4月13日投保系爭保險時，已高齡77歲，高於我國歷年男性平均壽命，衡諸一般經驗法則，其對發生死亡之結果應有較高之預見可能性	子女等5人
12	2	78（91.06.27）	77（90.04.02）***	90.02.07-04.15期間因腎動脈狹窄合併腎衰竭住院治療，同年04.17-28定期門診血析***	孫
13	4	（90.09.08）	（88.03.03-90.08.21）	88.03.24經診斷有其他慢性阻塞性肺疾病、氣管支氣管及肺之惡性腫瘤及瀰散性肺間質變等疾病，90.03-09陸續住院接受例行性化學治療及放射線治療***	女
14	9	83（94.01.03）	81（92.06.18及93.02.26）***	92.01-05經診斷為中風之言語障礙及記憶障礙，93.04.20-05.29止住院期間意識狀態為不清楚，自行處理事務能力差，93.11.27-12.10止住院意識為可醒著，但因雙側大腦功能缺損無法言語溝通也無法以肢體表達所需	子女
15	18	75（95.09.18）	72（92.12.08）	89年經診斷有肝炎、肝硬化及肝癌，並於89.05-95.09間住院6次治療（要保書上填載87年左右因健檢發現有肝硬化）***	子女
16	19	73（94.04.11）	72（93.07.16）	93.05間經診斷罹患肺小細胞癌***	繼承人

***意爲顯有「租稅規避」。

附錄

▶案例說明及案例特徵或參考指標——延伸表

序號（109年）	序號（102年）	案例說明			
		保險契約			
		投保商品	繳費方式	有無舉債	有無密集
1	新	還本終身壽險型保單2張（全球人壽，無體檢保單，要保書有告知）	躉繳	貸款20,750,000（投保後保單借款，虛列未償債務扣除額）***	無
2	17	終身壽險（91.07.23購買全球人壽全球躉繳終身壽險3筆）。〔90.09.22購買瑞泰人壽（環球瑞泰理財家終身壽險）〕	躉繳	被繼承人生前91.08.08繳納保費77,536,320。當時，其已積欠國泰世華銀行貸款80,000,000未還，借款利率為4.12%，遠高於保單投資報酬率3%。91.10.14再向板信商銀舉債64,000,000，借款利率4.02%（上訴人等被繼承人名下有公告現值近億元之多筆不動產）***	無
3	13	終身壽險（國泰福壽增額終身壽險）	躉繳	無	無
4	1	投資型保單（富邦人壽吉祥變額萬能終身壽險A型）***	躉繳	無	無
5	16	投資型保單〔利富變額壽險（甲型）2筆，超優勢變額萬能壽險（丙型）1筆〕	躉繳	無	無
6	15	人壽保險（安聯人壽躉繳超優勢變額萬能壽險丙型保單，巴黎人壽躉繳保富變額壽險保單）	躉繳	有（向繼承人借貸）***	無
7	新	投資型保單（富邦吉祥變額萬能終身壽險及安聯人壽超優勢變額萬能壽險）***	躉繳	無	無
8	新	投資型保單〔臺灣人壽購買掌握人生變額萬能壽險（甲型）〕***	躉繳	96年向陽商銀貸款25,000,000（被繼承人生前擁有5筆土地及房屋2棟，並有多筆存款，其家庭堪稱富裕）***	無

案例說明		
保險契約		
保險金額	保險費	保險給付
保險金額各10,000,000	26,586,000	22,670,090扣除所貸金額20,750,000及質借利息，實際給付1,332,703（應併被繼承人遺產總額課稅）
全球人壽3筆為7,000萬、6,000萬、6,000萬	全球人壽184,148,760（合計瑞泰人壽為223,083,425）	230,969,299，年利率僅1.1%（躉繳保險費金額共計223,083,425計入郜○○之遺產範圍內，核課遺產稅112,353,889，並處以漏稅罰84,223,358）
10,000,000	11,473,000	9,963,318（銀行本利和12,540,550）***
20,000,000	20,000,000（保險部分600,000，投資部分19,400,000）	投資型保單（死亡日之投資部分保單價值為22,789,772）
判決文未載明	6,885,000〔利富變額壽險（甲型）2筆，金額為2,904,000及726,000，投資標的為利上加利——澳幣；安聯人壽超優勢變額萬能壽險（丙型），保險費3,255,000，投資標的為大聯美國收益100%〕***	躉繳保險費6,885,000，核定為被繼承人之其他遺產併入遺產課稅
保險金額合計78,168,750	148,209,331	被繼承人死亡時之分離帳戶價值154,598,746
25,500,000	33,953,000***	截至繼承日投資型保單價值計38,122,766
判決文未載明	25,000,000	保單分離帳戶價值計14,772,000，併入遺產總額課稅

***意爲顯有「租稅規避」。

▶案例說明及案例特徵或參考指標——延伸表（續）

序號（109年）	序號（102年）	案例說明			
		保險契約			
		投保商品	繳費方式	有無舉債	有無密集
9	11	壽險保單及投資型保單（14張）	躉繳	無	有（死亡前2個月至1年2個月）***
10	新	投資型保單2張（富邦人壽吉祥變額萬能終身壽險），養老保險單48張（富邦人壽添財利率變動型養老保險）	躉繳	無	無
11	5	終身壽險7筆（富邦萬年春終身壽險）其投保年齡及投保金額亦均已逾網路上公告之投保年齡上限（為74歲）及最高投保金額（為2,000萬）之限制，王○○於投保時即已違規投保	躉繳	88年向銀行舉債29,500,000（生前有鉅額財產138,000,000）***	無
12	2	遠雄人壽千禧增額終身壽險（原瑞士蘇黎世人壽保險公司）	躉繳	有（向子女借款籌措）（保險單借款19,432,523）***	無
13	4	人壽保險（富邦人壽年金保險）	躉繳	無	無
14	9	投資型保單（吉祥變額萬能終身壽險）	分次	無	無
15	18	人壽保險（投資型保單）〔富邦人壽公司投保吉祥變額萬能終身壽險（A型）〕***	躉繳	無	無
16	19	人壽保險（統一安聯人壽公司躉繳投保超優勢變額萬能壽險）***	躉繳	無	無

案例說明		
保險契約		
保險金額	保險費	保險給付
42,194,580	42,477,614	44,358,797
保險金額低於保險費	180,000,000〔躉繳之保險費均高於保險額（吉祥保險單係屬投資型保單，每張躉繳保險費為30,000,000，惟保險額僅25,000,000；養老保險單，於71歲投保，保單90歲期滿，每張躉繳保險費為2,500,000）〕，惟保險額僅2,400,000***	富邦人壽吉祥變額萬能終身壽險100,769,328及富邦人壽添財利率變動型養老保險134,434,012，共計235,203,340併入被繼承人楊○○遺產總額計算
20,950,000	29,447,949	91.09.18給付32,730,185（91.10.02-03繼承人按各自受益比例分別清償銀行貸款本息計37,164,150）
25,000,000	25,780,000	25,099,455***
判決文未載明	35,260,000	36,024,133***
判決文未載明	25,750,000***	投資型保單（繼承日價值合計24,519,474併計遺產總額）
6,000,000	12,000,000（核定為其他遺產，併入遺產課稅）	12,085,845
判決文未載明	30,000,000	29,707,690（系爭保單截至被繼承人死亡日為止之價值29,624,078併計遺產總額）

***意爲顯有「租稅規避」。

▶ 案例特徵或參考指標——分類表

序號（109年）	序號（102年）	案例特徵或參考指標							
		被繼承人			保險契約				
		高齡投保	短期投保	帶病投保	躉繳投保	鉅額投保	舉債投保	密集投保	保險給付低於已繳保險費（保險給付相當於已繳保險費加計利息金額）
1	新	●	●	●	●	●	●		
2	17	●	~~●~~	●	●	●	●		~~●（已繳保險費高於保險金額）~~
3	13		~~●~~	●（102重病）	●				●（已繳保險費高於保險金額）
4	1	●	●		●	●			●（保險費等於保險金額）
5	16	●	●	●	●	●			
6	15	●		●（102重病）	●	●	●		
7	新	●			●	●			
8	新	●		●	●	●	●		
9	11	●	●	●（102重病）	●	●		●	●（保險給付相當於已繳保險費加計利息金額）
10	新	●		●	●	●			
11	5	●			●		●		●（保險費高於保險金額；保險給付相當於已繳保險費加計利息金額）

▶案例特徵或參考指標——分類表（續）

序號（109年）	序號（102年）	案例特徵或參考指標							
		被繼承人			保險契約				
		高齡投保	短期投保	帶病投保	躉繳投保	鉅額投保	舉債投保	密集投保	保險給付低於已繳保險費（保險給付相當於已繳保險費加計利息金額）
12	2	●	●	●（102重病）	●	●	●		●（保險給付低於已繳保險費）
13	4		●	●（102重病）	●	●			●（保險給付相當於已繳保險費加計利息金額）
14	9	●	●	●	●（X）	●			●（保險給付相當於已繳保險費）
15	18	●		●（102重病）		●			●（保險給付相當於已繳保險費）
16	19		●	●（102重病）	●	●			●（保險給付低於已繳保險費）

▶財政部109年7月1日台財稅字第10900520520號函

子公文

檔　號：
保存年限：

財政部　函

機關地址：116252臺北市羅斯福路6段142巷1號
聯絡人：何怡潔
電　話：02-23228149
Email：dot_ycho@mail.mof.gov.tw

受文者：財政部高雄國稅局

發文日期：中華民國109年7月1日
發文字號：台財稅字第10900520520號
速別：普通件
密等及解密條件或保密期限：
附件：如主旨

主旨：檢送重新檢討之「實務上死亡人壽保險金依實質課稅原則核課遺產稅案例及參考特徵」乙份，有關被繼承人生前投保人壽保險案件，其死亡給付所涉遺產稅事宜，請參酌上開案例參考特徵辦理，請查照。

說明：

一、依據107年12月20日立法院第9屆第6會期財政委員會第16次全體委員會議江委員永昌質詢事項辦理。

二、本案經洽據金融監督管理委員會109年2月4日金管保壽字第1090410128號函意見，重新檢討本部102年1月18日台財稅字第10200501712號函附例示案例及其可能依實質課稅原則核課遺產稅之參考特徵如主旨，請於貴局網站登載並加強宣導。

三、貴局依實質課稅原則認定死亡人壽保險金所涉遺產稅徵免事宜時，應依稅捐稽徵法第12條之1(同納稅者權利保護法第7條)規定審慎辦理。

正本：財政部臺北國稅局、財政部高雄國稅局、財政部北區國稅局、財政部中區國稅局、財政部南區國稅局

第1頁　共2頁

109/07/02 10:50:18
1092106664
109/07/10(到期日期)

騎縫章

副本：金融監督管理委員會、中華民國人壽保險商業同業公會、財政部法制處(均附「實務上死亡人壽保險金依實質課稅原則核課遺產稅案例及參考特徵」乙份)

第2頁　共2頁

▶ 台財稅字第10900520520號函：重新檢討之實務上死亡人壽保險金依實質課稅原則核課遺產稅案

序號	案例說明	案例特徵或參考指標
1	被繼承人於民國88年8月2日死亡，生前於87年12月24日以躉繳方式投保還本終身壽險型保單2張共26,586,000元（投保時約71歲），其中包含貸款2,075萬元，並指定其配偶為受益人，而被繼承人於投保時已患有冠心症、心肌梗塞、中風及糖尿病等病症。（最高行政法院101年判字第87號行政判決）	1. 躉繳投保 2. 高齡投保 3. 帶病投保 4. 短期投保 5. 鉅額投保 6. 舉債投保
2	被繼承人於民國94年6月29日死亡，生前於90年9月22日以躉繳方式投保終身壽險保單38,934,665元，並於91年8月8日以其本人為要保人及被保險人，並指定受益人，以躉繳方式投保終身壽險保單184,148,760元（投保時約81歲）；被繼承人在91年間腦部已有退化跡象，對個人人生係採消極態度（面對醫生猶「不肯起身動」，為醫生認「下次可能住院」）；被繼承人生前在91年8月8日繳納系爭保費前，已積欠國泰世華銀行債務80,000,000元，復於91年10月14日再舉借鉅額債務64,000,000元投保，合計144,000,000元，且貸款利率遠高於保單投資報酬率。（最高行政法院100年判字第726號行政判決）	1. 高齡投保 2. 躉繳投保 3. 鉅額投保 4. 帶病投保 5. 舉債投保
3	被繼承人於94年9月3日死亡，生前於89年3月15日經醫院診斷罹患帕金森氏症，且93年8月至死亡日止係處於重病狀態，而無自行處理事務之能力，其於90年3月9日投保終身壽險10,000,000元，躉繳保險費11,147,000元。（臺北高等行政法院99年度訴字第616號判決）	1. 帶病投保 2. 躉繳投保 3. 已繳保險費高於保險金額
4	被繼承人於95年3月6日死亡，生前於93年12月14日以其本人為要保人及被保險人，並指定受益人投保人壽保險（投保時約84歲），保險金額20,000,000元，以躉繳方式繳納保險費20,000,000元（保險部分及投資部分之保險費分別為600,000元及19,400,000元），被繼承人死亡日之投資部分保單價值為22,789,772元。（最高行政法院100年度判字第1003號判決）	1. 躉繳投保 2. 高齡投保 3. 短期投保 4. 鉅額投保 5. 保險費等於保險金額
5	被繼承人於民國95年12月3日死亡，生前於95年2至6月間以躉繳方式投保投資型保單3筆共6,885,000元（投保時約75歲）。於94年5月23日智能檢查呈現疑有極早期失智症狀，後續追蹤並確認有記憶障礙，惟併有憂鬱症及曾罹患腦中風；至95年11月10日，被繼承人有脊髓肌肉萎縮症併頸椎病變及神經根病變，四肢肌肉萎縮，導致行動困難，足證被繼承人於投保前確有上述失智、中風及脊髓肌肉萎縮症併頸椎病變及神經根病變，四肢肌肉萎縮等無法治癒症狀。（最高行政法院100年判字第574號行政判決）	1. 高齡投保 2. 躉繳投保 3. 鉅額投保 4. 短期投保 5. 帶病投保

序號	案例說明	案例特徵或參考指標
6	被繼承人96年6月8日死亡，生前於93年1月至94年3月間（投保時約81歲），陸續以其本人為要保人及被保險人，指定其子為身故保險金之受益人，共投保4筆人壽保險，躉繳保險費148,209,331元，其繳納保費大部分資金來自售地餘款及向繼承人借貸而來；被繼承人生前投保時有高血壓、糖尿病及前列腺癌服藥控制等病況。（高雄高等行政法院100年度訴字第584號判決）	1. 帶病投保 2. 躉繳投保 3. 舉債投保 4. 鉅額投保 5. 高齡投保
7	被繼承人於民國96年11月19日死亡，生前於92年至95年間以躉繳方式投保投資型保單4張共33,953,000元（投保時約72歲），其後曾於95年2月23日至27日因腸阻塞、低血鉀症及膽結石住院治療。（最高行政法院100年判字第1589號行政判決）	1. 躉繳投保 2. 高齡投保 3. 鉅額投保
8	被繼承人於民國97年10月6日死亡，生前於96年1月26日以躉繳方式投保投資型保單25,000,000元（投保時約77歲），旋於同年月29日向陽信商業銀行青年分行貸款25,000,000元，且其曾於95年4月14日及21日因慢性阻塞性肺病前往高雄榮民總醫院就醫最終死因為肺炎併敗血性休克併多重器官衰竭。（高雄高等行政法院99年訴字第246號行政判決）	1. 躉繳投保 2. 高齡投保 3. 鉅額投保 4. 帶病投保 5. 舉債投保
9	被繼承人於97年12月19日因肝癌死亡，其死亡前2個月至1年2個月間密集投保（投保時約71歲），以本人為要保人及被保險人，並指定繼承人為身故受益人，躉繳保險費42,477,614元，受益人所獲保險給付44,358,797元。（最高行政法院101年度判字第201號判決、高雄高等行政法院100年度訴字第142號判決）	1. 帶病投保 2. 躉繳投保 3. 鉅額投保 4. 短期投保 5. 高齡投保 6. 密集投保 7. 保險給付相當於已繳保險費加計利息金額
10	被繼承人於民國98年3月5日死亡，生前於93年4月13日及93年7月27日至93年9月1日間以躉繳方式投保投資型保單2張及養老保險單48張共1,800萬元（投保時約71歲），於投保前因多發性骨髓瘤入住於臺大醫院，且有刻意隱瞞病情而規避遺產稅之故意。（臺北高等行政法院100年訴字第1517號行政判決）	1. 躉繳投保 2. 高齡投保 3. 帶病投保 4. 鉅額投保
11	被繼承人於91年9月8日死亡，生前有鉅額財產1億3,800餘萬元，其於88年4月13日向銀行舉債29,500,000元，以躉繳方式投保終身壽險7筆（投保時77歲），指定其子女等5人為身故保險金受益人，保險金額20,950,000元，躉繳保險費29,447,949元，嗣被繼承人死亡，保險公司於同年月18日給付受益人保險金計32,730,185元，繼承人於同年10月2日及3日按各自受益比例分別清償上開銀行借款本息計37,164,150元。（最高行政法院97年度判字第675號判決）	1. 躉繳投保 2. 舉債投保 3. 高齡投保 4. 保險費高於保險金額；保險給付相當於已繳保險費加計利息金額

序號	案例說明	案例特徵或參考指標
12	被繼承人於91年6月27日死亡，生前於90年2月7日至4月115日期間因腎動脈狹窄合併慢性腎衰竭住院治療，同年4月17日至28日定期門診血析，其於90年4月2日以本人為要保人及被保險人，並指定其孫（即繼承人）為身故保險金受益人，以舉債躉繳方式繳納保險費25,780,000元（投保時約77歲），身故保險理賠金25,099,455元。（最高行政法院98年度判字第1145號判決）	1. 帶病投保 2. 躉繳投保 3. 舉債投保 4. 高齡投保 5. 短期投保 6. 鉅額投保 7. 保險給付低於已繳保險費
13	被繼承人於90年9月8日死亡，生前於88年3月24日經診斷有其他慢性阻塞性肺疾病、氣管支氣管及肺之惡性腫瘤及瀰散性肺間質變等疾病，90年3月至9月間陸續住院接受例行性化學治療及放射線治療，其於89年3月3日起至90年8月21日陸續以躉繳方式投保人壽保險，以其本人為要保人及被保險人，指定其女為受益人，躉繳保險費35,260,000元，身故之保險理賠金約36,024,133元。（最高行政法院97年度判字第81號判決）	1. 帶病投保 2. 躉繳投保 3. 短期投保 4. 鉅額投保 5. 保險給付相當於已繳保險費加計利息金額
14	被繼承人於94年1月3日死亡，生前於92年1月至5月經診斷為中風後之言語障礙和記憶障礙，93年4月20日起至5月29日止住院期間意識狀態為不清楚，自行處理事務能力差，93年11月27日起至12月10日止及93年12月13日起至12月21日止住院意識為可醒著，但因雙側大腦功能缺損，無法言語溝通也無法以肢體表達所需。被繼承人分別於92年6月18日及93年2月26日，投保吉祥變額萬能終身壽險（投保時81歲），以其本人為要保人及被保險人，並指定繼承人為受益人，自92年6月27日起至93年5月13日止，繳納保險費計25,750,000元；又因該保單屬投資型保險商品，繼承日價值合計24,519,474元。（高雄高等行政法院95年度訴字第1150號判決）	1. 帶病投保 2. 鉅額投保 3. 高齡投保 4. 保險給付相當於已繳保險費
15	被繼承人於95年9月18日死亡，於89年間經診斷有肝炎、肝硬化及肝癌，並於89年5月至95年9月間住院6次治療，其於92年12月8日投保人壽保險（投資型保單）（投保時72歲），以本人為要保人及被保險人，指定其子女為身故受益人，躉繳保險費12,000,000元，受益人所獲保險理賠金為12,085,845元。（高雄高等行政法院97年度訴字第771號判決）	1. 帶病投保 2. 鉅額投保 3. 高齡投保 4. 保險給付相當於已繳保險費
16	被繼承人於94年4月11日死亡，生前於93年5月間經診斷罹患肺小細胞癌，於93年7月16日投保人壽保險（投保時72歲），以本人為要保人及被保險人，指定繼承人為身故受益人，躉繳保險費30,000,000元，受益人所獲身故保險給付為29,707,690元。（臺北高等行政法院97年度訴字第2275號判決）	1. 帶病投保 2. 躉繳投保 3. 鉅額投保 4. 短期投保 5. 保險給付低於已繳保險費

製表日期：109年6月16日。

資料來源：金融監督管理委員會109年2月4日金管保壽字第1090410128號函（序號1、7、8、10）及財政部102年1月18日台財稅字第10200501712號函（序號2-6、9、11-16）。

▶財政部102年1月18日台財稅字第10200501712號函

檔　　號：
保存年限：

收文 1020510
日期 102. 1. 21
檔號

財政部 函

機關地址：臺北市中正區(10066)愛國西路2號
聯 絡 人：羅珮儒
電　　話：02-23228000 #8759

受文者：中華民國人壽保險商業同業公會

發文日期：中華民國102年1月18日
發文字號：台財稅字第10200501712號
速別：普通件
密等及解密條件或保密期限：
附件：如文

主旨：檢送「實務上死亡人壽保險金依實質課稅原則核課遺產稅案例及其參考特徵」乙份，有關被繼承人生前投保人壽保險案件，其死亡給付所涉遺產稅事宜，請參酌上開案例參考特徵辦理，請　查照。

說明：

一、依據本部賦稅署案陳101年12月6日研商「死亡人壽保險金依實質課稅原則核課遺產稅案件，能否就常見類型分類並明定判斷標準」會議結論辦理。

二、旨揭例示案例及其可能依實質課稅原則核課遺產稅之參考特徵，請於貴局網站登載並加強宣導。

三、按稅捐稽徵法第12條之1第1項及第3項規定：「涉及租稅事項之法律，其解釋應本於租稅法律主義之精神，依各該法律之立法目的，衡酌經濟上之意義及實質課稅之公平原則為之。」「前項課徵租稅構成要件事實之認定，稅捐稽徵機關就其事實有舉證之責任。」次

第一頁　共二頁

檔　　號：
保存年限：

按行政程序法第36條規定：「行政機關應依職權調查證據，不受當事人主張之拘束，對當事人有利及不利事項一律注意。」準此，於依實質課稅原則認定死亡人壽保險金所涉遺產稅徵免事宜時，應依前開規定嚴謹審慎辦理。

正本：財政部臺北國稅局、財政部高雄國稅局、財政部北區國稅局、財政部中區國稅局、財政部南區國稅局
副本：金融監督管理委員會、中華民國人壽保險商業同業公會、財政部法制處

第二頁　共二頁

台財稅字第10200501712號函：實務上死亡人壽保險金依實質課稅原則核課遺產稅案例及其參考

序號	案例說明	案例特徵或參考指標
1	被繼承人於95年3月6日死亡，生前於93年12月14日以其本人為要保人及被保險人，並指定受益人投保人壽保險（投保時約84歲），保險金額20,000,000元，以躉繳方式繳納保險費20,000,000元（保險部分及投資部分之保險費分別為600,000元及19,400,000元），被繼承人死亡日之投資部分保單價值為22,789,772元。（最高行政法院100年度判字第1003號判決）	1. 躉繳投保 2. 高齡投保 3. 短期投保 4. 鉅額投保 5. 保險費等於保險金額
2	被繼承人於91年6月27日死亡，生前於90年2月7日至4月15日期間因腎動脈狹窄合併慢性 腎衰竭住院治療，同年4月17日至28日定期門診血析，其於90年4月2日以本人為要保人及被保險人，並指定其孫（即繼承人）為身故保險金受益人，以舉債躉繳方式繳納保險費25,780,000元（投保時約77歲），身故保險理賠金25,099,455元。（最高行政法院98年度判字第1145號判決）	1. 重病投保 2. 躉繳投保 3. 舉債投保 4. 高齡投保 5. 短期投保 6. 鉅額投保 7. 保險給付低於已繳保險費
3	被繼承人於92年11月21日死亡，生前於91年6月4日贖回投資基金，以本人為要保人及被保險人，投保即期年金保險，指定繼承人為身故受益人，躉繳保險費13,148,721元，其於92年11月21日因急性心肌梗塞、心因性休克死亡，保險理賠金11,421,560元。（最高行政法院98年度判字第1236號判決）	1. 躉繳投保 2. 高齡投保 3. 短期投保 4. 鉅額投保 5. 保險給付低於已繳保險費
4	被繼承人於90年9月8日死亡，生前於88年3月24日經診斷有其他慢性阻塞性肺疾病、氣管支氣管及肺之惡性腫瘤及瀰散性肺間質變等疾病，90年3月至9月間陸續住院接受例行性化學治療及放射線治療，其於89年3月3日起至90年8月21日陸續以躉繳方式投保人壽保險，以其本人為要保人及被保險人，指定其女為受益人，躉繳保險費35,260,000元，身故之保險理賠金約36,024,133元。（最高行政法院97年度判字第81號判決）	1. 重病投保 2. 躉繳投保 3. 短期投保 4. 鉅額投保 5. 保險給付相當於已繳保險費加計利息金額
5	被繼承人於91年9月8日死亡，生前有鉅額財產1億3,800餘萬元，其於88年4月13日向銀行舉債29,500,000元，以躉繳方式投保終身壽險7筆（投保時77歲），指定其子女等5人為身故保險金受益人，保險金額20,950,000元，躉繳保險費29,447,949元，嗣被繼承人死亡，保險公司於同年月18日給付受益人保險金計32,730,185元，繼承人於同年10月2日及3日按各自受益比例分別清償上開銀行借款本息計37,164,150元。（最高行政法院97年度判字第675號判決）	1. 躉繳投保 2. 舉債投保 3. 高齡投保 4. 保險費高於保險金額；保險給付相當於已繳保險費加計利息金額

序號	案例說明	案例特徵或參考指標
6	被繼承人於92年10月28日死亡，生前於91年11月7日檢查證實罹患肺腺癌，並於同年月27日手術切除，92年1月發現肺癌移轉至腦部，並於同年6月17日腦部手術，其於91年11月4日至92年10月28日間數度住院及作放射線治療；被繼承人於92年5月13日以躉繳方式投保即期年金保險（投保時64歲），躉繳保險費24,335,000元，並指定子女4人為身故受益人，保險公司依約按月給付年金10萬元，至92年12月11日止合計給付年金70萬元，並於被繼承人身故後理賠23,635,000元予受益人。（最高行政法院97年度判字第949號判決）	1. 重病投保 2. 躉繳投保 3. 短期投保 4. 鉅額投保 5. 保險給付相當於已繳保險費
7	被繼承人於93年6月9日死亡，生前於87年7月間以其名下土地向銀行抵押借款1億2,300萬元，於87年7月22日投保即期年金保險11筆（被繼承人投保時73歲），以其本人為要保人及被保險人，指定其子女及孫等5人為身故受益人，躉繳保險費計1億2,283萬餘元。（高雄高等行政法院96年度訴字第434號判決）	1. 躉繳投保 2. 舉債投保 3. 鉅額投保 4. 高齡投保
8	被繼承人於92年4月2日死亡，生前於89年4月28日經診斷為惡性腦瘤，同年5月16日開始接受放射治療，嗣於89年12月22日以其本人為要保人及被保險人，投保年金保險（被繼承人投保時75歲），躉繳保險費6,585,900元，並指定其子為身故年金受益人。（高雄高等行政法院96年度訴字第470號判決）	1. 重病投保 2. 躉繳投保 3. 高齡投保
9	被繼承人於94年1月3日死亡，生前於92年1月至5月經診斷為中風後之言語障礙和記憶障礙，93年4月20日起至5月29日止住院期間意識狀態為不清楚，自行處理事務能力差，93年11月27日起至12月10日止及93年12月13日起至12月21日止住院意識為可醒著，但因雙側大腦功能缺損無法言語溝通也無法以肢體表達所需。被繼承人分別於92年6月18日及93年2月26日，投保吉祥變額萬能終身壽險（投保時81歲），以其本人為要保人及被保險人，並指定繼承人為受益人，自92年6月27日起至93年5月13日止，繳納保險費計25,750,000元；又因該保單屬投資型保險商品，繼承日價值合計24,519,474元。（高雄高等行政法院95年度訴字第1150號判決）	1. 帶病投保 2. 躉繳投保 3. 高齡投保 4. 短期投保 5. 鉅額投保 6. 保險給付相當於已繳保險費
10	被繼承人於92年3月21日死亡，生前於90年6月至91年12月間因胃造管需替換而住院6次，另其87年間中風，無法行動及表達，生活已無法完全自理。被繼承人於90年6月26日投保即期年金保險（投保時65歲），躉繳保險費4,991,360元，身故保險理賠金為4,287,360元。（高雄高等行政法院96年度訴字第481號判決）	1. 重病投保 2. 躉繳投保 3. 短期投保 4. 所繳保險費相當於被繼承人生前領取之生存保險金及受益人領取身故保險金總額

序號	案例說明	案例特徵或參考指標
11	被繼承人於97年12月19日因肝癌死亡，其死亡前2個月至1年2個月間密集投保，以本人為要保人及被保險人，並指定繼承人為身故受益人，躉繳保險費42,477,614元，受益人所獲保險給付44,358,797元。（最高行政法院101年度判字第201號判決、高雄高等行政法院100年度訴字第142號判決）	1. 重病投保 2. 躉繳投保 3. 鉅額投保 4. 短期投保 5. 保險給付相當於已繳保險費加計利息金額
12	被繼承人於92年10月3日死亡，生前於84年發現罹有輕度慢性腎臟病、輕度阻塞性換氣障礙、十二指腸發炎、萎縮性胃炎等疾病，嗣於88年5月28日及89年1月1日，以其本人為要保人及被保險人，指定子女、孫子女及媳婦為滿期及身故受益人，投保養老保險2筆（投保時80歲），保險費分6期繳納，截至被繼承人死亡日止已繳保費7,206,420元；另於89年5月9日投保年金保險10筆，躉繳保險費10,950,000元，受益人所獲得保險給付7,884,816元。（高雄高等行政法院100年度訴字第247號判決）	1. 躉繳投保 2. 高齡投保 3. 密集投保 4. 保險給付相當於已繳保險費
13	被繼承人於94年9月3日死亡，生前於89年3月15日經醫院診斷罹患帕金森氏症，且93年8月至死亡日止係處於重病狀態而無自行處理事務之能力，其於90年3月9日投保終身壽險，保險金額10,000,000元，躉繳保險費11,147,000元。（臺北高等行政法院99年度訴字第616號判決）	1. 重病投保 2. 躉繳投保 3. 短期投保 4. 已繳保險費高於保險金額
14	被繼承人於96年1月1日死亡，死亡前2年半（投保時78～80歲高齡）密集投保26筆保單，其中1筆養老保險，投保內容為6年滿期給付保險金予被繼承人本人及身故保險金給付指定受益人，保險金額1,500,000元，繳納保險費2,986,335元。另於近80歲高齡，身體狀況不佳之情況下，不到2個月內，投保22筆迄94歲始能領取之養老保險，支出保險費6,000萬元，保險金額6,100萬元，迄其死亡後，受益人取得之保險金約為已繳保險費總額。（臺北高等行政法院98年度訴字第446號判決）	1. 帶病投保 2. 躉繳投保 3. 高齡投保 4. 密集投保 5. 鉅額投保 6. 短期投保 7. 已繳保險費高於保險金額
15	被繼承人96年6月8日死亡，生前於93年1月至94年3月間，陸續以其本人為要保人及被保險人，指定其子為身故保險金之受益人，共投保4筆人壽保險，躉繳保險費148,209,331元，其繳納保費大部分資金來自售地餘款及向繼承人借貸而來；被繼承人生前投保時有高血壓、糖尿病及前列腺癌服藥控制等病況。（高雄高等行政法院100年度訴字第584號判決）	1. 重病投保 2. 躉繳投保 3. 舉債投保 4. 鉅額投保

序號	案例說明	案例特徵或參考指標
16	被繼承人於95年12月3日死亡，生前於95年2月間至6月間投保人壽保險（投資型保單）3筆，以本人為要保人及被保險人，指定繼承人為身故受益人，以躉繳方式繳納保險費共6,885,000元，其繳納保費部分資金來自售地餘款；被繼承人投保時年齡75歲，其於投保前有失智、記憶障礙、憂鬱症及曾罹患腦中風等病況。（最高行政法院100年度判字第574號判決）	1. 帶病投保 2. 躉繳投保 3. 高齡投保 4. 短期投保
17	被繼承人於94年6月29日死亡，生前於91年7月至8月間以其本人為要保人及被保險人投保人壽保險，指定其子及媳婦為受益人，躉繳保險費223,083,425元，投保時年齡81歲，其中26.6%保費資金來源係向銀行貸款，投保時健康狀況不佳且長期藥物治療，投保前更因腦力顯著退化，陷入憂鬱狀態。（最高行政法院100年度判字第726號判決、101年度判字第205號判決）	1. 帶病投保 2. 躉繳投保 3. 高齡投保 4. 鉅額投保 5. 舉債投保 6. 短期投保 7. 已繳保險費高於保險金額
18	被繼承人於95年9月18日因肝癌及敗血性休克死亡，生前於89年間經診斷有肝炎、肝硬化及肝癌，並於89年5月至95年9月間住院6次治療，其於92年12月8日投保人壽保險（投資型保單）（投保時72歲），以本人為要保人及被保險人，指定其子女為身故受益人，躉繳保險費12,000,000元，受益人所獲保險理賠金為12,085,845元。（高雄高等行政法院97年度訴字第771號判決）	1. 重病投保 2. 鉅額投保 3. 保險給付相當於已繳保險費
19	被繼承人於94年4月11日死亡，生前於93年5月間經診斷罹患肺小細胞癌，於93年7月16日投保人壽保險（投保時72歲），以本人為要保人及被保險人，指定繼承人為身故受益人，躉繳保險費30,000,000元，受益人所獲身故保險給付為29,707,690元。（臺北高等行政法院97年度訴字第2275號判決）	1. 重病投保 2. 躉繳投保 3. 鉅額投保 4. 短期投保 5. 保險給付低於已繳保險費

附　註

Chapter 1

註1 《資本主義的罪惡咖啡館：咖啡館裡的書摘與管理哲思》第七章，作者：黃世芳，出版社：雅書堂。

註2 《光天化日搶錢：稅賦如何形塑過去與改變未來？》第一章，作者：多米尼克．弗斯比，譯者：王曉伯，出版社：時報出版。

註3 《光天化日搶錢：稅賦如何形塑過去與改變未來？》第三章，作者：多米尼克．弗斯比，譯者：王曉伯，出版社：時報出版。

註4 信賴保護原則：人民因為信賴政府的行為或法規，而作出一定生活上的安排，此應受到法律之保護。

Chapter 2

註1 總保費排名、保險密度、保險滲透度與保險業從業人數的資料來源：財團法人保險事業發展中心——保險財務業務統計網頁，https://www.tii.org.tw/tii/information/information1/000001.html。

註2 依瑞士再保最新Sigma報告，臺灣2020年保險滲透度（penetration，即保費占GDP比率）全球排名落到第二位，由香港以20.8%拿下全球第一。金管會鑑於保險業即將要正式接軌IFRS 17，並強化國人保障，以至於2020年壽險總保費衰退。依金管會保險局解釋，IFRS 17是國際會計準則理事會（IASB）發布之國際財務報導準則第17號「保險合約」，規範保險合約衡量及表達之會計處理準則，IFRS 17以公允價值評估保險合約負債，並提供保險合約不同獲利來源資訊等，有助於保險業落實資產負債管理，使財報表達更透明及貼近保險業經營實質，回歸保險業經營之核心價值。

註3 民國110年12月17日依總統令公布刪除稅捐稽徵法第12-1條，原因是考量「納稅者權利保護法」第7條，已有相關規定，為避免重複，故刪除本條。

Chapter 3

註1 特留分：民法第1223條繼承人之特留分，依左列各款之規定：
一、直系血親卑親屬之特留分，為其應繼分二分之一。
二、父母之特留分，為其應繼分二分之一。
三、配偶之特留分，為其應繼分二分之一。
四、兄弟姊妹之特留分，為其應繼分三分之一。
五、祖父母之特留分，為其應繼分三分之一。

Chapter 4

註1 IFRS 17「保險合約」係規範保險合約衡量及表達之會計處理準則，過去國際間對保險合約並無一致之會計準則規範，各國各自發展出之處理原則，使財務報告使用者難以理解或比較各國保險業之財務狀況及經營績效。現行會計處理採類似現金基礎之方式處理保險合約，使保險業財務報導基礎不同於其他產業，難以呈現保險產業之長期業務特性，無法真實呈現經營績效，亦使保險業資產負債管理難以落實，影響保險業長期健全發展。（資料來源：金管會）

註2 「保單價值準備金」又稱為「不可喪失價值」（non-forfeiture value），而責任準備金指保險公司為承擔未到期責任，自各期保費收入提存之準備，基於財務監理穩健原則，責任準備金應大過保單價值準備金，以確保消費者權益。責任準備金歸類於保險公司資產負債表中之負債項目，公司應持有與責任準備金等值資產，以履行其契約責任。

註3 合約服務邊際（Contractual Service Margin, CSM）之設計目的，係為保留未來可能的未賺得利潤，以消除首日的利得。

註4 我國在2026年接軌IFRS 17將可為保險業者帶來助益，包括：⑴國際共通語言增加可比較性。⑵忠實表達公司經營實質。⑶增加財務報告透明度。⑷資產負債衡量具一致性，有助公司經營管理。⑸引導壽險業調整商品結構，提高保障型商品及高齡化商品銷售。（資料來源：金管會）

註5 金管會2019年12月24日發布訂定「人壽保險商品死亡給付對保單價值準備金（保單帳戶價值）之最低比率規範」，未來壽險保單將提高保障成分，並降低儲蓄比重，且必須符合最低死亡保障門檻比率規定，自2020年7月1日生效。

註6 「保單責任準備金利率」是壽險公司收取保費後，要提存準備金的依據。利率愈低，壽險公司要提存的金額愈高。

註7 瑞士再保險是一家位於瑞士蘇黎世的再保險公司，也是世界第二大的再保險公司。

註8 本次發布自2021年7月1日實施之第六回經驗生命表，係作為規範壽險業責任準備金之提存標準，因第六回經驗生命表與全國國民之死亡率改善趨勢一致，惟男、女性各年齡層改善情形不盡相同，以平均死亡率而言，較第五回經驗生命表約有30%之改善幅度，可合理反映壽險業計提未來保險金給付之責任準備金，有助於壽險業穩健經營，確保其清償能力。（資料來源：金管會）

註9 金管會在2006年開啟了外國企業來臺灣掛牌發行以外幣計價的債券市場，這也就是一般所稱的「國際板債券」市場。

註10 一般公認會計原則（Generally Accepted Accounting Principles，簡稱GAAP）指就因應會計事項所制定的全球性原則，會計個體之資產、負債、資本、費用、收入等任何一環，都必須遵守。

註11 「替代式」最低稅負制（alternative minimum tax, AMT），將高所得者享受較多的特定租稅減免，加回其課稅所得之中，還原成應納稅的稅基，再依據另設的免稅額與稅率級距等稅額計算公式，計算其最低應繳納的稅負。如果依此計算出的稅負低於現行綜合所得稅或營利事業所得稅所規定應繳的金額，則按現行稅制的結果繳稅；若依此計算出之稅負高於現行稅制下應繳的金額，則按最低稅負制的結果繳稅。

註12 個人最低稅負係以家戶為申報單位，納稅義務人與其依所得稅法規定應合併申報綜合所得稅之配偶及受扶養親屬，有所得基本稅額條例規定應計入基本所得額之所得項目或扣除項目時，應由納稅義務人合併計算基本所得額，並繳納基本稅額。

註13 為實施最低稅負制，我國特別制定「所得基本稅額條例」，該條例在民國94年12月28日完成立法，自95年1月1日起施行。但同條例中，短報或漏報基本所得額之罰則，自96年1月1日施行；個人海外所得自98年起始納入最低稅負制之稅基，但行政院得視經濟發展情況於必要時延至99年納入，嗣經行政院核定自99年納入。

註14 我國現行租稅減免規定散見於數十種法律當中，分別由不同部會主管，已使稅制愈趨複雜，理想之租稅改革，應全面檢討不合時宜之租稅減免規定，但受限於政治環境及立法技術，要在短期內全面檢討取消現有之各項租稅獎勵，有其現實之困難與障礙。

註15 司法院釋字第420號解釋文，https://cons.judicial.gov.tw/jcc/zh-tw/jep03/show?expno=420%20。

註16 司法院釋字第496號解釋文，https://cons.judicial.gov.tw/jcc/zh-tw/jep03/show?expno=496%20。

註17 司法院釋字第500號解釋文，https://cons.judicial.gov.tw/jcc/zh-tw/jep03/show?expno=500%20。

Chapter 5

註1 納稅者權利保護法，全國法規資料庫，https://law.moj.gov.tw/LawClass/LawAll.aspx?pcode=G0340142。

註2 財政部中區國稅局，納稅者權利保護官姓名及聯絡方式，https://www.ntbca.gov.tw/singlehtml/8680f72cecc64dcd938e939813565105?cntId=3ba480fe6d724756acaa2cb27b160d12。

註3 稅捐稽徵法，全國法規資料庫，https://law.moj.gov.tw/LawClass/LawAll.aspx?pcode=G0340001。

註4 司法院大法官網頁查詢路徑，https://cons.judicial.gov.tw/jcc/zh-tw/jep03/show?expno=420%20。

註5 稅捐稽徵法第12之1條條文全文（民國110年12月17日刪除稅捐稽徵法第12條之1），共有7項，條列如下：

第1項　涉及租稅事項之法律，其解釋應本於租稅法律主義之精神，依各該法律之立法目的，衡酌經濟上之意義及實質課稅之公平原則為之。

第2項　稅捐稽徵機關認定課徵租稅之構成要件事實時，應以實質經濟事實關係及其所生實質經濟利益之歸屬與享有為依據。

第3項　納稅義務人基於獲得租稅利益，違背稅法之立法目的，濫用法律形式，規避租稅構成要件之該當，以達成與交易常規相當之經濟效果，為租稅規避。

第4項　前項租稅規避及第二項課徵租稅構成要件事實之認定，稅捐稽徵機關就其事實有舉證之責任。

第5項　納稅義務人依本法及稅法規定所負之協力義務，不因前項規定而免除。

第6項　稅捐稽徵機關查明納稅義務人及交易之相對人或關係人有第二項或第三項之情事者，為正確計算應納稅額，得按交易常規或依查得資料依各稅法規定予以調整。

第7項　納稅義務人得在從事特定交易行為前，提供相關證明文件，向稅捐稽徵機關申請諮詢，稅捐稽徵機關應於六個月內答覆。

註6 納稅者權利保護法第7條條文全文共為10項，條列如下：

第1項　涉及租稅事項之法律，其解釋應本於租稅法律主義之精神，依各該法律之立法目的，衡酌經濟上之意義及實質課稅之公平原則為之。

第2項　稅捐稽徵機關認定課徵租稅之構成要件事實時，應以實質經濟事實關係及其所生實質經濟利益之歸屬與享有為依據。

第3項　納稅者基於獲得租稅利益，違背稅法之立法目的，濫用法律形式，以非常規交易規避租稅構成要件之該當，以達成與交易常規相當之經濟效果，為租稅規避。稅捐稽徵機關仍根據與實質上經濟利益相當之法律形式，成立租稅上請求權，並加徵滯納金及利息。

第4項　前項租稅規避及第二項課徵租稅構成要件事實之認定，稅捐稽徵機關就其事實有舉證之責任。

第5項　納稅者依本法及稅法規定所負之協力義務，不因前項規定而免除。

第6項　稅捐稽徵機關查明納稅者及交易之相對人或關係人有第三項之情事者，為正確計算應納稅額，得按交易常規或依查得資料依各稅法規定予以調整。

第7項　第三項之滯納金，按應補繳稅款百分之十五計算；並自該應補繳稅款原應繳納期限屆滿之次日起，至填發補繳稅款繳納通知書之日止，按補繳稅款，依各年度一月一日郵政儲金一年期定期儲金固定利率，按日加計利息，一併徵收。

第8項　第三項情形，主管機關不得另課予逃漏稅捐之處罰。但納稅者於申報或調查時，對重要事項隱匿或為虛偽不實陳述或提供不正確資料，致使稅捐稽徵機關短漏核定稅捐者，不在此限。

第9項　納稅者得在從事特定交易行為前，提供相關證明文件，向稅捐稽徵機關申請諮詢，稅捐稽徵機關應於六個月內答覆。

第10項　本法施行前之租稅規避案件，依各稅法規定應裁罰而尚未裁罰者，適用第三項、第七項及第八項規定；已裁罰尚未確定者，其處罰金額最高不得超過第七項所定滯納金及利息之總額。但有第八項但書情形者，不適用之。

註7　判決書查詢路徑：司法院裁判書系統，https://judgment.judicial/gov.tw/FJUD/default.aspx。

註8　民法第71條規定，法律行為，違反強制或禁止規定者無效。但其規定並不以之為無效者，不在此限。

註9　行政程序法第36條，行政機關應依職權調查證據，不受當事人主張之拘束，對當事人有利及不利事項一律注意。

註10　經濟考察法，在德國所發展出來的「經濟觀察法」，旨在作為稅捐規範的「目的解釋」之方法。「經濟觀察法」所觀察的標的是「總體經濟過程」，通常適用於「防杜濫用私法形成自由的脫法避稅行為」的問題。參考網址：https://www.lawbank.com.tw/treatise/pl_article.aspx?AID=P000235018。

註11　財政部高雄國稅局發布之新聞稿，依實質課稅原則核課遺產稅之案例及參考特徵，https://www.mof.gov.tw/singlehtml/384fb3077bb349ea973e7fc6f13b6974?cntId=66cb1f563fba4010a1452dce6d51d68d。

Chapter 6

註1 財政部高雄國稅局法務一科提供，依實質課稅原則核課遺產稅之案例及參考特徵，https://www.mof.gov.tw/singlehtml/384fb3077bb349ea973e7fc6f1 3b6974?cntId=66cb1f563fba4010a1452dce6d51d68d。

註2 行政訴訟法，全國法規資料庫，https://law.moj.gov.tw/LawClass/LawAll.aspx?pcode=A0030154。

註3 行政訴訟採2級2審制。如果不服訴願之決定，或訴願機關於人民提起訴願後3個月內不為決定，或延長訴願決定期間逾2個月仍不為決定者，人民即得向高等行政法院或地方法院行政訴訟庭提起行政訴訟，無須再經過訴願之程序，如不服高等行政法院或地方法院行政訴訟庭之裁判者，得向最高行政法院或高等行政法院提起上訴或抗告。參考網址：財政部北區國稅局，https://www.ntbna.gov.tw/singlehtml/ca5bf361b3e04ef987a5303753f0f37f?cntId=72f42541d87d46c7a5ae397932fa2903。

註4 人民因其權益受有公行政之公法上違法或不當行為之侵害，向有權之國家機關請求法律救濟之制度，即為行政救濟。依學者見解，行政救濟範圍除訴願、行政訴訟外，尚包含訴願之先行程序如所得稅法之複查、商標法及專利法上之異議、評定、再審查，以及教師法與公務人員保障法之申訴等等均屬行政救濟範疇。參考網址：臺北市士林區公所，https://sldo.gov.taipei/News_Content.aspx?n=D974C6E770CD7D89&sms=87415A8B9CE81B16&s=F62B71EF7553574A。

註5 行政訴訟上「不利益變更禁止原則」，在行政訴訟方面，撤銷訴訟是原告認為原行政處分或決定對其不利，向行政法院表示不服，請求救濟之制度。行政法院如認為原告之訴有理由，而為變更原處分或原決定，不得較為原處分或決定不利於原告之判決，以免違背撤銷訴訟制度設立之本旨（行政訴訟法第195條第2項）。https://www.justlaw.com.tw/LRdetail.php?id=428。

註6 依據中央法規標準法第16條（法規對其他法規所規定之同一事項而為特別之規定者，應優先適用之。其他法規修正後，仍應優先適用）規定，特別法指的是在同一事項中，如同時可適用兩種以上之法律時，應優先適用者，而特別法未規定的事項，則可透過普通法補充。此外，同一部法典，也可能同時具備特別法與普通法的性質，舉例來說，土地法相對於民法而言是特別法，但與平均地權條例相比，土地法則是普通法。https://www.legis-pedia.com/article/crime-penalty/299。

註7 行政處分未經撤銷、廢止，或未因其他事由而失效者，其效力繼續存在。https://law.moj.gov.tw/LawClass/LawAll.aspx?pcode=A0030055。

註8 行政法係以不溯及既往為原則、溯及既往為例外（北區國稅局）。財政部臺灣省北區國稅局表示，法律適用之基本原則中有所謂「不溯及既往」，此是源於法治國家內涵之信賴保護原則思想。行政法亦係以不溯及既往為原則、溯及既往為例外。基於此原則，除立法機關於制定法律時，以衡量公益與利益保護之結果，會明定行政法規得例外的溯及既往外，行政機關於適用法規時，即應遵守該原則，不得任意擴張例外之解釋，而使行政法規之效力溯及於該法規生效前業已終結之事實或法律關係，以維持法律生活之安定。https://zh.wikipedia.org/wiki/%E4%B8%8D%E6%BA%AF%E5%8F%8A%E6%97%A2%E5%BE%80%E5%8E%9F%E5%89%87。

註9 指對於某一行為，欲認定行為人之刑事責任，必須一般社會對於該行為人能期待其不為該犯罪行為，而為其他適法行為之情形；亦即能期待該行為人不為犯罪行為，而該行為人竟違反期待而為犯罪行為者，即發生刑事責任之謂。故其本質乃為一種可責性或可非難性，此種非難可能性，應依期待可能性之原理決之，故規範責任論以期待可能性為責任本質之規範要素。實務上寓有期待可能性之案例，如最高法院認為，刑法第164條第1項與第2項為關於藏匿人犯罪之法條，原僅處罰他人之藏匿，實務上因而認為犯人自行隱避，在刑法上既非處罰之行為，則教唆他人頂替自己以便隱避，當然亦在不罰之列。此莫非認為對於犯人之自行隱避，無期待可能性，故法無處罰規定，從而對於犯人亦無法期待其不教唆他人頂替自己，以便隱避。https://www.justlaw.com.tw/News01.php?id=4013。

註10 依中華民國司法院大法官釋字第525號解釋所宣示之信賴保護原則，法規公布實施後，制定或發布法規之機關依法定程序予以修改或廢止時，應兼顧規範對象信賴利益之保護。除法規預先有施行期間或因情事變遷而停止適用，不生信賴保護問題外，其因公益之必要廢止法規或修改內容，致人民客觀上具體表現其因信賴而生之實體法上利益受損害，應採取合理之補救措施，或訂定過渡期間之條款，俾減輕損害，方符憲法保障人民權利之意旨。https://law.moj.gov.tw/LawClass/ExContent.aspx?ty=C&CC=D&CNO=525。

Chapter 7

註1 查對於課稅處分提起行政爭訟者，實務上係採爭點主義；申言之，課稅處分就其個別之課稅基礎具有可分性者，納稅義務人可對其中一部分提起行政爭訟，亦即僅將爭執點限定於稅捐事件全體之中個別之部分。是以，我國訴訟實務就租稅行政救濟之訴訟標的係採爭點主義，不採總額主義，亦即行政救濟僅得就納稅義務人爭執之範圍（爭點）為審查，如納稅義務人之爭點未經復查或訴願程序，於行政訴訟中復加以爭執，即非法之所許。

Chapter 10

註1 行政程序法第111條第6款：未經授權而違背法規有關專屬管轄之規定或缺乏事務權限者。

註2 行政程序法第11條第1項：行政機關之管轄權，依其組織法規或其他行政法規定之。

註3 行政程序法第43條：行政機關為處分或其他行政行為，應斟酌全部陳述與調查事實及證據之結果，依論理及經驗法則判斷事實之真偽，並將其決定及理由告知當事人。

Chapter 11

註1 行政程序法第9條：行政機關就該管行政程序，應於當事人有利及不利之情形，一律注意。

Chapter 14

註1 《二十一世紀資本論》（*Le Capital au XXIe siècle*），作者：托瑪．皮凱提（Thomas Piketty），譯者：詹文碩、陳以禮，出版社：衛城。

Chapter 16

註1 關於民法第1189條所列的五種遺囑方式，民法在第1190條～1197條分別規範敘述如下：

第1190條　自書遺囑者，應自書遺囑全文，記明年、月、日，並親自簽名；如有增減、塗改，應註明增減、塗改之處所及字數，另行簽名。

第1191條　公證遺囑，應指定二人以上之見證人，在公證人前口述遺囑意旨，由公證人筆記、宣讀、講解，經遺囑人認可後，記明年、月、日，由公證人、見證人及遺囑人同行簽名，遺囑人不能簽名者，由公證人將其事由記明，使按指印代之。

前項所定公證人之職務，在無公證人之地，得由法院書記官行之，僑民在中華民國領事駐在地為遺囑時，得由領事行之。

第1192條　密封遺囑，應於遺囑上簽名後，將其密封，於封縫處簽名，指定二人以上之見證人，向公證人提出，陳述其為自己之遺囑，如非本人自寫，並陳述繕寫人之姓名、住所，由公證人於封面記明該遺囑提出之年、月、日及遺囑人所為之陳述，與遺囑人及見證人同行簽名。

前條第二項之規定，於前項情形準用之。

第1193條　密封遺囑，不具備前條所定之方式，而具備第一千一百九十條所定自書遺囑之方式者，有自書遺囑之效力。

第1194條　代筆遺囑，由遺囑人指定三人以上之見證人，由遺囑人口述遺囑意旨，使見證人中之一人筆記、宣讀、講解，經遺囑人認可後，記明年、月、日及代筆人之姓名，由見證人全體及遺囑人同行簽名，遺囑人不能簽名者，應按指印代之。

第1195條　遺囑人因生命危急或其他特殊情形，不能依其他方式為遺囑者，得依左列方式之一為口授遺囑：

一、由遺囑人指定二人以上之見證人，並口授遺囑意旨，由見證人中之一人，將該遺囑意旨，據實作成筆記，並記明年、月、日，與其他見證人同行簽名。

二、由遺囑人指定二人以上之見證人，並口述遺囑意旨、遺囑人姓名及年、月、日，由見證人全體口述遺囑之為真正及見證人姓名，全部予以錄音，將錄音帶當場密封，並記明年、月、日，由見證人全體在封縫處同行簽名。

第1196條　口授遺囑，自遺囑人能依其他方式為遺囑之時起，經過三個月而失其效力。

第1197條　口授遺囑，應由見證人中之一人或利害關係人，於為遺囑人死亡後三個月內，提經親屬會議認定其真偽，對於親屬會議之認定如有異議，得聲請法院判定之。

Chapter 19

註1　金管會訂定發布「保險業辦理遠距投保及保險服務業務應注意事項」，https://www.fsc.gov.tw/ch/home.jsp?id=96&parentpath=0,2&mcustomize=news_view.jsp&dataserno=202111180004&aplistdn=ou=news,ou=multisite,ou=chinese,ou=ap_root,o=fsc,c=tw&dtable=News。

註2　開放設立純網路保險公司之政策目的與規劃方向，https://www.fsc.gov.tw/ch/home.jsp?id=96&parentpath=0,2&mcustomize=news_view.jsp&dataserno=202112210004&aplistdn=ou=news,ou=multisite,ou=chinese,ou=ap_root,o=fsc,c=tw&dtable=News。

註3　壽險業民國110年截至11月底外幣保險商品銷售情形，https://www.fsc.gov.tw/ch/home.jsp?id=96&parentpath=0,2&mcustomize=news_view.jsp&dataserno=202201250004&dtable=News。

註4　「納稅者」乃指各稅法規定的納稅義務人、扣繳義務人、代徵人、代繳人及其他依法負繳納稅捐義務的人。

註5 納稅者權利保護官辦理納稅者權利保護事項作業要點，https://law-out.mof.gov.tw/LawContent.aspx?id=GL010326。

註6 「稅捐稽徵機關」乃指財政部各地區國稅局，地方稅捐稽徵機關及關務機關。

參考文獻

1. 《耶魯最受歡迎的金融通識課：你要的財富與自由就從這裡開始》，作者：陳志武，出版社：今周刊。
2. 《資本主義的罪惡咖啡館：咖啡館裡的書摘與管理哲思》，作者：黃世芳，出版社：雅書堂。
3. 《高老頭》（*Le Père Goriot*）：法國小說家、編劇家奧諾雷・德・巴爾扎克於1835年所著的小說，收錄於《人間喜劇》系列小說。故事背景設於1819年的巴黎。這本書是巴爾扎克對拜金主義最深刻的描述及抨擊，亦為《人間喜劇》系列的代表作之一。（摘自：維基百科）
4. 《國富統計報告》，行政院主計總處編印。
5. 全國法規資料庫。
6. 《光天化日搶錢：稅賦如何形塑過去與改變未來？》第一章，作者：多米尼克・弗斯比，譯者：王曉伯，出版社：時報出版。
7. 全國法規資料庫，信託法：

   第1條　稱信託者，謂委託人將財產權移轉或為其他處分，使受託人依信託本旨，為受益人之利益或為特定之目的，管理或處分信託財產之關係。

   第2條　信託，除法律另有規定外，應以契約或遺囑為之。

   第3條　委託人與受益人非同一人者，委託人除信託行為另有保留外，於信託成立後不得變更受益人或終止其信託，亦不得處分受益人之權利。但經受益人同意者，不在此限。

   第17條　受益人因信託之成立而享有信託利益。但信託行為另有訂定者，從其所定。受益人得拋棄其享有信託利益之權利。

   第21條　未成年人、受監護或輔助宣告之人及破產人，不得為受託人。

   第22條　受託人應依信託本旨，以善良管理人之注意，處理信託事務。

   第23條　受託人因管理不當致信託財產發生損害或違反信託本旨處分信託財產時，委託人、受益人或其他受託人得請求以金錢賠償信託財產所受損害或回復原狀，並得請求減免報酬。

   第24條　受託人應將信託財產與其自有財產及其他信託財產分別管理。信託財產為金錢者，得以分別記帳方式為之。

   前項不同信託之信託財產間，信託行為訂定得不必分別管理者，從其所定。

   受託人違反第一項規定獲得利益者，委託人或受益人得請求將其利益歸於信託財產。如因而致信託財產受損害者，受託人雖無過失，亦應負損害賠償責任；但受託人證明縱為分別管理，而仍不免發生損害者，不在此限。

   前項請求權，自委託人或受益人知悉之日起，二年間不行使而消滅。自事實發生時起，逾五年者，亦同。

第52條　受益人不特定、尚未存在或其他為保護受益人之利益認有必要時，法院得因利害關係人或檢察官之聲請，選任一人或數人為信託監察人。但信託行為定有信託監察人或其選任方法者，從其所定。

信託監察人得以自己名義，為受益人為有關信託之訴訟上或訴訟外之行為。受益人得請求信託監察人為前項之行為。

第53條　未成年人、受監護或輔助宣告之人及破產人，不得為信託監察人。

第54條　信託監察人執行職務，應以善良管理人之注意為之。

家圖書館出版品預行編目（CIP）資料

超圖解金融保險與節稅規劃. 首部曲：保單到底能不能節稅?從實質課稅原則談起/黃世芳, 高震宇著. -- 二版. -- 臺北市：五南圖書出版股份有限公司, 2024.09
面；　公分
SBN 978-626-393-634-8(平裝)

1.CST: 金融保險業 2.CST: 節稅 3.CST: 稅法

563.7　　113011402

1M0H

超圖解金融保險與節稅規劃 首部曲：保單到底能不能節稅？從實質課稅原則談起

作　　者 — 黃世芳、高震宇
企劃主編 — 侯家嵐
責任編輯 — 吳瑀芳
文字校對 — 許宸瑞
封面設計 — 封怡彤
排版設計 — 賴玉欣
出 版 者 — 五南圖書出版股份有限公司
發 行 人 — 楊榮川
總 經 理 — 楊士清
總 編 輯 — 楊秀麗
地　　址：106臺北市大安區和平東路二段339號4樓
電　　話：(02)2705-5066
傳　　真：(02)2706-6100
網　　址：https://www.wunan.com.tw
電子郵件：wunan@wunan.com.tw
劃撥帳號：01068953
戶　　名：五南圖書出版股份有限公司
法律顧問：林勝安律師
出版日期：2022年12月初版一刷（共七刷）
　　　　　2024年 9 月二版一刷
定　　價：新臺幣420元